데이터 베이스 개념과 SQL 언어를 처음 배우는
대학생과 신입사원을 위한 입문서

기초가 든든한
데이터
베이스

KB020872

| 이종만 |

YD 연두에디션
Edition

기초가 든든한
데이터
베이스

발행일 2017년 6월 30일 초판 1쇄
          2022년 2월 27일 초판 3쇄
지은이 이종만
펴낸이 심규남
기 획 염의섭 · 이정선
펴낸곳 연두에디션
주 소 경기도 고양시 덕양구 삼원로 73 한일윈스타 지식산업센터 8층 809호
등 록 2015년 12월 15일 (제2015-000242호)
전 화 031-932-9896
팩 스 070-8220-5528
ISBN 979-11-957-3046-9
정 가 27,000원

이 책에 대한 의견이나 잘못된 내용에 대한 수정정보는 연두에디션 홈페이지나 이메일로 알려주십시오.
독자님의 의견을 충분히 반영하도록 늘 노력하겠습니다.
홈페이지 www.yundu.co.kr

※ 잘못된 도서는 구입처에서 바꾸어 드립니다.

PREFACE

이 책은 데이터베이스와 이를 이용하는 SQL 언어를 처음 배우는 대학생과 신입사원을 위한 입문서입니다. 데이터베이스 개념과 SQL 기본 사용법 그리고 데이터베이스 설계에 관한 내용을 예를 들어 설명하였습니다.

이 책은 예제를 이용해 독자가 직접 SQL Server(Access도 가능합니다)에 SQL 문장을 작성하여 실행해 보면서 설명을 볼 수 있을 뿐만 아니라 국가정보, 음악정보, 영화정보, 학사정보 데이터베이스를 이용해 자기주도 학습을 진행할 수 있게 구성하였습니다. 단언컨대, 이 책으로 학습하는 대학생들이 SQL 언어를 마스터하는데 큰 도움이 되리라 믿습니다.

이 책의 전체적인 구성은 제가 신입사원을 교육한다는 가정 하에 SQL을 이용한 정보시스템 개발에 꼭 필요한 기본 지식을 담았습니다. 따라서 이 책을 다 읽고 나면, 데이터베이스 개념에 대한 이해를 바탕으로 데이터베이스 설계 실무 도구와 데이터베이스 구축 실무 도구를 모두 습득할 수 있을 것입니다.

데이터베이스 교육 및 실무 현장에서 사용되는 제품의 종류는 다양합니다. 그래서 이 책은 되도록 표준 SQL을 기준으로 설명하였습니다. 또한 데이터베이스 실무에서 많이 사용되는 ERD와 테이블 명세서를 이용해 데이터베이스를 설계하는 방법을 설명하였습니다.

그럼에도 불구하고 다양한 조직 활동을 지원해야 하는 데이터베이스 현장에서는 그 규모로 인하여 관련 도구를 사용하여 효율성을 제고하고 있습니다. 가성비를 고려하면서 이에 대처하기 위해 저는 무료 사용이 가능한 데이터모델링 도구와 데이터베이스 프로그래밍 환경 구축 도구에 관한 사용법도 간단하게 소개하였습니다.

소프트웨어 교육 의무화 시대에 데이터베이스는 약방에 감초 같은 존재입니다. 저는 이 책을 접한 독자가 데이터베이스라는 이름의 꽃을 찾는 멋진 꿀벌과 같다는 생각이 듭니다. 아무쪼록 데이터베이스 꿀샘에서 평생의 지식을 찾아서 저축하고 숙성시켜 세상 속으로 한걸음 더 나아가길 고대하고 있습니다.

이종만

CONTENTS

데이터베이스 시스템

데이터베이스 시스템

학습목표

- 데이터와 정보를 구분하여 설명할 수 있다.

- 데이터베이스와 데이터베이스 관리 시스템(DBMS)의 차이점을 설명할 수 있다.

- 파일시스템과 DBMS를 비교하고 이들 간의 관계와 차이점을 설명할 수 있다.

- 데이터베이스 시스템의 구성요소를 도식화하여 설명할 수 있다.

- 3단계 데이터베이스 간의 사상을 이용하여 데이터 독립성을 설명할 수 있다.

데이터베이스

1.1 데이터와 데이터베이스 개념

데이터(data)는 맛집 검색, 대중교통 이용, 신용카드 결제 등 우리가 일상에서 생활하는 거의 모든 행동들에서 발생한다. 그 중 필요에 따라 데이터를 수집하여 모아놓은 것을 **데이터베이스(database), 영문약어로 DB**라고 부른다.

예를 들어 빅히트 서점 사무실에 다음과 같은 캐비닛이 있다고 가정해 보자.

그림 1 캐비닛, 파일 박스, 서류

이 캐비닛에는 서류를 모아 놓는 여러 개의 파일 박스가 있다. 어떤 파일 박스에는 도서관, 출판사 등과 같은 거래처 서류를 담고 있고, 또 다른 파일 박스에는 납품 관련 계약 서류를 모아놓았다. 이 상황에서 파일 박스에 담긴 서류는 데이터, 파일박스는 데이터베이스라고 말할 수 있다.

그리고 이 서류들의 내용을 컴퓨터에 저장하면 그것이 바로 전산화된 데이터베이스가 된다. 여러분이 이 책에서 학습할 내용은 바로 이와 같이 컴퓨터를 이용하는 데이터베이스다.

1.2 데이터와 정보

1.2.1 데이터

데이터(data)는 현실세계에서 사건이나 사물의 특징을 관찰하거나 측정하여 기술하는 가공되지 않은 사실(fact)이나 값(value)을 의미하며, 자료라고 부르기도 한다.

"김태희"라는 영업사원을 예로 살펴보자. "영업사원의 이름은 김태희이며, 키는 165cm, 몸무게는 45kg, 기혼이고, 아침 잠이 많다"와 같은 사실들을 데이터라고 한다. 이번에는 표 1을 살펴보자. 여기에 있는 주문일, 고객, 영업사원, 상품, 수량, 가격, 매출과 같은 사실들도 중요한 영업 데이터다.

표 1 영업 데이터

주문일	고객	영업사원	상품	수량	가격	매출
3월 3일	이마트	김태희	교동반점짬뽕밥	40	1,000	40,000
3월 3일	이마트	송혜교	삼진어묵주먹밥	90	1,400	126,000
3월 4일	GS25	송중기	삼진어묵주먹밥	30	1,400	42,000
3월 5일	이마트	송혜교	삼진어묵주먹밥	60	1,400	84,000
3월 6일	CU	송중기	스프라이트	80	1,200	96,000
3월 6일	이마트	송혜교	삼진어묵주먹밥	50	1,400	70,000
3월 7일	롯데마트	송중기	삼진어묵주먹밥	30	1,400	42,000
3월 8일	이마트	송중기	삼진어묵주먹밥	60	1,400	84,000
3월 9일	홈플러스	송중기	삼진어묵주먹밥	40	1,400	56,000
3월 10일	이마트	송중기	삼진어묵주먹밥	70	1,400	98,000

1.2.2 정보

그런데 표 1 영업 데이터는 다음과 같은 경영 관련 질문에 답할 수 있을까?

- 매출을 기준으로 가장 우수한 고객은 누구인가?
- 매출을 기준으로 수익성이 가장 낮은 고객은 누구인가?
- 매출이 가장 많은 상품은 무엇인가?
- 매출이 가장 적은 상품은 무엇인가?
- 매출을 기준으로 가장 실적이 뛰어난 영업사원은 누구인가?
- 매출을 기준으로 가장 실적이 저조한 영업사원은 누구인가?

이와 같은 질문에 답하기 위하여 필요한 것은 데이터가 아니라 바로 정보다. 데이터가 사실 그 자체에 대한 일차적인 표현이라면, 정보는 질문에 답할 수 있도록 가공한 데이터다. 즉, **정보(information)**란 의미 있고 쓸모 있는 내용으로 가공하여 체계적으로 조직한 데이터를 의미한다.

그림 2 데이터와 정보

예를 들어 경영자는 표 1의 영업 데이터를 사용하여 앞에 주어진 질문들에 대답할 수 있는 표 2와 같은 영업 정보를 만들 수 있다.

표 2 영업 정보

질문	이름	매출
매출 기준으로 가장 우수한 고객은 누구인가?	이마트	502,000
매출 기준으로 수익성이 가장 낮은 고객은 누구인가?	GS25, 롯데마트	42,000
매출이 가장 많은 상품은 무엇인가?	삼진어묵주먹밥	602,000
매출이 가장 적은 상품은 무엇인가?	교동반점짬뽕밥	40,000
매출 기준으로 가장 실적이 뛰어난 영업사원은 누구인가?	송중기	418,000
매출 기준으로 가장 실적이 저조한 영업사원은 누구인가?	김태희	40,000

이 영업 정보를 사용하면 이마트는 매출 기준으로 가장 우수한 고객이며, 삼진어묵주먹밥은 매출을 기준으로 가장 우수한 상품임을 알 수 있다.

경영자는 이러한 정보를 실적이 저조한 상품이나 영업사원을 관리하는데 사용할수 있다.

- 고객은 데이터, 우수 고객은 정보!
- 상품은 데이터, 베스트셀러 상품은 정보!!
- 영업사원은 데이터, 우수 영업사원은 정보!!!

1.3 데이터베이스 정의와 특징

1.3.1 데이터베이스 정의

데이터베이스(database, DB)라는 용어는 미국 SDC(System Development Corpo-ration)가 1963년 6월에 개최한 제 1차 컴퓨터 중심의 데이터베이스 개발과 관리(Development and Management of a Computer-centered Data Base) 심포지엄에서 공식적으로 처음 소개되었다. 이 때의 데이터베이스는 자기 테이프와 같이 비휘발성 저장 매체에 저장된 데이터 파일이었다. 최근에는 주기억장치나 플래시 메모리 등 다양한 종류의 저장매체에 데이터베이스를 저장하는 기술들이 소개되고 있어서, 자기 테이프에 저장된 것만을 데이터베이스의 대상으로 삼기에는 무리가 있다. 하지만 데이터베이스가 영구적인 데이터의 모임이라는 내용에는 변함이 없다.

또한 데이터베이스란 **관련된 데이터의 집합**으로 실생활의 많은 곳에서 관련된 데이터를 데이터베이스에 저장하고 활용한다. 예를 들어 대학이라면 교과목 수강과 관련된 학생 데이터를 저장하고, 학기말마다 이 데이터를 처리하여 성적표를 만든다. 유통업체에서는 상품 구매와 관련된 고객 데이터를 저장하고, 이 데이터는 마케팅 계획 수립시 기초자료로 활용된다.

이렇게 우리가 목표로 하는 데이터베이스의 모습은 산더미같이 쌓여있는 서류더미처럼 정리되지 않은 모습도 아니고, 우리 머리 속에 있는 지식처럼 추상적인 모습도 아니다. 우리가 관심을 가져야 할 데이터베이스의 모습은 처리가 용이한 정형화된 형태로 컴퓨터에 저장된 데이터의 모임이다.

지금까지 설명한 내용을 한 문장으로 정리하면 데이터베이스란 "**어떤 특정한 조직에서 여러 명의 사용자 또는 응용 시스템들이 공유하고 동시에 접근하여 사용할 수 있도록 구조적으로 통합하여 저장한 운영 데이터의 집합**"이라고 정의할 수 있다.

이러한 데이터베이스의 정의가 함축하고 있는 의미를 살펴보면 다음과 같다.

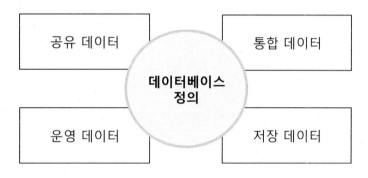

그림 3 데이터베이스 정의

첫째, 데이터베이스는 **공유 데이터**(shared data)다. 공유 데이터는 어느 하나의 응용 프로그램이나 응용 시스템을 위한 데이터가 아니라, 조직 내 다수의 사용자나 응용 시스템들이 데이터의 통합 관리를 통하여 공동으로 소유하고 유지하며 이용하는 개념이다.

둘째, 데이터베이스는 **통합된 데이터**(integrated data)다. **통합 데이터는 여러 군데 분산된 데이터를 통합하여 데이터의 중복을 최소화**(minimal redundancy)하기 위한 개념이다. 데이터의 통합 관리는 데이터의 일관성 유지와 데이터 관리 비용 감소 등 장점이 있다. 여기서 통합의 의미는 중복 제거가 아니라 중복 최소화다.

셋째, 데이터베이스는 **저장된 데이터**(stored data)다. 저장된 데이터는 책상 서랍이나 파일 캐비닛에 들어 있는 데이터가 아니라 컴퓨터가 접근 가능한 매체에 저장된 디지털 데이터를 의미한다.

넷째, 데이터베이스는 **운영 데이터**(operational data)다. 운영 데이터는 조직 고유 업무를 수행하기 위하여 지속적으로 유지해야 하는 데이터를 의미한다. 단순한 입출력 데이터나 작업처리상 일시적으로 필요한 임시 데이터는 운영 데이터로 취급하지 않는다.

1.3.2 데이터베이스 특징

데이터베이스의 특징은 다음과 같다.

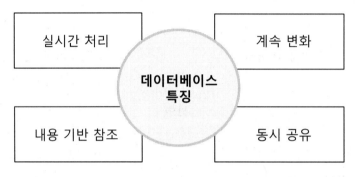

그림 4 데이터베이스 특징

첫째, 데이터베이스는 질의(query)에 대하여 **실시간 처리(real-time processing)**로 응답할 수 있다.

둘째, 데이터베이스는 삽입, 삭제, 갱신에 의해 **계속적으로 변하고(continuous evolution)**, 그 속에서 정확한 데이터를 유지할 수 있다.

셋째, 여러 사용자가 자신이 원하는 데이터를 **동시 공유(concurrent sharing)**할 수 있다.

넷째, 데이터의 레코드 위치나 주소가 아니라 사용자가 원하는 데이터의 **내용에 따라 참조(content reference)**할 수 있다.

데이터베이스 관리 시스템

2.1 데이터베이스 관리 시스템 개념

1절의 빅히트 서점 예를 생각해 보자. 어느 날 빅히트 서점 사장이 한 도서관과 체결한 납품 계약서를 등록하라고 지시하면, 비서는 납품 계약서를 모아 놓는 파일 박스를 찾아서, 서류 목록에 해당 서류를 등록하고, 그 파일 박스 안에 넣어둘 것이다.

다시 월초에 사장이 지난달 납품 계약서를 찾아 오라고 지시하면, 비서는 납품 계약서를 담고 있는 파일 박스를 찾아서 지난달에 체결한 납품 계약서를 가져올 것이다.

이와 같이 빅히트 서점의 비서는 캐비닛 파일 박스(데이터베이스)에 서류(데이터)를 담아 놓고 필요할 때마다 꺼내 오는 일을 한다. 하지만 컴퓨터에 기반을 둔 데이터베이스 환경이라면, 그러한 일은 **데이터베이스 관리 시스템**(database management system) 영문 약어로는 **DBMS**라고 부르는 컴퓨터 소프트웨어가 처리한다.

2.2 데이터베이스 관리 시스템 등장 배경

데이터베이스 관리 시스템이 등장하기 전인 1960년대부터 사용되어 왔던 **파일 시스템** (file system)은 기본적으로 컴퓨터 보조기억장치의 파일(file)에 데이터를 저장한다. 여기서 파일은 순차적인 레코드들로 구성되어 있고, 한 레코드는 연관된 필드들로 구성되어 있다.

그런데 파일 시스템을 사용하여 데이터를 처리하는 응용 프로그램은 그림 5에서 보는 바와 같이 각각 별도의 데이터 파일을 관리, 유지한다. 따라서 각 응용 프로그램마다 데이터 파일을 접근하고 관리하기 방법을 자세하게 기술하여야 한다. 여기서 하나의 응용 프로그램은 하나 이상의 데이터 파일과 대응되며, 데이터 파일 내의 데이터 구조는 대응되는 응용 프로그램에 반영된다.

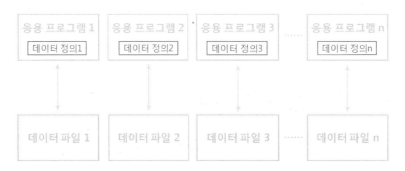

그림 5 파일 시스템에서 응용 프로그램과 데이터 파일 간의 대응 관계

이러한 파일 시스템은 운영체제를 설치할 때 함께 설치되기 때문에 추가 비용이 발생하지 않는 장점이 있지만, 다음과 같은 **데이터 종속성**(data dependency)과 **데이터 중복성**(data redundancy) 문제가 있어서 현재는 간단한 응용 프로그램에서만 일부 사용하고 있다.

2.2.1 데이터 종속성

데이터 종속성은 데이터와 응용 프로그램 간의 상호 의존 관계를 말한다. 파일 시스템에는 자신이 사용하는 데이터 파일에 맞게 응용 프로그램 내에 데이터의 구성 방법이나 구성 형식, 접근 방법이 자세하게 기술되어 있으며, 사용하는 응용프로그램도 그에 맞추어 데이터를 사용하도록 개발되어 있다. 따라서 데이터의 구성 방법이나 구성 형식, 접근 방법을 변경할 때에는 반드시 그것을 사용하는 응용 프로그램도 함께 변경하여야 한다.

이렇게 데이터에 대한 응용 프로그램의 의존도가 높은 것을 데이터의 종속성(data dependency)이라고 한다.

그림 6은 코볼(COBOL)로 작성된 고객 관리 응용 프로그램과 서비스 관리 응용 프로그램이 한 개의 고객 데이터 파일을 사용하고 있는 그림이다. 고객 관리 응용 프로그램은 사용자로부터 고객의 데이터를 입력받아서 고객 데이터 파일에 기록하고, 서비스 관리 응용 프로그램은 기록된 고객 데이터 파일의 내용을 받아서 출력한다고 가정해 보자.

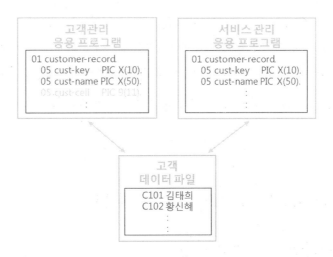

그림 6 파일 시스템에서 응용 프로그램과 데이터 파일 간의 대응 예

이때 고객 데이터 파일에 휴대폰번호라는 내용을 추가하기 위해서는, 고객 데이터 파일을 입력하는 고객 관리 응용프로그램에서 휴대폰번호의 데이터 항목을 입력받아서 고객 데이터 파일에 저장하도록 프로그램을 변경하고 컴파일하여 적용해야 한다.

마찬가지로 고객 데이터 파일을 사용하는 서비스 관리 응용 프로그램도 휴대폰번호 데이터 항목을 추가하여 내용을 출력할 수 있도록 프로그램을 변경한 뒤에 컴파일하여 적용해야 한다. 이렇게 변경된 고객 데이터 파일을 사용하는 모든 응용프로그램이 수정 개발되어야 한다.

이와 같이 이미 생성된 데이터의 구성 등을 변경하기 위해서는 이 파일에 접근하는 모든 응용 프로그램도 같이 변경해야 하는데 특히, 개발된 응용 프로그램이 많은 상황에서는 심각한 문제가 될 수 있다.

2.2.2 데이터 중복성

현실 세계에서는 하나의 응용 프로그램이 사용하는 데이터를 다른 응용 프로그램이 사용해도 괜찮은 상황이 많이 발생한다. 즉, 똑 같은 내용의 데이터를 똑같은 포맷(format)에 똑같은 구조로 사용하는 경우도 있고, 같은 내용의 데이터를 포맷과 구조만 다르게 사용하는 경우도 있다. 그런데 파일 시스템에서는 데이터 파일과 응용 프로그램이 일 대 일로 대응되어야 하기 때문에 데이터 내용이 같아도 구조가 다르면 별도의 파일을 만들어야 한다. 따라서 파일 시스템에서는 **한 시스템 내에 같은 데이터가 중복되어 저장되고 관리되는 경우가 많다.** 이것을 데이터의 중복성(data redundancy)이라고 한다.

2.3 데이터베이스 관리 시스템 정의 및 장단점

2.3.1 데이터베이스 관리 시스템 정의

파일 시스템의 데이터 종속성과 데이터 중복성 문제를 해결하기 위하여 **데이터베이스 관리 시스템**(Database Management System, DBMS)이 제안되었다. DBMS는 사용자 또는 응용 프로그램과 데이터베이스의 사이에 위치하여 데이터베이스를 공유할 수 있도록 **관리해 주는 소프트웨어**(software)로 컴퓨터에 저장된 대량의 데이터를 체계적으로 관리하고 사용자가 원하는 정보를 효과적으로 검색하도록 하는 기능을 제공한다. 또한 사용자 및 응용 프로그램은 DBMS를 통해서만 데이터베이스를 사용할 수 있다. 이것은 DBMS가 데이터베이스의 생성, 접근방법, 처리절차, 보안, 물리적 구조 등에 대한 모든 책임을 지고 있다는 의미이다.

2.3.2 데이터베이스 관리 시스템 장단점

DBMS는 파일 시스템에 비해 다음과 같은 장점이 있다.

첫째, 데이터의 중복(redundancy)을 최소화할 수 있다. 파일 시스템에서 각 응용 프로그램은 각각 자신의 파일을 관리한다. 저장되는 데이터를 전체적인 입장에서 보면, 이 방법은 같은 내용의 데이터를 중복으로 저장하는 경우가 많게 된다. 그러나 DBMS는 데이터를 통합하여 데이터베이스에 구성할 수 있기 때문에 데이터의 중복을 최소화할 수 있다.

둘째, 데이터를 공유(sharing)할 수 있다. DBMS는 같은 내용의 데이터를 여러 가지 구조로 지원하기 때문에 데이터베이스의 데이터를 공유할 수 있게 한다. 이것은 파일 시스템에서 응용 프로그램이 담당하던 데이터에 대한 관리 부담을 감소시킬 뿐 아니라 새로운 응용도 가능하게 하는 기회가 될 수 있다.

셋째, 데이터의 일관성(consistency)을 유지할 수 있다. 현실 세계의 하나의 사실에 대하여 두 개의 데이터가 있을 때, 하나의 데이터만 변경되고 다른 하나는 변경되지 않는다면 데이터 간에 불일치가 발생한다. 그래서 불일치 데이터를 담고 있는 데이터베이스는 후에 서로 다른 정보를 제공하게 되고 그 유용성은 현저히 감소된다. 만약 모든 데이터를 하나의 데이터베이스에 통합하여 사용한다면 데이터의 불일치뿐 만 아니라 중복성도 감소된다. DBMS는 중앙집중식 통제를 통하여 데이터의 일관성을 유지할 수 있다.

넷째, 데이터의 무결성(integrity)을 유지할 수 있다. 데이터 무결성은 현실세계의 값과 데이터베이스에 저장된 데이터 값이 일치하는 정확성(accuracy)를 말한다. 데이터의 중복이 완전히 제거된다 하더라도, 허용되지 않는 데이터나 부정확한 데이터가 여러 경로를 통해 저장될 수 있다. DBMS는 데이터의 유효성을 검사함으로써 데이터의 무결성을 유지할 수 있다.

다섯째, 데이터의 보안(security)을 보장할 수 있다. 만약 데이터베이스에 여러 사람이 접근하여 사용한다면 데이터의 보호는 중요한 문제이다. 상이한 목적을 가진 여러 사람이 데이터베이스를 같이 활용하는 경우에 이들의 권한을 적절히 설정하여 접근 수준을 차별화 하여야 한다. DBMS는 정당한 사용자, 허용된 데이터 연산, 처리할 수 있는 데이터 등을 확인 검사함으로써 데이터에 대한 적절한 보안을 제공한다.

위와 같은 DBMS의 여러 장점에도 불구하고 모든 상황에서 DBMS가 파일 시스템에 비해 항상 장점만을 갖는 것은 아니다.

DBMS는 파일시스템과는 달리 고가의 제품이며, 운영에 필요한 컴퓨터 자원도 많이 요구된다. 또한 DBMS가 자동적으로 데이터베이스의 일관성을 유지하기 위해서 컴퓨터 자원을 많이 필요로 하므로 응답시간이 많이 걸릴 수 있다. 그리고 데이터베이스가 사용될 때 다수의 사용자가 데이터베이스에 접근하기 때문에 비밀과 프라이버시 노출 등의 단점이 존재할 수 있다. 그 구조 또한 복잡하여 장애가 발생했을 때 정확한 이유나 상태를 파악하기가 어려운 단점도 있다.

한 조직의 모든 데이터를 데이터베이스에 중앙 집중화하기 위해서는 데이터베이스는 필수불가결한 자원이다. 그러나 초기 투자 비용이 너무 클 때, 응용이 단순하고 잘 정의되어 있으며 변경되지 않을 것으로 예상될 때, 엄격한 실시간 처리 요구사항이 있을 때, 데이터에 대한 다수 사용자의 접근이 필요하지 않을 때는 DBMS를 사용하지 않는 것이 바람직할 수 있다.

따라서 DBMS의 사용여부는 업무의 요구사항을 잘 파악하여 결정해야 한다.

다음 표는 지금까지 설명한 DBMS의 장단점을 파일시스템과 비교하여 정리한 것이다.

표 3 DBMS와 파일시스템의 비교

구분	DBMS	파일 시스템
데이터 종속성	독립성 보장	종속성 발생
데이터 중복성	중복 최소화	중복 발생
데이터 공유성	공유 가능	공유 불가
데이터 일관성	일관성 보장	일관성 불가
데이터 병행성	병행성 제공	병행성 불가
생산성	고	저
자원 수요	대	소
효율성	저	고

2.4 데이터베이스 관리 시스템 종류

DBMS 분야는 빠르게 변화하고 있다. 1960년대와 1970년대의 네트워크 DBMS 및 계층 DBMS를 거쳐 1980년대 초반 이후에는 관계 DBMS가 널리 사용되고 있다. 또한 보다 새롭고 진화된 데이터 모델들이 개발되었고 점차 상용 DBMS에 구현되고 있으며,

대규모 데이터베이스에 적합한 새로운 아키텍처들도 계속 개발되고 있다. 그러나 여기서는 중요한 DBMS만 개략적으로 살펴본다.

2.4.1 네트워크 DBMS

1960년대 초에 찰스 바크만(Charles Bachman) 박사가 하니웰(Honeywell)사에서 최초의 네트워크 DBMS인 IDS(Integrated Data Store)를 개발하였다. 이 네트워크 DBMS는 레코드들이 노드로, 레코드들 사이의 관계가 간선으로 표현되는 그래프를 기반으로 하는 네트워크 데이터 모델을 사용하였다. 다음은 대학의 데이터베이스 구조를 네트워크 데이터베이스로 표현한 그림이다.

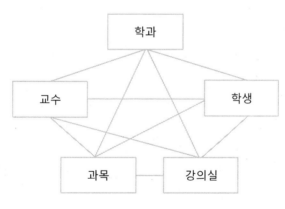

그림 7 네트워크 데이터베이스

네트워크 DBMS에서는 레코드들이 링크로 연결되어 있으므로 레코드 구조를 변경하기 어렵다. 또한 프로그래머가 모든 구조를 이해해야만 응용 프로그램 작성이나 수정이 가능하다.

2.4.2 계층 DBMS

1960년대 후반에 IBM에서 최초로 상업적인 성공을 거둔 계층 DBMS인 IMS(Information Management System)를 개발하였다. 이 계층 DBMS는 네트워크 데이터 모델을 좀 더 단순화시켜 트리 구조로 표현하는 계층 데이터 모델을 사용하였으며, 아직까지도 많은 기업에서 사용되고 있는 제품이다. 그림 8은 자동차의 구조를 사용하여 계층 데이터베이스로 표현한 내용이다.

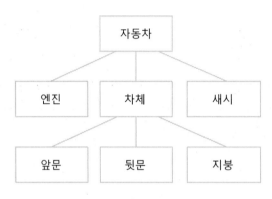

그림 8 계층 데이터베이스

계층 DBMS는 특정 유형의 응용에 대해서는 빠른 속도와 높은 효율성을 제공하는 장점이 있다. 그러나 어떻게 데이터를 접근하는가를 미리 응용 프로그램에 정의해야 하며, 데이터베이스가 생성될 때 각각의 관계가 명시적으로 정의되어야 하는 단점도 있다. 또한 계층 DBMS에서도 레코드들이 링크로 연결되어 있으므로 레코드의 구조를 변경하기 어렵고, 응용 프로그램을 수정하는 것도 어렵다.

2.4.3 관계 DBMS

1970년도에 IBM에 근무하는 코드(E. F. Codd) 박사가 관계 데이터 모델을 제안 하였다. 이후 관계 데이터 모델의 단순함에 매력을 느낀 IBM, 미국 캘리포니아 버클리 대학 등의 많은 연구자들이 관계 DBMS 개발에 뛰어들었다. 그 결과로 IBM에서 System/R 이라는 최초의 상업용 프로토타입 DBMS를 만들었고 나중에 DB2로 상용화 되었다. 또한 버클리 대학의 스톤브레이커(Stonebraker) 박사팀에서 최초의 연구용 DBMS 잉그레스(Ingres)를 완성하였고 또한 나중에 상용화 되었다. 특히 System/R 개발에 포함된 주요 내용 중 하나인 SEQUEL(Structured English QUEry Language)이라는 언어는 현재 관계 DBMS 분야에서 사실상의 표준이 된 SQL(Structured Query Language)의 시초가 되었다. 관계 DBMS는 테이블(table)을 기반으로 하는 관계 데이터 모델을 사용한다. 즉, 관계DBMS에서 데이터베이스는 하나 이상의 테이블로 구성되며, 모든 데이터는 이 테이블에 저장된다고 이해하면 된다. 다음 그림은 관계 데이터 모델의 학생 테이블을 보여준다.

학번	이름	성별	학년	학과코드
1	유재석	M	4	ME
4	김태희	F	3	CE
5	송혜교	F	3	ME
6	차학연	M	2	EE
7	김명수	M	1	CE

그림 9 테이블의 예

관계 DBMS의 장점은 모델이 간단하여 이해하기 쉬우며, 사용자는 자신이 원하는 것만 명시하고, 데이터가 어디에 있는지, 어떻게 접근해야 하는지는 관계 DBMS가 결정한다는 것이다.

데이터베이스 시스템

3.1 데이터베이스 시스템의 구성요소

데이터베이스 시스템은 데이터를 데이터베이스에 저장하고 관리해서 필요한 정보를 생성하는 컴퓨터 중심의 시스템이다. 데이터베이스 시스템은 다음과 같이 사용자(user) 또는 응용 프로그램(application program), 데이터 언어(data language), 데이터베이스 관리 시스템(Database Management System, DBMS), 데이터베이스(Database, DB)로 구성된다.

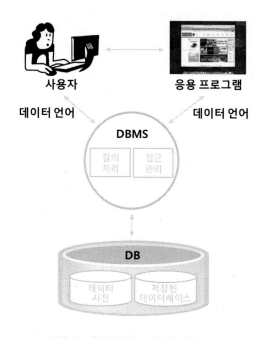

그림 10 데이터베이스 시스템 구성요소

3.1.1 사용자

사용자는 다음과 같이 최종 사용자(일반 사용자), 응용 프로그래머, 데이터베이스 관리자로 나눌 수 있다.

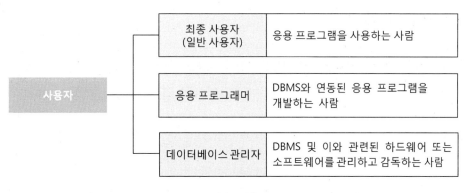

그림 11 사용자

첫째, 일반 사용자(end user)로도 불리는 최종 사용자(end user)는 응용 프로그램을 사용하는 사람이다. 최종 사용자는 응용 프로그램이 제공하는 사용자 인터페이스(user interface)를 이용하여 업무를 처리하므로 데이터베이스의 저장형식이나 DBMS 또는 응용 프로그램의 구조 등을 알아야 할 필요는 없다.

둘째, 응용 프로그래머(application programmer)는 최종 사용자가 사용할 수 있는 DBMS와 연동된 응용 프로그램을 개발하는 사람이다. 응용 프로그래머는 데이터베이스에 저장될 데이터 종류 및 구조에 대한 이해를 바탕으로 C, C#, JAVA 등과 같은 고수준 언어(high-level language)나 JSP, PHP 등과 같은 웹프로그래밍 언어를 이용하여 데이터베이스 응용 프로그램을 개발한다.

셋째, 데이터베이스 관리자(Database Administrator, DBA)는 DBMS 및 이와 관련된 하드웨어 또는 소프트웨어를 관리하고 감독하는 관리자다. 데이터베이스 관리자는 데이터베이스를 생성하고 제거하는 역할을 하며, 데이터베이스 관련 자원에 대한 사용자의 접근을 제어하는 역할은 물론 데이터베이스 관련 자원이 효율적으로 사용될 수 있도록 감독하는 역할도 한다.

3.1.2 데이터 언어

데이터 언어는 사용자 (혹은 응용 프로그램)과 DBMS 간에 의사소통을 하기 위한 언어이다. 데이터 언어는 데이터 정의어, 데이터 조작어, 데이터 제어어로 구성되어 있다.

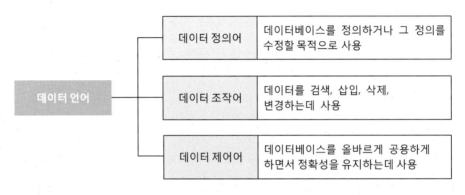

그림 12 데이터 언어

첫째, 데이터 정의어(Data Definition Language, DDL)는 데이터베이스 스키마를 정의하거나 그 정의를 수정할 목적으로 사용하는 언어를 말한다. 데이터베이스 관리자(DBA)가 주로 사용한다. CREATE, ALTER, DROP 등이 대표적인 데이터 정의어에 해당된다. 여기서 CREATE 문은 데이터베이스 및 객체를 생성할 수 있고, ALTER 문은 기존에 존재하는 데이터베이스 객체를 변경할 수 있으며, DROP 문은 데이터베이스 및 객체를 제거할 수 있다.

둘째, 데이터 조작어(Data Manipulation Language, DML)는 데이터를 검색, 삽입, 삭제, 변경하는데 사용하는 언어다. 사용자(응용 프로그램)과 DBMS 간에 인터페이스를 제공한다. 대표적인 데이터 조작어는 INSERT, UPDATE, DELETE 등이 있다. INSERT 문은 데이터를 입력할 수 있고, UPDATE 문은 기존에 존재하는 데이터를 변경할 수 있으며, DELETE 문은 데이터를 삭제할 수 있다.

셋째, 데이터 제어어(Data Control Language, DCL)는 데이터베이스를 올바르게 공용하게 하면서 정확성을 유지하는데 사용하는 언어다. 주로 데이터베이스 관리자(DBA)가 사용 한다. GRANT, REVOKE 등이 대표적인 데이터 제어어이다. GRANT 문은 특정 데이터베이스 객체 소유자가 다른 사용자에게 객체에 대한 접근 권한 범위와 해당 접근 범위 내에서 수행할 수 있는 연산을 지정할 수 있으며, REVOKE 문은 부여된 일련의 권한을 회수할 수 있다.

3.1.3 데이터베이스 관리 시스템

데이터베이스 관리 시스템(DBMS)은 사용자 또는 응용 프로그램과 데이터베이스의 중재자로서 모든 응용 프로그램들이 데이터베이스를 공용할 수 있도록 필요한 제어, 접근 방법, 관리 등의 기능을 수행하는 데이터베이스 관리 소프트웨어다. 오라클의 Oracle, 마이크로소프트의 SQL Server 등이 대표적이다.

3.1.4 데이터베이스

데이터베이스(DB)는 특정 조직에서 공동으로 데이터를 사용하기 위하여 데이터를 구조화하고 중복을 최소화하여 통합 저장한 데이터의 모임이다. 여기서 사용자가 이용하는 저장 데이터베이스와 구별되는 시스템이 사용하는 시스템 데이터베이스인 데이터 사전은 데이터베이스에 포함된 모든 데이터 개체에 대한 정의와 명세에 관한 정보를 유지 관리하는 시스템이며, 데이터에 관한 데이터(data about data)라는 의미의 메타 데이터(meta data)다. 또한, 데이터 사전에 수록된 데이터를 실제로 접근하는데 필요한 정보를 관리 유지하는 시스템은 데이터 디렉토리(data directory)다.

3.2   3단계 데이터베이스시스템 구조와 데이터 독립성

데이터베이스는 다음과 같이 세 단계로 나누어 데이터베이스를 기술하고 이들 간의 관계를 정립하여 관리한다.

표 4 3단계 데이터베이스 관리

단계	설명
외부 단계 (external level)	개별 사용자의 입장에서 보는 데이터를 이용하는 각 개인의 견해(view)
개념 단계 (conceptual level)	조직의 입장에서 보는 개인의 모든 견해가 종합된 조직 전체의 견해
내부 단계 (internal level)	물리적 저장장치의 입장에서 보는 저장장치의 견해

데이터 구조와 그 제약조건에 대한 명세(specification)를 기술한 것으로 컴파일 되어 데이터 사전에 저장된 것을 스키마(schema)라고 하는데, 각 데이터베이스 관리에는 다음과 같이 고유한 스키마를 가지고 있다.

표 5 3단계 스키마

스키마	설명
외부 스키마 (external schema)	• 개별 사용자 입장에서 데이터베이스 구조를 기술한 것 • 개별 사용자를 위한 **여러 형태**의 외부 스키마가 존재 • **서브 스키마**(sub schema)라고도 부름
개념 스키마 (conceptual schema)	• 조직 전체 입장에서 통합한 데이터베이스를 기술한 것 • 하나의 개념 스키마만 존재 • 스키마(schema)라고도 부름
내부 스키마 (internal schema)	• 저장장치 입장에서 전체 데이터베이스가 저장되는 방법을 명세한 것 • **하나**의 내부 스키마만 존재

어떤 응용 프로그램이 DBMS를 통하여 데이터베이스에 접근하고자 할 때 DBMS는 데이터베이스 관리 단계의 스키마 사이에 있는 대응관계를 알아야 하는데, 이러한 대응관계에 대한 정의를 사상(mapping)이라고 한다. 사상 개념은 DBMS가 데이터 독립성을 구현하는데 중요한 역할을 한다. 3단계 간의 사상을 요약하면 다음과 같다.

표 6 3단계 간의 사상

구분	설명
외부/개념 사상 (응용 인터페이스)	외부 스키마와 개념 스키마 간의 대응 관계를 정의한 것으로, 논리적 구조(개념 스키마)를 변경하더라도 응용 프로그램에 영향을 주지 않아서 **논리적 데이터 독립성**을 제공해 주는 것
개념/내부 사상 (저장 인터페이스)	개념 스키마와 내부 스키마 간의 대응 관계를 정의한 것으로, 물리적 구조(내부 스키마)를 변경하더라도 응용 프로그램과 논리적 구조(개념 스키마)에 영향을 주지 않아서 **물리적 데이터 독립성**을 제공해 주는 것
내부/장치 사상 (장치 인터페이스)	내부 스키마와 물리적인 장치 간의 대응 관계를 정의한 것

3단계 데이터베이스로 바라본 데이터베이스 시스템 구조는 다음과 같다.

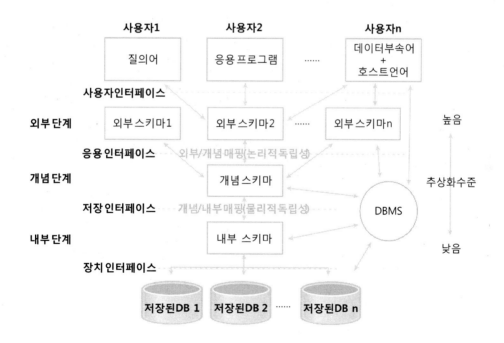

그림 13 데이터베이스 시스템 구조

한편 데이터 독립성(data independency)은 데이터베이스 구조가 변해도 응용 프로그램 또는 논리적 구조에 영향을 미치지 않도록 하는 것을 의미한다. 데이터 독립성은 기존 응용 프로그램에 영향을 주지 않고 논리적 구조를 변경할 수 있는 논리적 데이터 독립성(logical data independency)과 응용 프로그램이나 논리적 구조에 영향을 주지 않고 물리적 구조를 변경할 수 있는 물리적 데이터 독립성(physical data independency)으로 나눈다.

summary

1. 데이터(data)는 현실세계에서 수집한 사실이나 값이다. 반면 정보(information)는 데이터를 처리하여 얻는 의미 있는 데이터다.

2. 데이터베이스(Database, DB)는 어떤 특정한 조직에서 여러 명의 사용자나 응용 시스템들이 공유하고 동시에 접근하여 사용할 수 있도록 구조적으로 통합하여 저장한 운영 데이터의 집합이다.

3. 데이터베이스 관리 시스템(Database Management System, DBMS)은 사용자 또는 응용 프로그램과 데이터베이스의 중재자로서 모든 응용 프로그램들이 데이터베이스를 공용할 수 있도록 필요한 제어, 접근 방법, 관이 등의 기능을 수행하는 데이터베이스 관리 소프트웨어이다. 오라클사의 Oracle, 마이크로소프트사의 SQL Server 등이 대표적이다.

4. DBMS는 파일 시스템의 데이터 종속성(data dependency)과 데이터 중복성(data redundancy) 문제를 해결하기 위하여 제안되었다. 여기서 데이터 종속성은 데이터의 저장 방법이나 접근 방법을 변경하면 반드시 응용 프로그램도 함께 변경해야 하는 것을 의미한다.

5. 사용자는 응용 프로그램을 사용하는 일반 사용자(general user) 또는 최종 사용자(end user), DBMS을 연동한 응용 프로그램을 개발하는 응용 프로그래머(application programmer), DBMS 및 이와 관련된 하드웨어 또는 소프트웨어를 관리 감독하는 데이터베이스 관리자(Database Administrator, DBA)로 구성된다.

6. 데이터 언어는 데이터베이스를 정의하거나 그 정의를 수정할 목적으로 사용하는 데이터 정의어(Data Definition Language, DDL), 데이터를 검색, 삽입, 삭제,변경하는데 사용하는 데이터 조작어(Data Manipulation Language, DML), 데이터베이스를 올바르게 공용하게 하면서 정확성을 유지하는데 사용하는 데이터 제어어(Data Control Language, DCL)로 구성된다.

7. 서브 스키마(sub schema)라고도 부르는 외부 스키마(external schema)는 개별 사용자 입장에서 데이터베이스 구조를 기술한 것으로 여러 형태가 존재한다. 하지만 스키마(schema)라고도 부르는 개념 스키마(conceptual schema)는 조직 전체 입장에서 통합한 데이터베이스를 기술한 것으로 하나만 존재한다. 내부 스키마(internal schema)는 저장장치 입장에서 전체 데이터베이스가 저장되는 방법을 명세한 것으로 역시 하나만 존재한다.

summary ▼

8. 데이터 독립성(data independency)은 데이터베이스 구조가 변해도 응용 프로그램 또는 논리적 구조에 영향을 미치지 않도록 하는 것을 의미한다. 데이터 독립성은 기존 응용 프로그램에 영향을 주지 않고 논리적 구조를 변경할 수 있는 논리적 데이터 독립성(logical data independency)과 응용 프로그램이나 논리적 구조에 영향을 주지 않고 물리적 구조를 변경할 수 있는 물리적 데이터 독립성(physical data independency)으로 나눈다.

9. 3단계 데이터베이스 시스템 구조에서 외부/개념 사상(응용 인터페이스)은 논리적 데이터 독립성을 제공해 주고, 개념/내부 사상(저장 인터페이스)은 물리적 데이터 독립성을 제공해 준다.

1. (   )는 현실 세계에서 단순한 관찰이나 측정 등의 수단을 통하여 수집된 사실이나 값이다.

2. (   )는 한 조직의 여러 응용 시스템들이 공유해서 사용할 수 있도록 데이터들을 통합하여 체계적으로 조직한 후 저장한 운영 데이터의 집합이다.

3. (   )은 사용자 또는 응용 프로그램과 데이터베이스의 사이에 위치하여 데이터베이스를 공유할 수 있도록 관리해 주는 소프트웨어다.

4. DBMS는 파일 시스템이 가지고 있는 (   )과 (   )문제를 극복하기 위하여 제안되었다.여기서 전자는 데이터의 저장 방법이나 접근 방법의 변경으로 관련된 응용 프로그램도 같이 변경해야 하는 것을 의미한다.

5. 관계 DBMS는 (   )을 기반으로 하는 관계 데이터 모델을 사용한다.

6. (   )는 데이터베이스 운영 및 관리에 대한 모든 책임을 가진 사람이다.

7. (   )은 사용자가 응용프로그램과 DBMS 사이의 인터페이스를 통하여 데이터를 검색,삽입,삭제,변경 처리할 수 있게 하는 도구다.

8. (   )는 데이터베이스를 구성하는 데이터의 구조와 제약조건에 대한 명세를 구체적으로 기술한 것이다.

9. (   )는 개별 사용자를 위한 여러 형태의 스키마가 존재하는 반면 (   )는 조직 전체 입장에서 통합한 하나의 스키마만 존재한다.

10. (   )은 기존 응용 프로그램에 영향을 주지 않고 논리적 구조를 변경할 수 있는 논리적 데이터 독립성을 제공하는 반면, (   )은 응용 프로그램이나 논리적 구조에 영향을 주지 않고 물리적 구조를 변경할 수 있는 물리적 데이터 독립성을 제공한다.

11. 다음은 본문에서 예로 든 캐비닛과 데이터베이스의 구성요소들이다. 서로 관련 있는 것끼리 연결하라.

캐비닛   데이터베이스

서류 •   • DBMS

파일 박스 •   • 데이터

비서 •   • 데이터베이스

12. 우리 주변의 데이터베이스

여러분은 데이터베이스(database) 또는 줄여서 DB라고도 표기하는 말을 많이 들어봤을 것이다. 하지만 막상 "데이터베이스란 무엇일까요?"라는 질문을 받으면, 대다수 사람들은 '데이터를 모으는 장소'라고 생각하긴 하지만, 구체적인 이미지가 떠오르지 않아 그 이상을 설명하기가 어려운 것도 사실이다. 하지만 데이터베이스는 여러분 주위에 널려 있고, 더 재미있는 것은 거의 대부분의 사람들이 데이터베이스를 매일 매일 사용하고 있다.

예를 들어보면, 여러분이 편의점에서 쇼핑한 상품들을 계산하면 여러분이 선택한 상품과 대금 결제 등에 대한 모든 구매 정보가 데이터베이스에 기록된다. 만약 판매되고 있는 상품 재고량이 일정 수준 이하로 하락하면 이 정보가 편의점 구매 팀에 통보되어 추가 상품 주문에 대한 의사 결정을 돕는다.

또한 여러분이 대학에서 수강 신청을 하면 여러분이 선택한 과목들에 대한 정보가 데이터베이스에 기록된다. 만약 수강 신청 인원이 과목 개설 기준 이하이면 이 정보가 대학 교육운영팀에 통보되어 과목 개설 여부 결정에 도움을 준다. 개설된 과목의 경우 여러분이 과목 수강을 마치면 과목별 성적도 데이터베이스에 기록된다.

이런 것뿐만 아니라, 여러분이 예약 사이트에서 항공권을 예약하면 여러분이 선택한 항공편, 출발 및 도착 일시, 좌석 등급, 요금 등에 대한 모든 예약 정보가 데이터베이스에 기록된다. 그뿐만이 아니라 여러분이 사용하는 스마트폰 앱도 데이터베이스를 사용한다고 보면 된다.

현대는 정보 사회(information society)라고 표현해도 과언이 아니다. 이것은 현대 사회에서 정보의 가치가 매우 크다는 것을 의미한다. 전세계적으로 이용이 증가하는 인터넷 비즈니스를 수행하는 애플, 알파벳(구글), 마이크로소프트, 아마존과 같은 정보통신 기업이 미국 시가총액 톱 5기업군에 포함되어 있다는 사실에서 알 수 있듯이 우리는 정보를 중심으로 경제가 움직이는

사회에 살고 있다. 이러한 정보 사회에서 컴퓨터에 저장된 대량의 데이터로부터 사용자가 원하는 각종 정보를 정확하고 빠르게 수집, 처리, 분석, 응용하는 것이 필수적이 되었다. 정보를 필요에 따라 모아 놓은 것을 가리켜 데이터베이스라고 한다. 이제 데이터베이스가 없는 기업이나 조직은 상상할 수 없는 일이 되었다.

최근 들어 개인 정보 유출, 기업 정보 유출 등과 같은 사건들이 사회적 이슈로 등장하는 경우가 많은데, 이러한 사건에도 데이터베이스가 깊숙이 자리잡고 있다. 여러분은 이와 같이 많은 것이 데이터베이스에 기록되는 시대에 살고 있고, 여러분이 데이터베이스를 의식하지 못해도, 데이터베이스가 우리 생활의 많은 면에 깊숙이 관련되어 여러분에게 영향을 미치고 있다. 현재 여러분은 데이터베이스에 둘러싸여 살아간다고 해도 과언이 아니다. 이제 여러분도 여러분 주변에 있는 데이터베이스라고 생각되는 것을 한번 적어보자.

여러분 자신 또는 주변에서 데이터를 기록하거나 관리하고 있는 사례를 찾아서 정리한다.

여러분 자신 또는 주변에서 데이터베이스를 사용한다고 생각되는 도구나 서비스 예를 찾아서 정리한다.

개인 정보 유출과 기업 정보 유출 문제가 사회적 이슈로 부각되었던 과거의 사건을 조사하여 정리한다.

> [개인 정보 유출 사건]
>
>
>
>

13. 대표적인 DBMS

데이터베이스 관리 시스템(Database Management System)은 줄여서 DBMS라고도 표기한다. DBMS는 컴퓨터의 데이터베이스에 데이터를 저장하고, 필요에 따라 데이터베이스에 저장된 데이터를 꺼내는 일과 같이 데이터베이스를 관리/운영하는 소프트웨어다. DBMS는 여러 기업에서 제공하고 있는데, 오라클사의 Oracle, 마이크로소프트사의 SQL Server, MySQL 등이 대표적이다. 대표적인 DBMS 제품의 공식 웹사이트에 접속하여 각 제품의 특징과 최신 버전 등을 조사하여 정리해 보자.

DBMS	제작사	운영체제	최신 버전	특징
SQL Server	Microsoft	Windows	2016	
Oracle				상용 시장 점유율 1위
DB2				메인프레임 시장 점유율 1위
MySQL				오픈 소스(무료)
Access				PC용

여러분 자신 또는 지인이 근무하고 있는 직장에서는 어떤 DBMS를 어떻게 사용하고 있는지 조사하여 정리해 보자.

CHAPTER **2**

데이터 모델

CHAPTER 2

데이터 모델

(학습목표)

- 데이터 모델의 정의와 구성요소를 설명할 수 있다.

- ER 모델과 개체, 속성, 관계를 예를 들어 설명할 수 있다.

- 계층 데이터 모델, 네트워크 데이터 모델, 관계 데이터 모델 각각의 특징을 설명할 수 있다.

데이터 모델

1.1 데이터 모델의 개념

데이터베이스는 현실 세계에 존재하는 데이터 중에서 의미있는 데이터만 선택하여 컴퓨터에 저장한 것이다. 데이터 모델은 바로 다음 그림에서 보는 바와 같이 만남과 같은 현실 세계에서 필요한 데이터를 연락처(contact)와 같은 컴퓨터 세계의 데이터베이스로 구축하는 일련의 변환 과정 중에 사용하는 체계화된 구조이다. 즉, **데이터 모델(data model)이란 데이터베이스의 구조를 단순화, 추상화하여 체계적으로 표현하는데 사용되는 도구로서** 그래픽적으로 구현한다. 데이터 모델은 현실세계의 데이터를 추상화한 개념이기 때문에 사람들이 이해하기 쉬워서 원활한 의사소통을 도와주는 역할을 한다.

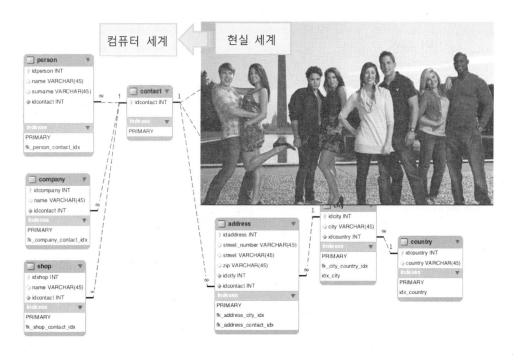

그림 1 현실 세계와 컴퓨터 세계

1.2 데이터 모델의 구성요소

데이터 모델은 데이터 구조뿐만 아니라 이런 구조에서 허용되는 연산 그리고 이런 구조와 연산에 대한 제약조건으로 구성된다.

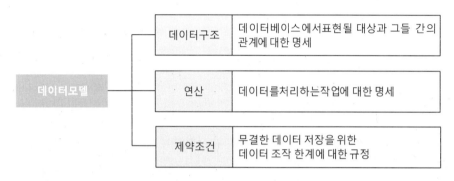

그림 2 데이터 모델의 구성요소

1.2.1 데이터 구조

데이터 구조(data structure)는 현실 세계에서 선별하여 데이터베이스에 저장할 데이터에 대하여 요소와 이들 간의 관계를 구조적으로 명세하여 표현한 것이다. 보통 데이터 구조는 자주 변하지 않고 정적인(static) 특징이 있다.

1.2.2 연산

연산(operation)은 데이터 구조에 따라 실제 값들을 처리하는 작업에 대한 명세, 데이터 조작 기법이다. 보통 실제 데이터는 연산에 의해 계속 변경될 수 있으므로 동적인(dynamic) 특징이 있다 말할 수 있다.

1.2.3 제약조건

제약조건(constraint)은 결점이 없이 정확하고 유효한 데이터가 데이터베이스에 저장될 수 있도록 하기 위하여 데이터를 조작하는데 한계를 규정한 것이다. 제약조건에는 구조적 측면의 제약 사항과 의미적 측면의 제약 사항이 있는데, 후자는 연산을 적용하는 경우 허용할 수 있는 제약사항을 의미한다.

1.3   데이터 모델의 종류

데이터 모델은 개념적 데이터 모델과 논리적 데이터 모델로 나뉜다.

개념적 데이터 모델은 최종 사용자가 인식하는 것과 유사하게 데이터베이스의 논리적 구조를 명시한다. 개념적 데이터 모델은 사람이 이해하는 개념이지만 컴퓨터 내에서 데이터가 조직되는 방식과는 거리가 멀다. 개념적 데이터 모델에는 ER 모델(Entity-Relationship model)이 대표적이다. ER 모델은 현실세계의 개체를 다음과 같이 직사각형으로 표현한다.

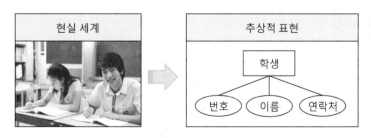

그림 3 ER 모델에서의 현실세계 표현

이와 같은 개념적 데이터 모델은 DBMS가 직접 이해할 수 없다. 그래서 개념적 구조를 컴퓨터에서 처리하기 위해서는 컴퓨터가 이해할 수 있는 논리적 데이터 모델로 변환해야 한다. 논리적 데이터 모델은 최종 사용자도 이해하는 개념이면서 컴퓨터 내에서 데이터가 조직되는 방식과도 가깝게 데이터베이스의 구조를 명시하는 방법이다. 논리적 데이터 모델에는 계층 데이터 모델, 네트워크 데이터 모델, 관계 데이터 모델이 있다. 관계 데이터 모델은 현실세계의 개체를 다음과 같이 테이블 형태로 표현한다.

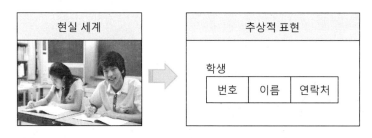

그림 4 관계 데이터 모델에서의 현실세계 표현

개념적 데이터 모델

개념적 데이터 모델은 개체(entity)와 속성(attribute) 그리고 개체 간의 관계(relation-ship)를 이용하여 현실세계에 존재하는 데이터를 추상화하여 개념적 구조로 표현하는 방법이다. 이러한 개념적 데이터 모델은 사람들이 이해하기 쉬워서 의사소통을 원활하게 하는데 도움을 준다. ER 모델(Entity-Relationship model, ER model)은 대표적인 개념적 데이터 모델이다. 다음은 대학의 학사 관리를 개체 관계 모델로 간단하게 표현한 것이다.

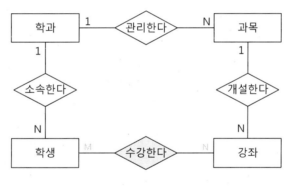

그림 5 ER 모델의 예

2.1 개체

개체(entity)라는 것은 사람과 사물 같이 유형의 정보를 가지고 현실세계에 물리적으로 존재하는 실체 혹은 개념, 사건 등과 같이 무형의 정보를 가지고 추상적/개념적으로 존재하는 실체를 말한다. 예를 들어, 서점을 운영하는데 꼭 필요한 회원과 도서는 물리적으로 존재하는 개체에 해당되며, 대학 운영에 중요 데이터를 가지고 있는 강의, 과목, 수강 등은 추상적으로 존재하는 개체라고 할 수 있다.

회원   도서   강의

그림 6 개체의 예

한편 개체는 발생시점에 따라 다음과 같이 기본 개체, 중심 개체, 행위 개체로 구분할 수 있다. 첫째, 기본 개체는 원래 업무에 존재하는 정보이다. 기본 개체는 다른 개체와의 관계에 의하지 않고 독립적으로 생성되며 자신은 다른 개체의 부모 역할을 한다. 예를 들어, 회원, 도서, 출판사 등은 기본 개체라고 할 수 있다. 둘째, 중심 개체는 기본 개체에서 발생하고, 데이터 양이 많다. 중심 개체는 해당 업무에서 중심적인 역할을 하며, 다른 개체와의 관계를 통하여 행위 개체를 생성하기도 한다. 예를 들어, 주문, 배송 등은 중심 개체라고 할 수 있다. 셋째, 행위 개체는 두 개 이상의 부모 개체에서 발생되고, 내용이 빈번하게 변경되거나 데이터 양이 증가한다. 분석 초기에는 잘 나타나지 않을 수 있으며, 그래서 상세 설계 단계를 거치면서 찾아내곤 한다. 예를 들어, 주문 내역 등은 행위 개체라고 할 수 있다.

ERD에서 개체 타입은 직사각형으로 나타낸다. 개체 타입의 이름은 직사각형의 중앙에 표기하며, 일반적으로 개체 타입의 의미를 잘 나타내는 단수형 명사를 사용한다.

표 1 개체 타입 표기법과 사용 예

개체 타입 표기법	개체 타입 사용 예
이름	회원

2.2 속성

속성(attribute)은 개체의 특성이나 상태를 구체적으로 기술하고, 속성값(attribute value)은 개체의 특성이나 상태가 현실화된 값이다. 예를 들어, 이름, 등급, 적립금 등은 회원이라는 개체의 특성이나 상태를 설명할 수 있으므로 속성이라 할 수 있다. 송중기, 평생회원, 12300 등은 회원 속성이 현실화된 값이므로 속성값이라 할 수 있다.

ERD에서 속성은 기본적으로 타원으로 나타내고, 그 속성이 소속된 개체 타입에 실선으로 연결한다. 속성의 이름은 타원의 중앙에 표기하며, 일반적으로 속성의 의미를 잘 나타내는 단수형 명사를 사용한다.

표 2 속성 표기법과 사용 예

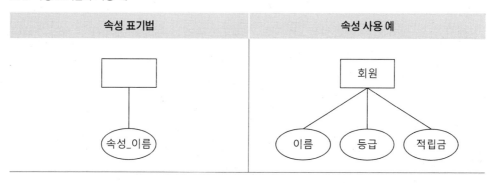

개체 인스턴스를 다른 개체 인스턴스들과 구별할 수 있게 하는 하나 또는 그 이상의 속성을 식별자(identifier)라고 하고, 개체를 설명하기 위해서만 존재하는 속성을 설명자(descriptor)라 한다. 예를 들어, 회원 개체의 번호 속성은 회원 인스턴스를 다른 인스턴스들과 구별할 수 있게 하는 하나의 속성이며, 도서 개체의 번호도 마찬가지다. 이러한 경우를 식별자라고 부른다.

ERD에서 식별자는 속성 이름에 밑줄을 그려 줌으로서 표시한다. 반면, 설명자는 속성 표시와 동일하다.

표 3 식별자 표기법과 사용 예

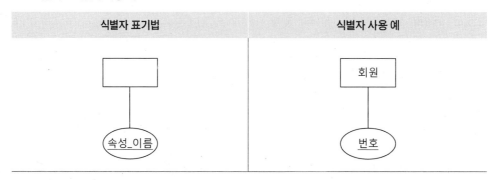

식별자 표기법	식별자 사용 예

2.3 관계

현실세계를 표현하는 또 다른 중요한 개념 중 하나인 관계(relationship)는 개체와 개체가 맺고 있는 의미 있는 연관성을 나타낸다. 그리고 관계는 개체와 개체가 존재의 행태나 행위로서 서로에게 영향을 준다. 예로 들어 서점에서 '출판사가 도서를 공급한다'라고 할 때, '출판사' 개체 타입과 '도서' 개체 타입은 '공급한다'라는 개념으로 연결된다. 이러한 개체 간의 연관성을 관계라고 한다. ERD에서 관계는 기본적으로 마름모로 나타낸 후 그 관계 타입이 관련된 개체 타입에 실선으로 연결한다. 관계의 이름은 마름모의 중앙에 표기하며, 일반적으로 관계의 의미를 잘 나타내는 단수형 동사를 사용한다.

관계 카디낼리티는 하나의 관계에 실제로 참여할 수 있는 인스턴스의 수를 말한다. 가장 일반적인 카디낼리티 표현 방법은 일대일(1 : 1), 일 대 다(1 : M), 다 대 다(M : N)가 있다. 여기서 다는 많음(many)을 의미하는 값이고, 2, 3, 4, ….를 말한다. 다음 그림은 일 대 일, 일 대 다, 다 대 다 관계 카디낼리티의 ERD 표기법을 보여준다.

표 4 ERD에서 관계 카디낼리티의 표기법

관계의 카디낼리티	ERD 표기법	설명
일 대 일	1 ◇ 1	하나의 개체가 하나의 개체에 대응
일 대 다	1 ◇ M	하나의 개체가 여러 개의 개체에 대응
다 대 다	M ◇ M	여러 개의 개체가 여러 개의 개체에 대응

논리적 데이터 모델

논리적 데이터 모델은 필드에 기술된 데이터 형식과 이 데이터 형식들 간의 관계를 이용하여 현실세계를 표현하는 방법이다. 이러한 논리적 데이터 모델은 DBMS가 이해할수 있다. 논리적 데이터 모델에는 계층(hierarchical) 데이터 모델, 네트워크(network) 데이터 모델, 관계(relational) 데이터 모델 등이 있다.

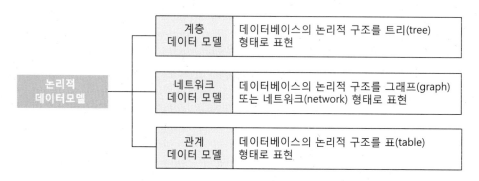

그림 7 논리적 데이터 모델의 종류

3.1 계층 데이터 모델

계층 데이터 모델은 데이터베이스의 논리적 구조를 트리(tree) 형태로 표현한 데이터 모델로, 1960년대 IBM사의 IMS(Information Management System)제품이 대표적이다. 개체는 직사각형으로 표현하고 개체들 간의 관계는 링크(연결선)로 나타내는데, 링크는 일 대 다 관계만을 표현할 수 있다. 그래서 두 개체 사이의 관계는 단지 하나이기 때문에 관계에 이름을 붙여 구별하지 않아도 된다.

계층 데이터 모델에서는 다 대 다 관계를 직접 표현할 수 없다. 그래서 별도의 개체를 추가로 만들어 표현한다. 다음 그림은 '학생'과 '강좌' 사이의 다 대 다 관계인 '수강'을 계층 데이터 모델로 표현한 예이다.

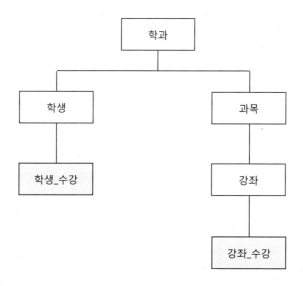

그림 8 계층 데이터 모델의 예

계층 데이터 모델은 트리 형태의 구조로 표현되기 때문에 '학과' 개체처럼 루트 역할을 하는 개체가 존재한다. 그리고 일 대 다 관계를 맺는 개체들 간에 상하 관계가 발생한다. 여기서 상위에 있는 개체는 부모 개체, 하위에 있는 개체는 자식 개체라고 하고, 두 개체 사이의 일 대 다 관계는 부모 자식관계라고 부른다. 계층 데이터 모델은 트리 구조의 특성상 하나의 부모 개체가 여러 개의 자식 개체를 가질 수 있지만, 하나의 자식 개체는 단지 한 부모만을 가질 수 있다.

계층 데이터 모델은 프로그래밍 언어의 포인터 개념을 이용하기 때문에 검색 속도가 빠르다. 하지만 어떻게 데이터를 접근하는지를 미리 응용 프로그램에 정의해야 하고, 데이터베이스가 생성될 때 각각의 관계가 명시적으로 정의되어야 하는 단점도 있다. 또한 계층 DBMS에서도 레코드들이 링크로 연결되어 있으므로 레코드의 구조를 변경하기 어렵고, 응용 프로그램을 수정하는 것도 어렵다.

3.2 네트워크 데이터 모델

네트워크 데이터 모델은 데이터베이스의 논리적 구조를 그래프(graph) 또는 네트워크(network) 형태로 표현한 데이터 모델로, 1960년대 GE(General Electric)사의 IDS(Integrated Data Store)가 대표적인 제품이다. 개체는 직사각형으로 표현하고 개체들 간의 관계는 화살표로 나타내는데, 화살표는 일 대 다 관계만을 표현할 수 있다. 그래서 네트워크 데이터 모델은 계층 데이터 모델과는 달리 두 개체 사이의 관계를 여러 개 정의할 수 있고, 이들 관계를 구별하기 위하여 관계를 나타내는 화살표에 이름을 붙여야 한다.

네트워크 데이터 모델에서도 계층 데이터 모델과 같이 일 대 다 관계만을 직접 표현할 수 있다. 그래서 다 대 다 관계는 일 대 다 관계 두 개로 다음 그림과 같이 표현하여야 한다.

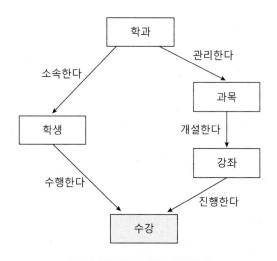

그림 9 네트워크 데이터 모델의 예

네트워크 데이터 모델도 계층 데이터 모델과 마찬가지로 프로그래밍 언어의 포인터 개념을 이용한다. 그래서 검색 속도가 빠르다는 장점이 있다. 그리고 네트워크 데이터 모델은 개체들 사이의 관계를 두 개 이상 표현할 수 있으므로 계층 데이터 모델에 비해 자연스럽다는 장점도 있다. 하지만 이와 같은 특성은 계층 데이터 모델보다 그 구조가 더 복잡해질 수 있기 때문에, 레코드의 구조를 변경하거나 응용 프로그램을 수정하는 것이 훨씬 어렵다는 문제가 존재한다.

3.3 관계 데이터 모델

관계 데이터 모델은 데이터베이스의 논리적 구조를 표(table)형태로 표현한 데이터 모델이다. 다음 그림은 '과목'과 '학생' 사이의 다 대 다 관계인 '수강'을 관계 데이터 모델로 표현한 예이다.

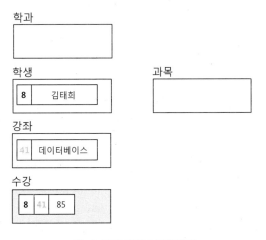

그림 10 관계 데이터 모델의 예

관계 데이터 모델은 포인터가 아닌 속성 값을 이용한다. 예를 들어, 학생 테이블의 '김태희' 기본 키인 번호 속성값 '8'과 강좌 테이블의 '데이터베이스' 기본 키인 번호 속성값 '41'을 학생과 강좌 사이의 관계를 나타내는 수강 테이블에 하나의 행 데이터로 저장한다. 그리고 데이터를 검색할 때 이 값을 이용하여 관계를 찾아나간다.

이 방법은 포인터를 이용하는 방법보다 검색 속도는 조금 느리다. 그러나 개념 이해가 쉽고, 또한 사용자가 원하는 것만 명시하면 관계 DBMS가 어디에 데이터가 있는지, 어떻게 데이터에 접근해야 할지 등에 대한 결정을 하기 때문에 프로그램 개발이 빠르다는 장점이 있다.

관계 데이터 모델 제품은 IBM에서 SQL(Structured Query Language)을 사용하는 최초의 상업용 프로토타입 DBMS인 System/R DBMS 제품을 만든 이후 출시된 1980년대 IBM사의 DB2, Oracle사의 Oracle, 마이크로소프사의 SQL Server 등이 대표적이다.

1. 데이터 모델은 데이터베이스의 구조를 단순화, 추상화하여 체계적으로 표현하는데 사용되는 도구로서 그래픽적으로 구현한다. 데이터 모델은 데이터 구조, 이런 구조에서 허용되는 연산 그리고 이런 구조와 연산에 대한 제약조건으로 구성된다.

2. 개념적 데이터 모델은 개체와 속성 그리고 개체 간의 관계를 이용하여 현실세계에 존재하는 데이터를 추상화하여 개념적 구조로 표현하는 방법이다. 이러한 개념적 데이터 모델은 사람들이 이해하기 쉬워서 의사소통을 원활하게 하는데 도움을 준다. ER 모델(Entity-Relationship model)은 대표적인 개념적 데이터 모델이다.

3. ER 모델에서 중요한 개념 중 하나인 개체(entity)는 사람과 사물 같이 유형의 정보를 가지고 현실세계에 물리적으로 존재하는 실체 혹은 개념, 사건 등과 같이 무형의 정보를 가지고 추상적/개념적으로 존재하는 실체를 말한다. ERD에서 개체 타입은 직사각형으로 나타낸다.

4. ER 모델에서 중요한 또 다른 개념인 관계(relationship)는 개체와 개체가 맺고 있는 의미 있는 연관성을 나타낸다. ERD에서 관계는 기본적으로 마름모로 나타낸 후 그 관계 타입이 관련된 개체 타입에 실선으로 연결한다.

5. 논리적 데이터 모델은 필드에 기술된 데이터 형식과 이 데이터 형식들 간의 관계를 이용하여 현실세계를 표현하는 방법이다. 이러한 논리적 데이터 모델은 DBMS가 이해할 수 있다. 논리적 데이터 모델에는 계층 데이터 모델, 네트워크 데이터 모델, 관계 데이터 모델 등이 있다.

6. 계층 데이터 모델은 데이터베이스의 논리적 구조를 트리(tree) 형태로 표현한다. 네트워크데이터 모델은 데이터베이스의 논리적 구조를 그래프(graph) 또는 네트워크(network) 형태로 표현한다. 관계 데이터 모델은 데이터베이스의 논리적 구조를 표(table) 형태로 표현한다.

확인문제

1. 데이터 모델은 데이터 구조, (   ), (   )으로 구성된다.

2. (   )데이터 모델은 개체와 속성 그리고 개체 간의 관계를 이용하여 현실세계에 존재하는 데이터를 추상화하여 개념적 구조로 표현하는 방법으로서, 사람들이 이해하기 쉬워서 의사소통을 원활하게 하는데 도움을 준다.

3. (   )데이터 모델은 필드에 기술된 데이터 형식과 이 데이터 형식들 간의 관계를 이용하여 현실세계를 표현하는 방법으로서,DBMS가 이해할 수 있다.

4. ERD에서 개체는(   )으로 나타내고 관계는 (   )로 나타낸 후 관련 개체에 실선으로 연결한다.

5. 계층 데이터 모델은 데이터베이스의 논리적 구조를 (   )형태로 표현하고, 네트워크 데이터 모델은 (   )형태로 표현하고 ,관계 데이터 모델은 (   )형태로 표현한다.

CHAPTER **3**

관계 데이터 모델과
제약조건

CHAPTER 3

관계 데이터 모델과 제약조건

학습목표

- 속성, 투플, 도메인을 예를 들어 설명할 수 있다.
- 릴레이션 구성 요소인 릴레이션 스키마와 인스턴스를 예를 들어 설명할 수 있다.
- 릴레이션의 네 가지 특성을 설명할 수 있다.
- 기본키와 외래키를 예를 들어 설명할 수 있다.
- 개체 무결성 제약조건과 참조 무결성 제약조건을 예를 들어 설명할 수 있다.

관계 데이터 모델

관계 데이터 모델(relational data model)은 IBM 새너제이 연구소에 근무하던 E. F. Codd 박사가 1970년 6월 'Communications of the ACM' 논문지에 'A Relational Model of Data for Large Shared Data Banks'라는 제목의 논문을 통하여 제안하였다. 이 관계 데이터 모델은 수학 분야의 집합론과 논리 분야를 근거로 하여 다른 데이터 모델보다 튼튼한 이론적 토대를 가지고 있으며, 개념과 구조가 단순하여 다른 데이터 모델보다 이해하기도 쉽고 원활한 의사소통에도 도움이 된다. 또한 관계 데이터 모델에 적용된 SQL이라고 부르는 구조적 질의어는 원하는 데이터를 쉽게 표현할 수 있는 장점이 있다. 이와 같은 여러 가지 장점 덕분에 Oracle, SQL Server, MySQL 등과 같은 관계 데이터 모델 DBMS가 실무에서 널리 사용되고 있으며 앞으로도 그럴 것이다.

1.1 릴레이션 개념

여섯 권의 도서에 관한 도서번호, 도서명, 저자, 가격정보를 엑셀 시트에 테이블(table) 형태로 정리해보자. 한 개의 행(row)에는 도서 한 권에 대한 정보가 기록되며, 그 행의 각열(column)에는 도서번호, 도서명, 저자, 가격과 같은 데이터, 즉 값(value)가 기록된다.

예를 들어 도서명이 '영어책 한 권 외워봤니?' 이고, 도서번호, 저자, 가격이 각각 '7', '김민식', 14,000원인 도서의 정보가 있다면, 엑셀 시트에는 다음 내용과 같이 하나의 행으로 기록 될 것이다.

도서번호	도서명	저자	가격
1	든든한 데이터베이스		
2	데이터베이스 배움터	홍의경	27000
3	사례로 배우는 데이터베이스 설계와 구축	이종만	18000
4	오용철의 데이터베이스 모델링	오용철	26000
5	데이터베이스 설계 및 구축	오세종	20000
7	영어책 한 권 외워 봤니?	김민식	14000

그림 1 정보를 엑셀에 테이블 형태로 정리한 예

이와 같이 도서에 관한 정보를 기록하는 가장 좋은 방법은 행과 열로 구성된 테이블 형태로 저장하는 것이다. 왜냐하면 테이블 구조는 사람들이 현실 세계의 데이터를 직관적으로 쉽게 이해하는데 도움을 주기 때문이다.

관계 데이터 모델에서는 이렇게 **행(row)과 열(column)로 구성된 2차원의 테이블(table)을 릴레이션(relation)**이라고 부른다. 그렇다면 릴레이션이라는 용어는 어디에서 유래된 것일까? 릴레이션은 수학의 집합에서 나온 개념이다. 수학적으로 릴레이션은 두 개 이상의 집합으로부터 각 집합을 구성하는 원소들의 순서쌍에 대한 집합을 의미한다. 예를 들어 회원의 회원명 집합과 주소 집합이 있고, 각각의 집합은 다음과 같은 원소들을 갖고 있다고 가정하자.

```
회원명= {'송중기', '서현','송혜교','보아'}
주소= {'서울 강남','서울 용산','서울 구로','경기 용인'}
```

그러면 각각의 집합에서 하나씩 원소를 추출하여 다음과 같은 순서쌍을 구성할 수 있다.

```
{('송중기','서울 강남'), ('서현', '서울 용산'), ('송혜교', '서울 구로'), ('보아', '경기 용인') }
```

이와 같은 순서쌍은 회원의 각 사람과 그(그녀)가 거주하는 주소를 나타내는 하나의 릴레이션을 구성한다. 그리고 다음 그림과 같이 두 개의 열을 갖는 테이블 형식으로 표현할 수 있다.

이름	주소
송중기	서울 강남
서현	서울 용산
송혜교	서울 구로
보아	경기 용인

그림 2 순서쌍을 테이블 형태로 표현한 예

만약 집합 세 개를 대상으로 순서쌍을 구성하면 열세 개를 갖는 릴레이션을 구성할 수 있다. 그리고 이러한 릴레이션에 관한 수학적 관점을 처음에 설명한도서 정보에 적용해 보면, 도서 정보는 도서번호 집합, 도서명 집합, 저자 집합, 가격 집합과 같은 네 개의 집합을 대상으로 서로 관련 있는 원소들로 순서쌍을 구성하여 지인의 데이터를 표현한 릴레이션으로 볼 수 있다.

1.2 릴레이션 관련 용어

지금부터는 다음과 같은 릴레이션에서 사용하는 용어들을 살펴보자.

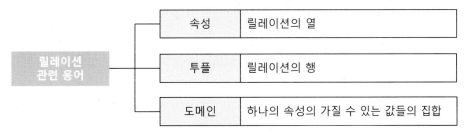

그림 3 릴레이션 관련 용어

첫째, 릴레이션의 각 열은 속성(attribute)이라고 부른다. 예를 들어 도서번호, 도서명, 저자, 가격은 도서 릴레이션을 구성하는 속성들이다.

둘째, 릴레이션의 각 행은 투플(tuple)이라 부른다. 하나의 투플은 각 속성에서 정의된 값을 이용하여 구성된다. 예를 들어 도서 릴레이션에서 (2, '데이터베이스 배움터', '홍의경', 27000)은 하나의 투플이다.

셋째, 도메인(domain)은 하나의 속성이 가질 수 있는 같은 타입의 모든 값의 집합이다. 각 속성의 도메인은 원자 값을 갖는다. 그래서 관계 데이터 모델에서는 (나중에 학습할 ER 모델에서의)복합 속성과 다중 값 속성은 허용되지 않는다. 도메인은 프로그래밍 언어의 데이터 형식과 비슷하다. 동일한 도메인이 여러 속성에 사용될 수 있다. 각 속성에는 입력 가능한 값의 범위를 미리 정해 놓아야 한다. 예를 들어, 도서번호 속성에는 1, 2, 3과 같은 숫자 데이터를 입력할 수 있다면, 도서번호 속성의 도메인은 'BNO INT'라고 정의할 수 있다. 여기서 BNO는 도메인 이름이고 INT는 도메인 타입이다. 또한 도서명 속성에는 최대 50개 문자로 구성된 문자열 데이터를 입력할 수 있다면, 도서명 속성의 도메인은 'BNAME VARCHAR(50)'이라고 정의할 수 있다. 많이 사용되는 도메인 타입은 다음과 같다.

표 1 SQL 도메인 타입

분류	표준 SQL	설명
문자	CHAR(n)	길이가 n바이트인 고정 길이 문자열
	VARCHAR(n)	최대 길이가 n바이트인 가변 길이 문자열
숫자	INT	정수형 숫자
	FLOAT(n)	실수형 숫자
날짜/시간	DATE	년, 월,일을 갖는 날짜형
	TIME	년,월,일, 시,분,초를 갖는 날짜 시간형

관계 DBMS에서는 다음과 같은 형식으로 도메인을 명시할 수 있다. 하지만 모든 상용 관계 DBMS가 이 기능을 제공하지는 않고 있다.

CREATE DOMAIN 도메인_이름 도메인_타입

🔍 사용 예

```
CREATE DOMAIN BNO INT
CREATE DOMAIN BNAME VARCHAR(50)
```

넷째, 특정 속성에 대한 값을 알 수 없어서 입력하지 못하는 경우를 NULL(널이라고 읽는다)이라고 한다. 예를 들어 새로운 도서 정보를 기록하려고 하는데 그 도서의 도서번호와 도서명만 알 수 있다면, 저자와 가격에는 아무런 값을 입력할 수가 없고, 이 속성의 값을 NULL이라고 한다.

그림 4는 지금까지 설명한 내용을 도서 릴레이션을 예로 들어 속성, 투플, 도메인을 표현한 것이다.

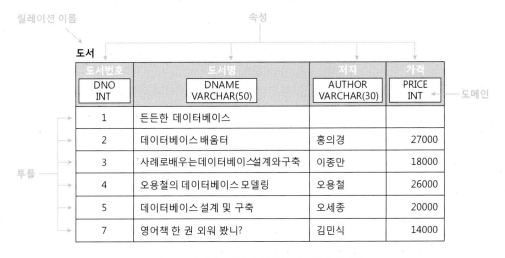

그림 4 도서 릴레이션의 속성과 투플 그리고 도메인

관계 데이터 모델의 공식적인 용어, 관계 DBMS에서 사용되는 용어, 파일 시스템에서 사용되는 용어들 간의 대응 관계를 정리하면 다음과 같다.

표 2 용어들의 대응 관계

관계 데이터 모델	관계 DBMS	파일 시스템
릴레이션(relation)	테이블(table)	파일(file)
투플(tuple)	행(row)	레코드(record)
속성(attribute)	열(column)	필드(field)

1.3 릴레이션 스키마와 인스턴스

현실세계의 데이터를 저장하려면 먼저 데이터가 저장될 구조가 정의되어야 한다.

예를 들어 빅히트 서점에서 도서 정보를 저장하기 위해서는 먼저 도서번호, 도서명, 저자, 가격과 같은 도서에 저장될 형식을 만든 다음에 그 형식에 맞게 각 도서의 정보를 기록한다. 이와 같이 요구조건의 정의에 따라 만들어진 데이터 구조를 **릴레이션 스키마** (relation schema) 또는 스카마 라고 부른다. 즉, 릴레이션 스키마는 한 개의 릴레이션의 논리적인 구조를 정의한 것으로 릴레이션의 이름과 릴레이션에 포함된 속성들의 집합을 의미한다. 또한, 릴레이션 스키마를 내포(intension)라 부르기도 한다. 릴레이션 스키마는 다음과 같이 릴레이션 이름 다음에 릴레이션이 포함하는 속성들의 이름을 열거하여 표시한다. (다음 절에서 설명하는) 기본키는 밑줄 표시를 한다.

릴레이션_이름(속성_이름1, 속성_이름2, … 속성이름n)

이제 빅히트 서점에서 사용할 신간 도서에 대한 데이터를 도서라는 이름의 릴레이션으로 구성해보자. 필요한 속성은 도서번호, 도서명, 저자, 가격이라고 가정하자. 이 경우

도서에 대한 릴레이션 스키마는 다음과 같이 정의할 수 있다. 각 데이터를 구분할 수 있는 고유한 도서번호 속성은 기본키로 밑줄 표시 하였다.

도서(<u>도서번호</u>,도서명,저자,가격)

이 스키마를 분석하면 도서는 릴레이션 이름이고 4개의 속성을 가지고 있다. 이렇게 **릴레이션 스키마에 정의된 속성의 개수를 그 릴레이션의 차수(degree)라고 한다.** 릴레이션은 한 개 이상의 속성을 가져야 하므로 유효한 릴레이션의 최소 차수는 1이다. 릴레이션의 차수는 시간이 지나도 자주 변하지 않는다.

예제

book의 릴레이션 스키마는 book(<u>isbn</u>, name, price, pubdate, page)와 같이 표현할 수 있다. 이 릴레이션 스키마에서 릴레이션의 이름, 속성, 기본키를 구별하라.

설명

릴레이션의 이름은 book이고, 속성은 isbn, name, price, pubdate, page이며, 기본키는 isbn이다.

릴레이션 스키마가 정의되었으면, 이제 이 구조에 현실세계의 데이터를 저장할 수 있다.이와 같이 릴레이션 스키마에 현실세계의 데이터를 저장한 형태를 **릴레이션 인스턴스(relation instance) 또는 간단히 인스턴스라고 표현한다.** 즉, 릴레이션 인스턴스는 어느 한 시점의 릴레이션에 들어있는 내용 또는 상태를 의미한다. 즉, **투플(tuple) 전체의 데이터이다.** 릴레이션 인스턴스는 외연(extension)이라 부르기도 한다.

그림 5는 도서 릴레이션 스키마에 실제 데이터가 저장된 릴레이션 인스턴스다.

도서번호	도서명	저자	가격
1	든든한 데이터베이스		
2	데이터베이스 배움터	홍의경	27000
3	사례로 배우는 데이터베이스 설계와 구축	이종만	18000
4	오용철의 데이터베이스 모델링	오용철	26000
5	데이터베이스 설계 및 구축	오세종	20000
7	영어책 한 권 외워 봤니?	김민식	14000

그림 5 도서 릴레이션의 인스턴스

만약 이 릴레이션 인스턴스에서 특정 도서의 가격이 변경되거나, 새로운 도서가 추가되거나 삭제되는 변경사항이 생기면 그림 5의 릴레이션 인스턴스는 다른 모습을 가지게 된다.

그림 6은 그림 5에서 도서가 추가되고 삭제되어 변경된 후의 릴레이션 인스턴스 모습이다. 그림 6과 그림 5의 릴레이션 스키마는 도서(도서번호,도서명,저자,가격)로 같지만 릴레이션 인스턴스의 내용은 다른 것을 확인 할수 있다.

이처럼 현실세계에서도 데이터가 변경되면 이를 담고 있는 릴레이션 인스턴스도 그에 맞추어 삭제, 수정, 추가되어 변경된다.

도서번호	도서명	저자	가격
6	당신의 인생을 어떻게 평가할 것인가	크리스텐슨	13000
8	든든한 데이터베이스	이종만	

그림 6 도서 릴레이션의 인스턴스

릴레이션 인스턴스는 투플들의 집합인데, 이 때 한 **릴레이션의 투플 수를 릴레이션 기수 (cardinality)**라고 한다. 릴레이션은 투플을 갖지 않아도 되기 때문에 유효한 릴레이션의 최소 기수는 0이다. 기존의 릴레이션에 투플이 삽입되거나 삭제되거나 변경될 때마다 릴레이션의 기수는 계속해서 변경된다.

예를 들어 그림 5에서 릴레이션 투플의 개수 즉, 릴레이션 기수는 5인데, 그림 6의 경우는 2로 변경되었다.

지금까지 설명한 내용을 요약하면 릴레이션은 다음과 같이 릴레이션 스키마와 인스턴스로 구성되어 있다.

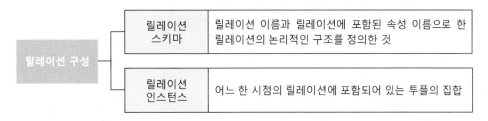

그림 7 릴레이션 스키마와 인스턴스

그림 8은 도서 릴레이션을 예로 들어 위에서 설명한 스키마와 인스턴스를 표현한 것이다.

도서번호	도서명	저자	가격
1	든든한 데이터베이스		
2	데이터베이스 배움터	홍의경	27000
3	사례로 배우는 데이터베이스 설계와 구축	이종만	18000
4	오용철의 데이터베이스 모델링	오용철	26000
5	데이터베이스 설계 및 구축	오세종	20000
7	영어책 한 권 외워 봤니?	김민식	14000

릴레이션 스키마 (내포)

릴레이션 인스턴스 (외연)

그림 8 도서 릴레이션 스키마와 인스턴스

1.4 릴레이션 특성

관계 데이터 모델에서 릴레이션은 투플의 유일성과 무순서성, 속성의 무순성과 원자성의 특성을 가진다.

그림 9 릴레이션의 특성

① **투플의 유일성 : 하나의 릴레이션에는 중복된 투플이 존재하지 않는다.**

하나의 릴레이션에 포함된 투플들은 모두 다른 투플과 구별되는 특성이 있어야 한다. 하나의 릴레이션 인스턴스 내에서는 서로 중복된 값을 가질 수 없다.

② **투플의 무순서성 : 하나의 릴레이션에서 투플 간의 순서는 의미가 없다.**

한 릴레이션에 포함된 투플의 순서가 달라도 순서에 상관없이 투플 내용이 같으면 같은 릴레이션이다. 예를 들어 그림 10의 두 개의 인스턴스를 살펴보자. 두개의 인스턴스는 데이터의 순서는 다르지만 같은 내용이 있으므로 동일한 도서 릴레이션 인스턴스이다.

도서번호	도서명	가격
1	든든한 데이터베이스	
2	데이터베이스 배움터	27000
3	사례로배우는데이터베이스설계와구축	18000
4	오용철의 데이터베이스 모델링	26000
5	데이터베이스 설계 및 구축	20000
7	영어책 한 권 외워 봤니?	14000

도서번호	도서명	가격
7	영어책 한 권 외워 봤니?	14000
5	데이터베이스설계 및 구축	20000
4	오용철의 데이터베이스모델링	26000
3	사례로 배우는 데이터베이스 설계와 구축	18000
2	데이터베이스 배움터	27000
1	든든한 데이터베이스	

그림 10 동일한 도서 릴레이션 인스턴스

③ 속성의 무순서성 : 하나의 릴레이션내에서 속성의 순서는 의미가 없다.

한 릴레이션을 구성하는 속성이 같으면 속성의 순서가 달라도 같은 릴레이션이다. 예를 들어, (도서번호,도서명,가격) 순으로 속성을 표시한 릴레이션 스키마와 (도서명,도서번호,가격) 순으로 표시한 릴레이션 스키마는 같은 릴레이션이다.

도서번호	도서명	가격
1	든든한 데이터베이스	
2	데이터베이스 배움터	27000
3	사례로배우는데이터베이스설계와구축	18000
4	오용철의 데이터베이스 모델링	26000
5	데이터베이스 설계 및 구축	20000
7	영어책 한 권 외워 봤니?	14000

도서명	도서번호	가격
든든한 데이터베이스	1	
데이터베이스 배움터	2	27000
사례로배우는데이터베이스설계와구축	3	18000
오용철의 데이터베이스 모델링	4	26000
데이터베이스 설계 및 구축	5	20000
영어책 한 권 외워 봤니?	7	14000

그림 11 동일한 도서 릴레이션 스키마

④ 속성의 원자성 : 모든 속성 값은 원자 값만 사용할 수 있다.

모든 속성의 값은 더 이상 분해할 수 없는 하나의 값, 즉 원자값(atomic value)만을 가질 수 있다. 부연하면 하나의 속성은 여러 개의 값, 즉 다중 값을 가질 수 없다. 따라서 그림 12의 취미의 속성은 [연기,독서]와 같이 여러 개의 값이 아닌 연기 혹은 독서와 같은 하나의 값만 입력되어야 한다.

회원번호	회원명	주소	취미	회원번호
2	송중기	서울 강남	연기, 독서	2
3	서현	서울 용산	춤, 영어	3
4	송혜교	서울 구로	연기, 독서	4
5	보아	경기 용인	춤, 영어	5
5	보아	경기 용인	춤, 영어	5
6	김연경			6

① 투플의 유일성 위반

④ 속성의 원자성 위반

그림 12 릴레이션의 특성을 위반한 예

무결성 제약조건

동양에서는 사람의 나이에 공자의 논어에서 나오는 지학(志學, 15세), 이립(而立, 30세), 불혹(不惑, 40세), 지천명(知天命, 50세), 이순(耳順, 60세), 종심(從心, 70세)과 같은 명칭을 붙이기도 한다. 아마도 예전에는 70세까지만 살아도 아주 오래 산 것으로 여겼다고 볼 수 있는 대목이다. 그러나 아무리 생명과학기술이 발전하는 현대사회라 하더라도 데이터베이스에 저장된 데이터에서 나이를 검색했는데 200살이 나온다면, 분명 문제가 있다고 할 수 있다. 무결성 제약조건은 바로 이러한 문제를 해결할 수 있는 기능이다.

다음은 빅히트 서점 데이터베이스의 일부 테이블 데이터다. 이 테이블 데이터를 예로 들어 릴레이션의 키 개념과 무결성 제약조건에 대해 살펴보자.

도서

도서번호	도서명	저자	가격
1	든든한 데이터베이스		
2	데이터베이스 배움터	홍의경	27000
3	서례로 배우는 데이터베이스 설계와 구축	이종만	18000
4	오용철의 데이터베이스 모델링	오용철	26000
5	데이터베이스 설계 및 구축	오세종	20000
7	영어책 한 권 외워봤니?	김민식	14000

회원

회원번호	회원명	주민등록번호	주소	취미	키	몸무게	등급	적립금
2	송중기	850919-1380623	서울 강남	연기, 독서	178	65	평생회원	12300
3	서현	910628-2113717	서울 용산	춤, 영어	167	45	정회원	6100
4	송혜교	811122-2313728	서울 구로	연기, 독서	158	45	비회원	100
5	보아	861105-2821912	경기 용인	춤, 영어	162	45	정회원	7500
6	김연경	880226-2357948						

주문

주문번호	주문일자	주문가격	회원번호	도서번호
20170101001	2017-01-01	18000	1	3
20170101002	2017-01-01	14000	5	7
20170116001	2017-01-16	20000	2	5
20170201001	2017-02-01	27000	3	2
20170220001	2017-02-20	20000	5	5
20170302001	2017-03-02	14000	2	7
20170316001	2017-03-16	18000	1	3
20170405001	2017-04-05	27000	7	2
20170406001	2017-04-06	26000	2	4
20170521001	2017-05-21	18000	3	3
20170521002	2017-05-21	20000	8	5
20170521003	2017-05-21	18000	2	3

2.1 키 개념

먼저 키(key)에 대하여 살펴보자. 키하면 떠오르는 대표적 이미지는 열쇠다. 아마도 여러분은 다음과 같은 집 열쇠를 가지고 있을 것이고, 직장을 다니면서 자동차 열쇠도 갖게 될 것이다.

그림 13 열쇠

이런 열쇠는 무언가를 열거나 잠글 때 사용하는데, 같은 것이 하나도 없다. 예를 들어 자동차 열쇠 하나는 반드시 한 대의 자동차만 열고 잠글 수 있어야 한다. 이와 같이 키라는 것은 무언가를 식별하는 고유한 **식별자(identifier)** 기능을 한다. 다음 그림은 빅히트 서점의 회원 릴레이션 스키마를 마이크로소프트 SQL Server DBMS에서 디자인한 것이다.

LEE-PC.빅히트서점 - dbo.회원

열 이름	데이터 형식	Null 허용
회원번호	int	☐
회원명	varchar(30)	☑
주민등록번호	char(14)	☐
주소	varchar(100)	☑
취미	varchar(50)	☑
키	int	☑
몸무게	decimal(5, 1)	☑
등급	char(10)	☑
적립금	int	☑

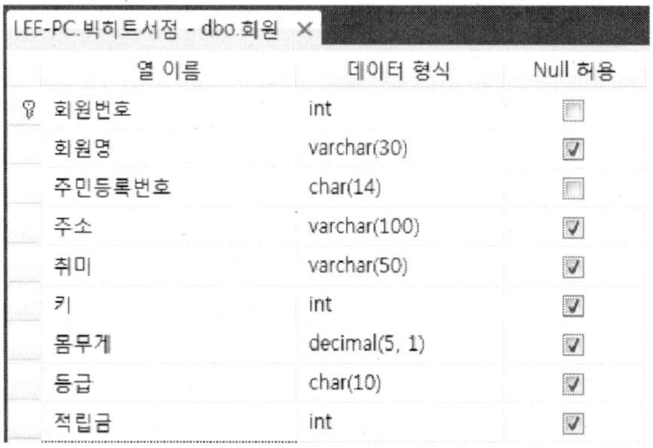

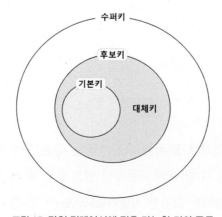

그림 14 회원 테이블 디자인

'회원번호'열 이름 앞에는 열쇠 표시가 있는데, 이것은 '회원번호'가 각각의 회원을 유일하게 식별하는 키라는 의미이며, 회원번호는 같은 회원번호가 있어서는 안된다.

2.2 릴레이션 키

이제 릴레이션의 키 종류에 대해 알아보자. 먼저 단일 릴레이션에 적용 가능한 키에는 다음과 같이 수퍼키, 후보키, 기본키, 대체키 등과 같은 것이 있다.

그림 15 단일 릴레이션에 적용 가능한 키의 종류

2.2.1 수퍼키

수퍼키(super key)는 하나의 릴레이션을 구성하는 속성들 중에서 각 투플을 유일하게 식별할 수 있는 하나 또는 그 이상의 속성들의 집합이다. 유일성(uniqueness)이란 하나의 키 값으로 하나의 투플을 유일하게 식별할 수 있는 성질을 말하는데, 수퍼키는 바로 이 유일성이라는 개념을 포함하고 있다.

회원 릴레이션을 예로 들면, (회원번호,회원명), (회원번호,등급), (주민등록번호,회원명)은 모두 수퍼키가 될 수 있다. 즉, '회원번호'나 '주민등록번호'를 포함하고 있는 속성 집합은 회원 릴레이션의 투플들을 유일하게 식별할 수 있으므로 모두 수퍼키가 될 수 있다.

그런데 수퍼키는 다음과 같이 투플을 고유하게 구별하는데 꼭 필요하지 않은 속성들도 포함할 수 있다.

(회원번호,회원명)에서 '회원명'은 필요 없다.
(회원번호,등급)에서 '등급'은 필요 없다.
(주민등록번호,회원명)에서 '회원명'은 필요 없다.

하지만 여러분이 관심을 가져야 할 것은 투플을 식별할 수 있는 최소한의 속성 집합이다. 왜냐하면 키를 구성하는 속성이 많으면 복잡해지고 사용하기도 불편해서 효율성이 떨어지기 때문이다.

2.2.2 후보키

후보키(candidate key)는 릴레이션을 구성하는 속성들 중에서 각 투플을 유일하게 식별할 수 있는 최소한의 속성들의 집합이다. 최소성(minimality)은 모든 투플들을 유일하게 식별할 수 있는 최소한의 속성들의 집합을 의미하는데, 후보키는 수퍼키가 갖고 있는 유일성 개념뿐만 아니라 이와 같은 최소성 개념도 포함하고 있는 것으로 볼 수 있다.

이렇게 후보키는 하나의 릴레이션에 있는 모든 투플에 대하여 유일성과 최소성을 동시에 만족시켜야 하기 때문에, 회원 릴레이션의 경우 수퍼키는 많지만 후보키는 '회원번호'와 '주민등록번호'만 될 수 있다. 예를 들어 (회원번호,회원명)은 수퍼키지만 후보키는 아니다.왜냐하면 없어도 되는 '회원명'을 포함하고 있기 때문이다.

이렇게 후보키를 지정하면 투플의 모든 속성값을 비교하여 투플의 중복 여부를 확인할 필요 없이 후보키 속성값만 비교하면 되기 때문에 효율적이다.

예제

주민등록번호, 이름, 이메일주소 등은 인터넷에서 특정 웹사이트에 회원가입을 할 때 일반적으로 입력되는 데이터이다. 이 데이터 중 후보키는 어떤 것인가?

설명

푸른 바다의 전설에서 허치현 역으로 출연한 탤런트 이지훈과 가수 겸 배우인 이지훈은 동명이인이다. 이와 같이 이름은 유일하지 않기 때문에 후보키가 될 수 없다. 그러나 주민등록번호나 이메일주소는 유일성과 최소성을 만족하므로 후보키가 된다.

2.2.3 기본키

기본키(primary key, PK)는 여러 후보키 중에서 하나를 선택하여 투플을 식별하는데 기준으로 사용하는 키를 말한다. 하나의 릴레이션에서 후보키가 하나뿐이면 그 후보키를 기본키로 사용하면 되고, 두 개 이상 있으면 릴레이션의 특성을 고려하여 이들 중에서 하나를 선택하면 된다. 빅히트 서점을 예를 들면, 회원 릴레이션에서 회원번호와 주민등록번호는 모두 후보키가 될 수 있다. 회원이 빅히트 서점에서 원하는 도서를 찾아서 구매할 때 회원번호를 이용하여 회원 투플에 접근할 수 있어야 한다. 하지만 오랜 시간이 지나서 회원번호를 기억하지 못할 때에는 자신의 주민등록번호로 회원 투플에 접근할 수도 있어야 한다. 그래서 빅히트 서점에서는 회원번호와 주민등록번호 중에서 회원번호를 기본키로 사용하는 것이 더 자연스럽다.

한편 후보키 중에서 선택된 기본키는 하나의 릴레이션 내 모든 투플들을 유일하게 구별할 수 있어야 한다. 그런데 두 개의 투플에 대한 기본키 값이 같거나 둘 다 NULL이면, 그들은 서로 구별이 어려워서 식별 기능을 상실하게 된다. 따라서 기본키로 정의된 속성은 NULL이나 중복된 값을 가질 수 없다.

> **예제**

아래 문장이 맞으면 ○, 틀리면 ×를 표시하라.

① 수퍼키는 후보키도 된다. (○ , ×)
② 기본키는 후보키도 된다. (○ , ×)

> **설명**

수퍼키는 유일성만 만족하면 되지만, 후보키는 유일성과 최소성을 모두 만족해야 되므로, 수퍼키가 후보키가 아닌 경우도 발생한다. 그러나 후보키가 여러개 일 경우에는 그 중 하나를 지정해서 기본키로 하기 때문에 기본키는 모두 후보키가 된다.

2.2.4 대체키

후보키가 두 개 이상일 경우에그 중에서 어느 하나를 기본키로 지정하고 남은 후보키들은 대체키(alternate key)라고 부른다. 대체키는 기본키로 선정되지 않은 후보키를 의미한다. 예를 들어 서점의 회원 릴레이션에서 회원번호를 기본키로 선정하였다면 주민등록번호는 대체키가 된다.

2.2.5 외래키

지금까지 설명한 수퍼키, 후보키, 기본키, 대체키는 모두단일 릴레이션에 적용하는 키였다. 그러나 키는 릴레이션 간의 관계를 맺는데도 사용 가능한데, 외래키가 그러한 역할을 한다. 외래키(foreign key, FK)는 어떤 릴레이션의 기본키를 참조하는 속성을 말한다. 외래키는 다른 릴레이션의 기본키를 참조하여 관계 데이터 모델의 특징인 릴레이션들 간의 관계(relationship)를 표현한다. 외래키 속성은 참조하는 릴레이션의 기본키와 동일한 도메인을 가져야 한다.

이제 외래키를 유형별로 살펴보자. 첫 번째 유형은 다른 릴레이션을 참조하는 외래키이다. 빅히트 서점의 도서 릴레이션과 출판사 릴레이션을 예로 들면, 도서 릴레이션의 출판사번호 속성은 출판사 릴레이션의 기본키인 출판사번호를 참조하는 외래키 이다. 두 릴레이션의 투플들은 도서의 출판사번호와 출판사의 출판사번호를 통하여 연결되어 있다. 여기서 외래키 이름은 대응하는 기본키와 같은 이름을 가졌지만 다른 이름을 가질 수도 있다.

참조

도서

도서번호	도서명	출판사번호
1	든든한 데이터베이스	1
2	데이터베이스 배움터	2
3	사례로 배우는 데이터베이스 설계와 구축	1
4	오용철의 데이터베이스 모델링	1
5	데이터베이스설계 및 구축	2
7	영어책 한 권 외워 봤니?	3

기본키 　　　　　　　　　　　　　　　　　　　외래키

출판사

출판사번호	출판사명
1	연두
2	생능
3	알에이치
4	위즈덤

기본키

그림 16 다른 릴레이션을 참조하는 외래키 예

두번째 유형은 자체 릴레이션을 참조하는 외래키이다. 다음과 같은 사원 릴레이션의 예를 보자.

참조

사원

사원번호	성명	관리자
3476	이종민	3480
3477	김경모	3478
3478	장윤호	3480
3479	이용희	3477
3480	김기영	

그림 17 자체 릴레이션을 참조하는 외래키 예

관리자 속성은 사원 릴레이션 자체의 기본키인 사원번호를 참조하는 외래키이다. 외래키 관리자는 사원 릴레이션의 기본키 구성요소는 아니다. 사원번호 3477 김경모 사원의 관리자는 사원번호가 3478 장윤호이고, 장윤호의 관리자는 사원번호가 3480인 김기영이다. 김기영이 가장 높은 사원이라면 관리자를 갖지 않으므로 그 속성 값은 NULL이다.

한편 외래키는 자신이 속한 릴레이션의 기본키 구성요소가 될 수도 있고, 되지 않을 수도 있다. 전자는 학생, 과목 수강 사이의 관계를 통해 나타내는 다음 그림의 예를 통해 설명할 수 있다.

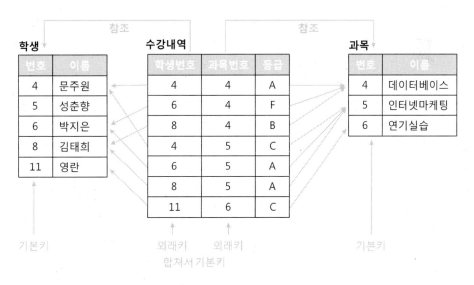

그림 18 기본키 구성요소가 되는 외래키 예

수강 릴레이션의 학생번호 속성은 학생 릴레이션의 기본키인 번호를 참조하는 외래키이다. 또한 수강 릴레이션의 과목번호 속성은 과목 릴레이션의 기본키인 번호를 참조하는 외래키이다. 수강 릴레이션의 기본키는 (학생번호, 과목번호)이다. 즉, 여기서는 수강 릴레이션의 외래키 두개가 모두 수강 릴레이션의 기본키 구성요소가 된다.

지금까지 설명한 키 중에서 반드시 알아야 할 기본키와 외래키를 간단히 요약하면 다음과 같다.

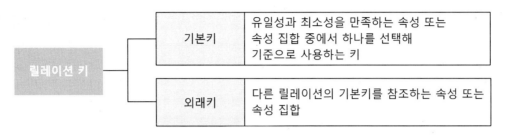

그림 19 기본키와 외래키

2.3 무결성 제약조건

무결성 제약조건은 데이터베이스 상태가 만족시켜야 하는 조건이며, 권한을 가진 사용자로부터 데이터베이스의 정확성을 지키는 수단이다. 무결성 제약조건의 장점은 스키마를 정의할 때 일관성 조건을 오직 한번만 명시하면, 데이터베이스가 갱신될 때 DBMS가 자동적으로 일관성 조건을 검사하므로 응용 프로그램들은 일관성 조건을 검사하지 않아도 된다는 것이다.

무결성 제약조건(integrity constraint)은 다음과 같이 개체 무결성 제약조건과 참조 무결성 제약조건으로 분류할 수 있다.

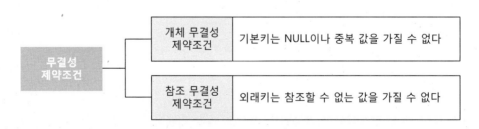

그림 20 무결성 제약조건의 종류

2.3.1 개체 무결성 제약조건

기본키는 투플을 고유하게 식별하고, 효율적으로 빠르게 접근하는데 사용된다. 그런데 기본키를 구성하는 속성이 NULL을 가지면 투플들을 고유하게 식별할 수 없다. 기본키 제약(primary key constraint)이라고도 부르는 개체 무결성 제약조건(entityintegrity constraint)은 '릴레이션에서 기본키를 구성하는 속성은 NULL이나 중복 값을가질 수 없다'는 것을 의미한다. 예로 사용하고 있는 빅히트 서점의 경우 회원 릴레이션은 회원번호, 도서 릴레이션은 도서번호, 주문 릴레이션은 주문번호를 기본키로 정의하였고, 각각의 기본키는 NULL이 아닌 값을 가지고 있으므로 개체 무결성 제약조건을 지키고 있다.

2.3.2 참조 무결성 제약조건

참조 무결성 제약조건(referential integrity constraint)은 릴레이션 간의 참조 관계를 정의하는 제약조건으로 관련된 릴레이션의 투플들 사이에서 일관성을 유지하는데 사용된다. 외래키와 관련이 있기 때문에 외래키 제약(foreign key constraint)이라 불리기도 한다.

예를 들어, 도서의 정보 릴레이션과 주문 릴레이션이 있다고 하자.

주문 릴레이션에는 투플은 어떤 도서를 주문했는지 표시하기 위해서 도서 릴레이션의 기본키(도서번호)를 사용할 것이다. 이때 주문 릴레이션에는 주문한 도서의 정보인 도서번호를 값을 사용해야지 관련이 없는 릴레이션의 서점번호라던가, 코드번호을 사용해서는 안된다. 이렇게 자신이 참조하는 릴레이션에 참조 가능한 기본키만(=외래키) 사용해야 하며, 값이 없을 경우 그 값은 NULL이 될 수 있다.

또한 주문 릴레이션에서 도서번호를 참조하여 사용할 수는 있지만, 도서 릴레이션의 도서번호 자체를 변경하거나 삭제 할 수는 없다.

이 때 참조되는 릴레이션(referenced relation) 도서 정보 릴레이션을 부모(parent) 릴레이션이라고 하고 참조하는 릴레이션(referencing relation) 주문 릴레이션은 자식(child)

릴레이션이라고 명칭한다면 참조 무결성 제약조건은 다음과 같은 두 조건 중 하나가 성립된다.

조건1: 외래키 값은 부모 릴레이션의 어떤 투플의 기본키 값과 같다.

조건2: 외래키가 자신의 포함하고 있는 릴레이션의 기본키를 구성하고 있지 않으면 NULL 값을 가진다.

참조 무결성 제약조건에서 자식 릴레이션의 외래키는 부모 릴레이션의 기본키와 도메인이 같아야 하며, 자식 릴레이션의 값이 변경될 때 부모 릴레이션의 제약을 받는다.

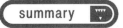

1. E. F. Codd 박사가 제안한 관계 데이터 모델(relational data model)은 집합과 관계 대수에 근거한 수학적 이론을 기반으로 하고 있을 뿐만 아니라 개념도 비교적 단순해서 이해하기가 쉽다. 또한 관계 데이터 모델에 적용된 SQL은 원하는 데이터를 쉽게 표현할 수 있는 장점이 있다.

2. 관계 데이터 모델의 용어에는 행과 열로 구성된 테이블을 의미하는 릴레이션(relation), 릴레이션을 구성하는 각 열에 부여된 이름인 속성(attribute), 각 속성에 입력 가능한 값의 범위를 미리 정해 놓는 도메인(domain), 릴레이션의 각 행을 의미하는 투플(tuple), 알 수 없는 값을 의미하는 NULL이 있다.

3. 릴레이션은 릴레이션 스키마와 릴레이션 인스턴스로 구성된다. 내포(intension)라 부르기도 하는 릴레이션 스키마(relation schema)는 한 릴레이션의 논리적 구조를 정의한 것으로 릴레이션의 이름과 릴레이션의 속성들의 집합을 의미한다. 외연(extension)이라 부르기도 하는 릴레이션 인스턴스(relation instance)는 어느 한 시점에 릴레이션에 포함되어 있는 내용 또는 상태, 즉 투플(tuple) 전체를 말한다.

4. 관계 데이터 모델의 릴레이션은 네 가지 주요 특성을 가지고 있다. 첫째 특성은 하나의 릴레이션에는 중복된 투플이 존재하지 않는다는 투플의 유일성이며, 둘째는 하나의 릴레이션에서 투플 간의 순서는 의미가 없다는 투플의 무순서성이다. 셋째는 하나의 릴레이션 내에서 속성의 순서는 의미가 없다는 속성의 무순서성이고, 넷째는 모든 속성 값은 원자 값만 사용할 수 있다는 속성의 원자성이다.

5. 릴레이션의 키는 단일 릴레이션에 적용 가능한 수퍼키, 후보키, 기본키, 대체키와 릴레이션 간의 관계를 맺는데 사용 가능한 외래키로 분류한다. 수퍼키(super key)는 유일성(uniqueness) 개념만 포함하고 있지만, 후보키(candidate key)는 유일성과 최소성(minimality) 개념을 모두 포함하고 있다.

6. 기본키(primary key, PK)는 여러 후보키 중에서 투플을 식별하는데 기준으로 사용하는 키를 말한다. 기본키로 선정되지 않은 후보키는 대체키(alternate key)라고 부른다. 외래키(foreign key, FK)는 어떤 릴레이션의 기본키를 참조하는 속성을 말한다. 외래키 속성은 참조하는 릴레이션의 기본키와 동일한 도메인을 가져야 한다.

7. 개체 무결성 제약조건(entity integrity constraint)은 기본키 제약(primary key constraint)이라고도 불리는데, 기본키를 구성하는 모든 속성은 NULL 값을 가지면 안된다는 의미이다. 참조 무결성 제약조건은 외래키 제약 (foreign key constraint)라고도 불리는데, 참조하는 부모 릴레이션에 기본키 값으로 존재하는 값, 즉 참조 가능한 값만 가져야 하며, 자식 릴레이션의 값이 변경될 때 부모 릴레이션의 제약을 받는다는 것을 의미한다.

1. 관계 데이터 모델에서 (   )은 직관적으로 테이블에 대응되는 용어다.

2. 관계 데이터 모델에서 (   )은 테이블의 행에 해당되는 용어다.

3. 관계 데이터 모델에서 (   )은 테이블의 열에 해당되는 용어다.

4. 관계 데이터 모델에서 (   )은 하나의 속성이 가질 수 있는 모든 가능한 값의 집합을 나타내는 용어다.

5. 릴레이션은 (   )와 (   )로 구성되어 있다. 여기서 전자는 내포라고 부르고 후자는 외연이라고 부른다.

6. 릴레이션 특성에는 투플의 유일성과 무순서성 그리고 속성의(   )과 (   )이 있다.

7. (   )는 유일성과 최소성을 모두 가지고 있는 속성 집합이다.

8. (   )는 관계 데이터베이스에서 릴레이션들 간의 관계를 나타내기 위해서 사용된다.

9. 무결성 제약조건은 (   )무결성제약조건과 (   )무결성제약조건으로 나눌 수 있다. 전자는 '기본키는 NULL이나 중복 값을 가질 수 없다'는 것을 의미하며 후자는 '외래키는 참조할 수 없는 값을 가질 수 없다'는 것을 의미한다.

확인문제

다음과 같은 학생 릴레이션을 기준으로 문제에 답하라.

릴레이션 이름   속성 이름

학생

학번	성명	학년	소속	평균평점	입력일자
20113535	김이향	4	연극영화과	4.21	2005-03-01
20121111	박보검	4	철학과	3.89	2010-03-01
20138585	이지훈	4	경영학과	2.54	2013-03-01
20142222	문주원	3	경영정보학과	3.55	2014-02-13
20143333	이지훈	3	연극영화과	4.44	2014-02-13
20151111	박지은	2	경영정보학과	3.67	2015-02-14
20171004	안칠현	1	소프트웨어공학과		2017-02-23
20173333	김태희	1	경영정보학과		2017-02-23

도메인					

10. 학생 릴레이션에서 **릴레이션 이름과 속성 이름**이 어느 것인지를 표시하라.

11. 학생 릴레이션 내 각 속성의 속성값들을 살펴보고, **각 속성의 도메인**을 기술하라.

12. 학생 릴레이션에서 **기본키**는 무엇인가? 그 이유는?

13. 학생 릴레이션을 아래와 같이 학과 릴레이션과 학생 릴레이션 두 개로 분리하면, 소속속성에 저장된 중복된 값을 제거하여 저장공간을 절약할 수 있다. 그러나 학생이 소속된 학과를 알 수 없는 문제도 발생한다. 그렇다면, 데이터 중복을 최소화하면서 원래 정보도 유지하려면 어떻게 해야 할까?

TIP
① 문제에서 제시된 학생 릴레이션을 보고, 아래 학과 릴레이션 내 각 투플들과 관련 있는 학생 투플들을 연결해 본다.
② 기본키와 외래키를 사용하여 그 관계를 표현한다.

학과

학과명
소프트웨어공학과
컴퓨터공학과
경영정보학과
경영학과
연극영화과
철학과

학생

학번	성명	학년	평균평점	입력일자
20113535	김이향	4	4.21	2005-03-01
20121111	박보검	4	3.89	2010-03-01
20138585	이지훈	4	2.54	2013-03-01
20142222	문주원	3	3.55	2014-02-13
20143333	이지훈	3	4.44	2014-02-13
20151111	박지은	2	3.67	2015-02-14
20171004	안칠현	1		2017-02-23
20173333	김태희	1		2017-02-23

다음과 같은 그룹 릴레이션을 기준으로 문제에 답하라.

릴레이션 이름   속성 이름

그룹

번호	그룹명	데뷔일자	소속사	멤버
1	TWICE	2015-10-20	JYP엔터테인먼트	쯔위,사나,정연,나연,모모,다현 등
2	마마무	2014-06-18	RBW	솔라,문별,휘인,화사
3	EXO	2012-04-08	SM엔터테인먼트	수호,찬열,백현,카이,디오 등
4	방탄소년단	2013-06-13	빅히트엔터테인먼트	랩몬스터,슈가,진,제이홉,지민

도메인				

14. 그룹 릴레이션에서 **릴레이션 이름과 속성 이름**이 어느 것인지를 표시하라.

15. 그룹 릴레이션 내 각 속성의 속성값들을 살펴보고, **각 속성의 도메인**을 기술하라.

16. 룹 릴레이션에서 **기본키**는 무엇인가?그 이유는?

17. 그룹 릴레이션을 아래와 같이 그룹 릴레이션과 멤버 릴레이션 두 개로 분리하면, 멤버 속성에 저장된 중복된 값을 제거하여 저장공간을 절약할 수 있다. 그러나 그룹에 속한 멤버가 누군지 알 수 없는 문제도 발생한다. 그렇다면, 데이터 중복을 최소화하면서 원래 정보도 유지하려면 어떻게 해야 할까?

TIP

① 문제에서 제시된 그룹 릴레이션을 보고, 아래 그룹 릴레이션 내 각 투플들과 관련 있는 멤버 투플들을 연결해 본다.
② 기본키와 외래키를 사용하여 그 관계를 표현한다.

CHAPTER **4**

관계 대수

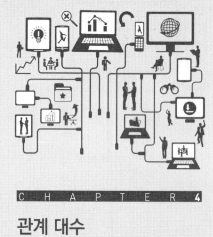

관계 대수

(학습목표)

- 관계 대수에 대하여 설명할 수 있다.
- 일반 집합 연산자를 예를 들어 설명할 수 있다.
- 순수 관계 연산자를 예를 들어 설명할 수 있다.

관계 대수

관계 대수(relational algebra)는 릴레이션(relation)을 처리하는 연산의 집합이다. 관계 대수 특징은 다음과 같다. 첫째, 관계 대수는 각 연산의 피연산자가 모두 릴레이션이고, 그 연산의 결과도 또한 릴레이션이다. 둘째, 관계대수는 원하는 정보와 그 정보를 어떻게 유도하는가를 기술하는 절차적인 언어다.

관계 대수는 다음 표에서 보는 바와 같이 수학의 집합 이론에서 차용된 union, intersect, difference, cartesian product와 같은 일반집합 연산자와 관계 데이터 모델을 위해 고안된 selection, projection, join, division과 같은 순수 관계 연산자로 나눌 수 있다.

표 1 관계 대수 연산자의 종류

구분	연산자 이름	기호	의미
일반 집합 연산자	합집합(union)	∪	두 릴레이션의 합집합
	교집합(intersect)	∩	두 릴레이션의 교집합
	차집합(difference)	−	두 릴레이션의 차집합
	카티션 프로덕트 (cartesian product)	×	두 릴레이션에 속한 모든 투플의 연결 가능한 모든 조합으로 구성되는 릴레이션
순수 관계 연산자	셀렉션(selection)	σ	릴레이션에서 주어진 조건을 만족하는 투플
	프로젝션(projection)	π	릴레이션에서 주어진 속성들의 값으로만 구성된 투플
	조인(join)	⋈	두 릴레이션의 공통 속성을 기준으로 속성값이 같은 투플들을 수평으로 결합
	디비전(division)	÷	부모 릴레이션에 포함된 투플의 값을 모두 갖고 있는 투플을 분자 릴레이션에서 추출

일반 집합 연산자

일반 집합 연산자에 속하는 합집합, 교집합, 차집합, 카티션 프로덕트는 수학의 집합 연산자를 생각하면 쉽게 이해할 수 있다.

표 2 일반 집합 연산자의 종류

연산자 이름	기호	개념	의미
합집합 (union)	$\cup$		두 릴레이션의 합집합
교집합 (intersect)	$\cap$		두 릴레이션의 교집합
차집합 (difference)	−		두 릴레이션의 차집합
카티션 프로덕트 (cartesian product)	×		두 릴레이션에 속한 모든 투플의 집합

다만, 카티션 프로덕트를 제외한 합집합, 교집합, 차집합은 두 릴레이션이 합병 가능 (union-compatible)하여야 한다는 점을 주의하여야 한다.

저자 한마디

두 릴레이션이 합병 가능(union-compatible)하다는 것은 두 릴레이션의 차수와 속성 개수가 같고, 서로 대응하는 속성의 도메인이 같아야 한다는 것을 의미한다. 하지만 속성의 이름도 같아야 한다는 것은 아니다.

2.1 합집합 연산자

수학의 합집합과 동일한 개념인 **합집합**(union) 연산자는 **두 개의 릴레이션을 합하여 하나의 릴레이션을 반환**하는 연산자이다. 중복된 투플은 한 번만 나타난다. 연산자 기호 역시 같은 ∪를 사용한다. 표기 형식은 합병이 가능한 두 릴레이션 R과 S의 합집합표기 형식은 다음과 같이 나타낸다.

R ∪ S

예를 들어, 빅히트 서점의 광화문 지점과 신도림 지점에서 관리하는 도서의 릴레이션 이름이 각각 도서_광화문, 도서_신도림이라고 할 때, 빅히트 서점의 도서를 하나의 릴레이션으로 표현하는 관계대수는 다음과 같다.

도서_광화문

도서번호	도서명	가격
2	사례로 배우는 데이터베이스 설계와 구축	15000
3	데이터베이스 설계 및 구축	20000
5	영어책 한 권 외워봤니?	14000

도서_신도림

도서번호	도서명	가격
1	든든한 데이터베이스	27000
4	당신의 인생을 어떻게 평가할 것인가	16000
5	영어책 한 권 외워봤니?	14000

도서_광화문 ∪ 도서_신도림

도서번호	도서명	가격
1	든든한 데이터베이스	27000
2	사례로 배우는 데이터베이스 설계와 구축	15000
3	데이터베이스 설계 및 구축	20000
4	당신의 인생을 어떻게 평가할 것인가	16000

그림 1 합집합 예

2.2 교집합 연산자

수학의 교집합과 동일한 개념인 **교집합**(intersect) 연산자는 두 릴레이션 모두에 속한 투플들을 반환하는 연산자이다. 한다. 두 릴레이션 R과 S의 교집합 표기 형식은 연산자 기호 ∩를 사용하여 다음과 같이 나타낸다.

R ∩ S

광화문 지점과 신도림 지점에서 관리하는 도서의 릴레이션 이름이 각각 도서_광화문, 도서_신도림인 빅히트 서점 예에서, 두 지점에 모두 존재하는 도서를 하나의 릴레이션 으로 표현하는 관계대수는 다음과 같다.

도서_광화문

도서번호	도서명	가격
2	사례로 배우는 데이터베이스 설계와 구축	15000
3	데이터베이스 설계 및 구축	20000
5	영어책 한 권 외워봤니?	14000

도서_신도림

도서번호	도서명	가격
1	든든한 데이터베이스	27000
4	당신의 인생을 어떻게 평가할 것인가	16000
5	영어책 한 권 외워봤니?	14000

도서_광화문 ∩ 도서_신도림

도서번호	도서명	가격
5	영어책 한 권 외워봤니?	14000

그림 2 교집합 예

2.3 차집합 연산자

두 릴레이션 R과 S의 차집합(difference)은 R − S로 표현한다. R − S는 R 릴레이션에 속하지만 S 릴레이션에 속하지 않는 투플들로 결과 릴레이션을 구성한다. 이에 대한 표기 형식은 다음과 같이 나타낸다.

```
R - S
```

예를 들어, 빅히트 서점에는 광화문 지점과 신도림 지점이 있고, 각 지점에서 관리하는 도서의 릴레이션 이름은 각각 도서_광화문, 도서_신도림이라고 할 때, 광화문 지점에만 있는 도서를 표현하는 관계대수는 다음과 같다.

도서_광화문

도서번호	도서명	가격
2	사례로 배우는 데이터베이스 설계와 구축	15000
3	데이터베이스 설계 및 구축	20000
5	영어책 한 권 외워봤니?	14000

도서_신도림

도서번호	도서명	가격
1	든든한 데이터베이스	27000
4	당신의 인생을 어떻게 평가할 것인가	16000
5	영어책 한 권 외워봤니?	14000

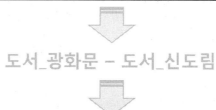

도서_광화문 – 도서_신도림

도서번호	도서명	가격
2	사례로 배우는 데이터베이스 설계와 구축	15000
3	데이터베이스 설계 및 구축	20000

그림 3 차집합 예

2.4 카티션 프로덕트 연산자

릴레이션 R과 릴레이션 S의 카티션 프로덕트(cartesian product)는 릴레이션 R에 속한 투플들과 릴레이션 S에 속한 투플들의 모든 연결 가능한 조합으로 구성되는 릴레이션이다. R × S로 표현하며, 이에 대한 표기 형식은 다음과 같이 나타낸다.

R x S

예를 들어, 회원 릴레이션과 도서 릴레이션의 카티션 프로덕트를 표현하는 관계대수는 다음과 같다.

회원

회원번호	회원명
1	송중기
2	서현

도서

도서번호	도서명
1	든든한 데이터베이스
2	사례로 배우는 데이터베이스 설계와 구축
5	영어책 한 권 외워봤니?

회원 × 도서

회원번호	회원명	도서번호	도서명
1	송중기	1	든든한 데이터베이스
2	송중기	2	사례로 배우는 데이터베이스 설계와 구축
3	송중기	5	영어책 한 권 외워봤니?
2	서현	1	든든한 데이터베이스
3	서현	2	사례로 배우는 데이터베이스 설계와 구축
4	서현	5	영어책 한 권 외워봤니?

그림 4 카티션 프로덕트 예

순서 관계 연산자

순수 관계 연산자는 다음과 같다.

표 3 순수 관계 연산자의 종류

연산자 이름	기호	개념	의미
셀렉션 (selection)	σ		릴레이션에서 주어진 조건을 만족하는 투플
프로젝션 (projection)	π		릴레이션에서 주어진 속성들의 값으로만 구성된 투플
조인 (join)	$\bowtie$		두 릴레이션의 공통 속성을 기준으로 속성값이 같은 투플들을 수평으로 결합
디비전 (division)	$\div$	디비전 a a a b b b x y z x y z x y z a b	부모 릴레이션에 포함된 투플의 값을 모두 갖고 있는 투플을 분자 릴레이션에서 추출

여기서 조인 연산자를 좀더 자세하게 살펴보면 다음과 같다.

표 4 조인 연산자의 종류

연산자 이름	개념	의미
동등조인 (equi-join)		조인에 참여하는 두 릴레이션의 속성 값을 = 연산자를 사용하여 비교한 후 조건을 만족하는 투플을 반환
자연조인 (natural join)		동등조인에서 조인에 참여한 속성이 두 번 나오지 않도록 두 번째 속성을 제거한 결과를 반환
왼쪽 외부조인 (left outer join)		자연조인시 왼쪽에 있는 릴레이션을 기준으로 투플들을 모두 보여주되, 조인에 실패하여 값이 없는 오른쪽 대응 속성에는 NULL 값을 넣어서 반환
오른쪽 외부조인 (right outer join)		자연조인시 오른쪽에 있는 릴레이션을 기준으로 투플들을 모두 보여주되, 조인에 실패하여 값이 없는 왼쪽 대응 속성에는 NULL 값을 넣어서 반환
완전 외부조인 (full outer join)		왼쪽 외부조인과 오른쪽 외부조인을 합친것과 같은 결과를 반환

3.1 셀렉션 연산자

셀렉션(selection)은 단어 그대로 하나의 릴레이션에서 주어진 조건(condition)을 만족하는 투플들을 선택하는 연산이다. 셀렉션 연산자는 하나의 입력 릴레이션을 대상으로 하므로 단항 연산자이다. 결과 릴레이션은 입력 릴레이션을 수평으로 절단하여 그 일부를 가지고 구성한 것과 같으므로 실렉션은 수평적 부분집합(horizontal subset)을 생성한다. 실렉션의 결과로 생기는 릴레이션은의 차수는 입력 릴레이션의 차수와 동일하며, 카디낼리티는 입력 릴레이션보다 작거나 같다.

표기 형식은 그리스 문자 시그마(sigma)를 사용한 연산자 기호 σ를 이용하여 다음과 같이 나타낸다. R은 릴레이션을 나타낸다.

$$\sigma_{\langle 조건 \rangle}(R)$$

여기서 셀럭션 조건은 '⟨속성⟩=⟨속성값⟩ 또는 '⟨속성⟩=⟨속성⟩' 형태로 나타낸다. 그리고 속성과 속성값,{=, ◇, ⟩, ⟩=, ⟨, ⟨=} 등의 비교 연산자, {AND, OR, NOT} 등의 부울 연산자를 포함할 수 있다.

예를 들어, 도서 릴레이션에서 가격 속성 값이 15,000원 이하인 투플들을 선택하기 위한 셀렉션 연산을 관계대수로 표현하면 다음과 같다.

$$\sigma_{가격 <=15000}(도서)$$

위 질의의 결과는 다음 그림과 같이 가격이 15,000원 이하인 도서만 찾아서 추출한다.

도서

도서번호	도서명	가격
1	든든한 데이터베이스	27000
2	사례로 배우는 데이터베이스 설계와 구축	15000
3	데이터베이스 설계 및 구축	20000
4	당신의 인생을 어떻게 평가할 것인가	16000
5	영어책 한 권 외워봤니?	14000

원하는 투플

$$\sigma_{가격 <= 15000}(도서)$$

도서번호	도서명	가격
2	사례로 배우는 데이터베이스 설계와 구축	15000
5	영어책 한 권 외워봤니?	14000

그림 5 셀렉션 예

 저자 한마디

셀렉션은 SQL에서 SELECT 명령어의 WHERE절에 해당된다.

3.2 프로젝션 연산자

프로젝션(projection)은 하나의 릴레이션에서 주어진 속성들의 값으로 구성된 투플들을 선택하는 연산이다. 프로젝션은 릴레이션의 투플을 연산 대상으로 하는 셀렉션과 달리 릴레이션의 속성을 연산 대상으로 한다. 하나의 입력 릴레이션을 대상으로 하므로 단항 연산자이다. 결과 릴레이션은 입력 릴레이션을 수직으로 절단하여 그 일부를 가지고 구성한 것과 같으므로 프로젝션은 수직적 부분집합(vertical subset)을 생성한다. 프로젝션의 결과로 생기는 릴레이션은 〈속성리스트〉에 명시된 속성들만 가지며, 이 속성들은 속성리스트에 열거된 순서와 동일하게 결과 릴레이션에 나타난다. 그래서 결과 릴레이션의 차수는 입력 릴레이션의 차수보다 작거나 같다. 그 결과 릴레이션의 차수는 입력 릴레이션의 차수보다 작거나 같으며, 중복된 투플은 한 번만 나타나게 된다.

표기 형식은 그리스 문자 파이(pi)를 사용한 연산자 기호 π를 이용하여 다음과 같이 나타낸다. R은 릴레이션을 나타낸다.

$$\pi_{\langle 속성리스트 \rangle}(R)$$

다음은 회원 릴레이션에서 등급 속성을 선택하기 위한 프로젝션 연산을 하는 관계 대수 표현이다.

$$\pi_{등급}(회원)$$

위 질의의 결과는 다음 그림과 같이 회원 릴레이션에서 등급 속성만 찾아서 추출한다.

그림 6 프로젝션 예

저자 한마디

프로젝션은 SQL에서 SELECT 명령어의 SELECT절의 열 이름 리스트에 해당된다.

3.3 조인 연산자

하나의 릴레이션에서 원하는 데이터를 얻을 수 없을 때는 관계가 있는 여러 개의 릴레이션을 함께 사용하는 것이 필요하다. 조인(join)은 이와 같은 상황에서 두 개 릴레이션의 공통 속성을 기준으로 속성값이 같은 투플들을 수평으로 결합하여 새로운 하나의 릴레이션을 만드는 연산이다. 조인의 결과는 카티션 프로덕트(cartesian product)를 수행한 후 셀렉션(selection)을 적용한 것과 같다.

조인은 시간이 오래 걸린다. 그래서 조인을 효율적으로 수행하기 위하여 세타 조인(theta-join, θ-join), 동등 조인(equi-join), 자연 조인(natural join), 외부 조인(outer join), 세미 조인(semi-join)과 같은 여러 가지 알고리즘이 개발되었다.

3.3.1 세타 조인과 동등 조인

세타(θ)는 비교연산자 {=, ◇, 〉=, 〉, 〈=, ◁ 중의 하나이다. 세타 조인(theta-join, θ-join)은 이와 같은 비교 연산자를 이용하여 다양한 조건을 표현하며, 두 릴레이션의 기본키와 외래키 관계에 해당되는 속성들이 세타 조인 조건을 만족하는 투플들을 골라낸다.

동등 조인(equi-join)은 세타 연산자가 비교 연산자 =인 세타 조인을 말한다. 표기 형식은 그리스 문자 ⋈를 사용하여 다음과 같이 표현한다. 여기서 R과 S는 릴레이션이다.

$$R \underset{R.키속성=S.키속성}{\bowtie} S$$

예를 들어, 도서 릴레이션과 출판사 릴레이션을 동등 조인한 것은 다음과 같다.

도서

도서번호	도서명	출판사번호
1	든든한 데이터베이스	1
3	데이터베이스 설계 및 구축	2
4	당신의 인생을 어떻게 평가할 것인가	3

출판사

출판사번호	출판사명	담당자
1	연두	심하진
2	생능	이승기
5	빅히트	

도서 ⋈ 도서.출판사번호 = 출판사.출판사번호 출판사

도서번호	도서명	출판사번호	출판사번호	출판사명	담당자
1	든든한 데이터베이스	1	1	연두	심하진
3	데이터베이스 설계 및 구축	2	2	생능	이승기

그림 7 동등 조인 예

3.3.2 자연 조인

자연 조인(natural join)은 동등 조인의 결과 두 릴레이션에서 공통으로 사용된 중복되는 키 속성 중 하나를 제외한 것이다. 표기 형식은 $\bowtie_N$ 기호를 사용하여 다음과 같이 표현한다. 여기서 R과 S는 릴레이션이다.

$$R \bowtie_N S$$

예를 들어, 도서 릴레이션과 출판사 릴레이션을 자연 조인한 것은 다음과 같다.

도서

도서번호	도서명	출판사번호
1	든든한 데이터베이스	1
3	데이터베이스 설계 및 구축	2
4	당신의 인생을 어떻게 평가할 것인가	3

출판사

출판사번호	출판사명	담당자
1	연두	심하진
2	생능	이승기
5	빅히트	

도서번호	도서명	출판사번호	출판사명	담당자
1	든든한 데이터베이스	1	연두	심하진
3	데이터베이스 설계 및 구축	2	생능	이승기

그림 8 자연 조인 예

3.3.3 외부 조인

외부 조인(outer join)은 상대 릴레이션에 대응되는 투플을 갖지 못하는 투플이나 조인 속성에 널 값이 들어 있는 투플들을 다룬다. 릴레이션에 관련된 투플이 없으면 결과 릴레이션의 속성들을 널 값으로 채운다. 외부 조인의 종류에는 왼쪽 외부조인(left outer join), 오른쪽 외부조인(right outer join), 완전 외부조인(full outer join)이 있다.

왼쪽 외부조인은 왼쪽에 위치한 릴레이션의 모든 투플들을 새로운 결과 릴레이션에 포함시키는 연산이다. 그런데 오른쪽 릴레이션에 관련된 투플이 없으면, 결과 릴레이션에서 상대 릴레이션의 속성들은 널 값으로 채운다. 표기 형식은 ⋈기호를 사용하여 다음과 같이 표현한다. 여기서 R과 S는 릴레이션이다.

R ⋈ S

예를 들어, 도서 릴레이션과 출판사 릴레이션을 왼쪽 외부 조인한 것은 다음과 같다.

도서

도서번호	도서명	출판사번호
1	든든한 데이터베이스	1
3	데이터베이스 설계 및 구축	2
4	당신의 인생을 어떻게 평가할 것인가	3

출판사

출판사번호	출판사명	담당자
1	연두	심하진
2	생능	이승기
5	빅히트	

도서 ⋈ 출판사

도서번호	도서명	출판사번호	출판사명	담당자
1	든든한 데이터베이스	1	연두	심하진
3	데이터베이스 설계 및 구축	2	생능	이승기
4	당신의 인생을 어떻게 평가할 것인가	3	NULL	NULL

그림 9 왼쪽 외부 조인 예

오른쪽 외부조인은 오른쪽에 위치한 릴레이션의 모든 투플들을 새로운 결과 릴레이션에 포함시키는 연산이다. 왼쪽 릴레이션에 관련된 투플이 없으면, 결과 릴레이션에서 상대 릴레이션의 속성들은 널 값으로 채운다. 표기 형식은 ⋈기호를 사용하여 다음과 같이 표현한다. 여기서 R과 S는 릴레이션이다.

R ⋈ S

예를 들어, 도서 릴레이션과 출판사 릴레이션을 오른쪽 외부 조인한 것은 다음과 같다.

도서

도서번호	도서명	출판사번호
1	든든한 데이터베이스	1
3	데이터베이스 설계 및 구축	2
4	당신의 인생을 어떻게 평가할 것인가	3

출판사

출판사번호	출판사명	담당자
1	연두	심하진
2	생능	이승기
5	빅히트	

도서 ⋈ 출판사

도서번호	도서명	출판사번호	출판사명	담당자
1	든든한 데이터베이스	1	연두	심하진
3	데이터베이스 설계 및 구축	2	생능	이승기
NULL	NULL	5	빅히트	

그림 10 오른쪽 외부 조인 예

완전 외부조인은 두 개 릴레이션의 모든 투플들을 새로운 결과 릴레이션에 포함시키는 연산이다. 만약 상대 릴레이션에 관련된 투플이 없으면, 결과 릴레이션에서 상대 릴레이션의 속성들은 널 값으로 채운다. 표기 형식은 ⋈기호를 사용하여 다음과 같이 표현한다. 여기서 R과 S는 릴레이션이다.

R ⋈ S

예를 들어, 도서 릴레이션과 출판사 릴레이션을 완전 외부 조인한 것은 다음과 같다.

도서

도서번호	도서명	출판사번호
1	든든한 데이터베이스	1
3	데이터베이스 설계 및 구축	2
4	당신의 인생을 어떻게 평가할 것인가	3

출판사

출판사번호	출판사명	담당자
1	연두	심하진
2	생능	이승기
5	빅히트	

도서 ⋈ 출판사

도서번호	도서명	출판사번호	출판사명	담당자
1	든든한 데이터베이스	1	연두	심하진
3	데이터베이스 설계 및 구축	2	생능	이승기
4	당신의 인생을 어떻게 평가할 것인가	3	NULL	NULL
NULL	NULL	5	빅히트	

그림 11 완전 외부 조인 예

3.4 디비전 연산자

두 릴레이션 R과 S의 디비전(division) 연산은 X ⊃Y인 두 개의 릴레이션에서 R(X)와 S(Y)가 있을 때 (릴레이션 R이 릴레이션 S의 모든 속성을 포함하고 있어야 한다는 의미), R 릴레이션의 속성이 S 릴레이션의 속성값을 모두 가진 튜플에서 S 릴레이션이 가진 속성만 제외한 튜플로 결과 릴레이션을 구성하는 연산이다.

표기 형식은 ÷ 기호를 사용하여 다음과 같이 표현한다. 여기서 R과 S는 릴레이션이다.

$$R_{R.속성 ÷ S.속성} S$$

예를 들어, 회원 릴레이션과 정회원등급 릴레이션에 대한 디비전 연산은 다음과 같다.

회원

회원번호	회원명	등급	생년월일	적립금
1	송중기	평생회원	1985-09-19	12300
2	서현	정회원	1991-06-28	6100
3	송혜교	비회원	1981-11-22	100
4	보아	정회원	1986-11-05	7500
5	백현	준회원	1992-05-06	3000

정회원등급

등급
정회원

회원 회원.등급 ÷ 정회원등급.등급 정회원등급

회원번호	회원명	생년월일	적립금
2	서현	1991-06-28	6100
4	보아	1986-11-05	7500

그림 12 디비전 예

summary ▼

1. 관계 대수는 릴레이션을 처리하는 연산의 집합이다. 이에 속하는 연산자는 수학의 집합 이론에서 차용된 일반 집합 연산자와 관계 데이터 모델을 위해 고안된 순수 관계 연산자로 나눌 수 있다.

2. 일반 집합 연산자에는 합집합(union), 교집합(intersect), 차집합(difference), 카티션 프로덕트 (cartesian product)가 있다.

3. 합집합은 ∪ 기호를 사용하여 두 개의 릴레이션을 합하여 하나의 릴레이션을 반환하는 연산이 며, 교집합은 ∩ 기호를 사용하여 두 릴레이션 모두에 속한 투플들을 반환하는 연산이다. 차집합 은 − 기호를 사용하여 두 릴레이션의 차집합을 구하는 연산이고, 카티션 프로덕트는 × 기호를 사용하여 두 릴레이션에 속한 모든 투플의 집합을 구하는 연산이다.

4. 순수 관계 연산자에는 셀렉션(selection), 프로젝션(projection), 조인(join), 디비전(division)이 있다.

5. σ 기호를 사용하는 셀렉션은 릴레이션에서 주어진 조건을 만족하는 투플을 반환하는 연산이며, π 기호를 사용하는 프로젝션은 릴레이션에서 주어진 속성들의 값으로만 구성된 투플을 반환하 는 연산이고, ⋈ 기호를 사용하는 조인은 두 릴레이션의 공통 속성을 기준으로 속성값이 같은 투플들을 수평으로 결합하는 연산이고, ÷ 기호를 사용하는 디비전은 부모 릴레이션에 포함된 투플의 값을 모두 갖고 있는 투플을 분자 릴레이션에서 추출하여 반환하는 연산이다.

6. 동등조인(equi-join)은 조인에 참여하는 두 릴레이션의 속성 값을 = 연산자를 사용하여 비교한 후 조건을 만족하는 투플을 반환하며, 자연조인(natural join)은 동등조인에서 조인에 참여한 속 성이 두 번 나오지 않도록 두 번째 속성을 제거한 결과를 반환한다.

7. 왼쪽 외부조인(left outer join)은 자연조인시 왼쪽에 있는 릴레이션을 기준으로 투플들을 모두 보여주되, 조인에 실패하여 값이 없는 오른쪽 대응 속성에는 NULL 값을 넣어서 반환하며, 오른 쪽 외부조인(right outer join)은 자연조인시 오른쪽에 있는 릴레이션을 기준으로 투플들을 모두 보여주되, 조인에 실패하여 값이 없는 왼쪽 대응 속성에는 NULL 값을 넣어서 반환한다. 완전 외 부조인(full outer join)은 왼쪽 외부조인과 오른쪽 외부조인을 합친 것과 같은 결과를 반환한다.

SQL Server 설치 및
예제 데이터베이스 구축

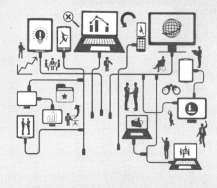

C H A P T E R 5

SQL Server 설치 및
예제 데이터베이스 구축

학습목표

- SQL Server를 설치하고 실행할 수 있다.
- 데이터베이스 구조를 설명할 수 있다.
- 데이터 검색 SQL 실습을 위한 예제 데이터베이스를 구축할 수 있다.

SQL Server 설치 및 실행

1.1 SQL Server 소개

SQL Server는 윈도우 운영체제에서 동작하는 데이터베이스 관리 소프트웨어다. 마이크로소프트사가 제작하였으며, 다음과 같은 역사를 가지고 있다.

표 1 SQL Server의 발전과정

연도	제품명(버전)	플랫폼
1989년	1.0	OS/2
1990년	1.1	OS/2, Windows 3.0
1992년	4.2	OS/2, Windows 3.0
1995년	6.0	Windows NT
1998년	7.0	Windows
2000년	2000 (8.0)	Windows
2005년	2005 (9.0)	Windows
2008년	2008 (10.0)	Windows
2012년	2012 (11.0)	Windows Vista 이후
2014년	2014 (12.0)	Windows 7 이후
2016년	2016 (13.0)	Windows 8 이후

SQL Server 제품은 다음과 같이 네가지 에디션(edition)이 주로 사용된다.

표 2 SQL Server 제품 형태

구분	설명
엔터프라이즈 에디션 (Enterprise Edition)	대규모의 데이터 센터를 구축하거나, 높은 성능의 데이터 웨어하우스 솔루션을 개발하는 데 주로 활용
비즈니스 인텔리전스 에디션 (Business Intelligence Edition)	BI(Business Intelligence) 솔루션을 개발하는데 주로 활용
표준 에디션 (Standard Edition)	최소한의 자원으로 데이터베이스 관리 기능을 제공하고자 하는 상대적으로 작은 조직에서 주로 활용
익스프레스 에디션 (Express Edition)	기본 기능을 제공하면서도 무료로 배포되므로 데스크톱이나 소규모의 서버에서 데이터베이스 관리 기능을 이용한 응용 프로그램을 분석하고 개발하는 데 주로 활용

1.2 SQL Server 설치

1.2.1 SQL Server 설치 요구사항 확인

SQL Server를 설치하기 위한 운영체제 버전, 프로세서 유형 및 속도, 메모리 용량은 다음과 같다. 아래 표를 보면 최소 요구사항은 높지 않다. 하지만 현실적으로는 권장 요구사항 이상을 만족하는 것이 좋다.

표 3 SQL Server 설치를 위한 요구사항

에디션	지원되는 운영체제	프로세서유형	프로세서 속도	메모리
SQL Server 2012 Enterprise	Windows 7, Windows 8, Windows Server 2008, Windows Server 2012	32비트 프로세서, 64비트 프로세서	최소: 1GHz 이상 권장: 2.0GHz 이상	최소: 1GB 이상 권장: 4GB 이상
SQL Server 2012 Standard			최소: 1GHz 이상 권장: 2.0GHz 이상	최소: 1GB 이상 권장: 4GB 이상
SQL Server 2012 Express			최소: 1.4GHz 이상 권장: 2.0GHz 이상	최소: 512MB 이상 권장: 1GB 이상

에디션	지원되는 운영체제	프로세서유형	프로세서 속도	메모리
SQL Server 2016 Enterprise	Windows 8, Windows 10, Windows Server 2012, Windows Server 2016	64비트 프로세서	최소: 1.4GHz 이상 권장: 2.0GHz 이상	최소: 1GB 이상 권장: 4GB 이상
SQL Server 2016 Standard			최소: 1.4GHz 이상 권장: 2.0GHz 이상	최소: 1GB 이상 권장: 4GB 이상
SQL Server 2016 Express			최소: 1.4GHz 이상 권장: 2.0GHz 이상	최소: 512MB 이상 권장: 1GB 이상

SQL Server는 윈도우 운영체제에서만 동작한다. 그리고 SQL Server 에디션에 따라 지원되는 운영체제 버전과 프로세스 유형 등이 다르다. 따라서 SQL Server 설치 전에는 [시작]→ [제어판]→ [시스템]에서 자신의 컴퓨터 환경을 점검해야 한다. 다음 그림은 그와 같은 메뉴를 차례로 선택하여 나타난 저자의 컴퓨터 환경 모습이다.

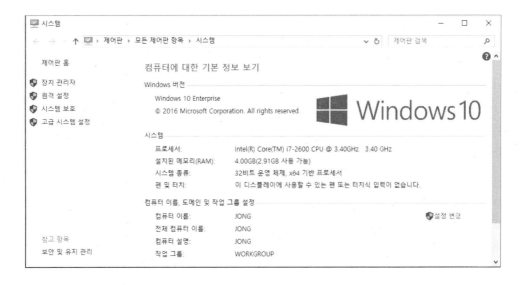

위에서 보는 바와 같이 저자의 컴퓨터는 윈도우 10 운영체제이지만 32비트 프로세서를 사용하고 있기 때문에 SQL Server 2016은 설치할 수 없다. 그래서 설치 가능한 최신 버전이면서 무료로 배포되는 SQL Server 2012 Express를 사용하기로 결정하였다.

1.2.2 SQL Server 설치파일 다운로드

설치 요구사항을 만족하는 SQL Server 에디션을 결정한 다음에는 마이크로소프트사 홈페이지 http://www.microsoft.com/ko-kr/에 접속한다. 그리고 홈페이지 하단에 있는 [다운로드 센터]를 클릭한다.

검색창에 자신의 컴퓨터 환경에 맞는 SQL Server 에디션을 입력하고 검색을 실시한다. 저자는 앞에서 결정한 SQL Server 2012 Express를 입력하였다.

검색 결과 중에서 해당 에디션의 가장 최신 버전을 선택한다. 저자는 [Microsoft® SQL Server® 2012 서비스 팩 3(SP3) Express]를 클릭하였다.

다음과 같은 다운로드 화면에서 다운로드 버튼을 클릭한다.

저자의 컴퓨터는 32비트 프로세서이므로, SQLEXPRWT_x86_KOR.exe를 선택하고 다음
버튼을 클릭했다. 만약 64비트 프로세스라면 SQLEXPRWT_x64_KOR.exe를 선택한다.

원하는 다운로드 선택

파일 이름	크기
KOR\x64\SQLManagementStudio_x64_KOR.exe	998.7 MB
KOR\x86\SQLEXPR_x86_KOR.exe	281.7 MB
KOR\x86\SQLEXPR32_x86_KOR.exe	269.3 MB
KOR\x86\SQLEXPRADV_x86_KOR.exe	1.9 GB
KOR\x86\SQLEXPRWT_x86_KOR.exe	1.1 GB
KOR\x86\SqlLocalDB.msi	29.8 MB

다운로드 요약 정보:

1. KOR\x86\SQLEXPRWT_x86_KOR.exe

총 크기: 1.1 GB

다음

웹 브라우저 좌측 하단에 나타나는 다음과 같은 화면에서 다운로드 과정을 확인할 수 있다.

1.2.3 SQL Server 설치

다운로드 받은 파일을 더블 클릭한다. 그러면 파일이 실행되면서 압축이 풀린다.

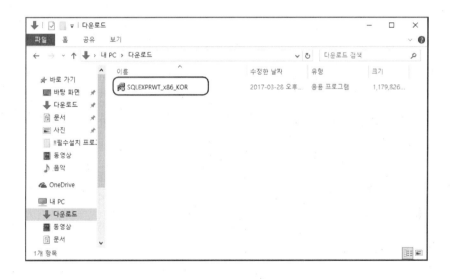

압축이 풀리면 다음과 같은 [SQL Server 설치 센터]가 나타난다. 이 화면에서 [새 SQL Server 독립 실행형 설치 또는 기존 설치에 기능 추가]를 클릭한다.

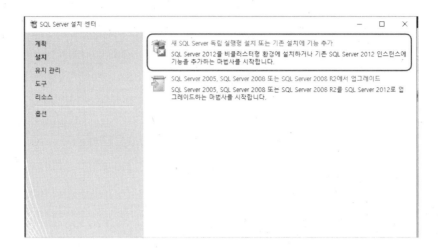

[사용 조건] 대화상자에서 [동의함] 앞에 체크(V 표시)하고 [다음] 버튼을 클릭한다.

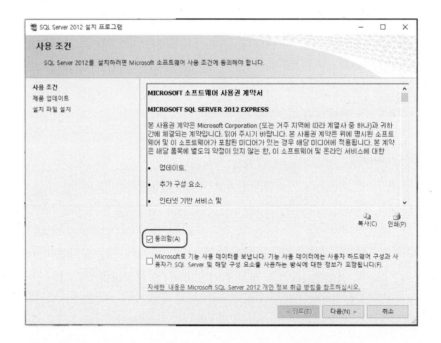

[설치 파일 설치] 대화상자에서 업데이트할 필요가 있는 경우에는 업데이트 목록이 나타나는데, 이런 경우에는 업데이트를 진행하고 나서 설치를 진행한다.

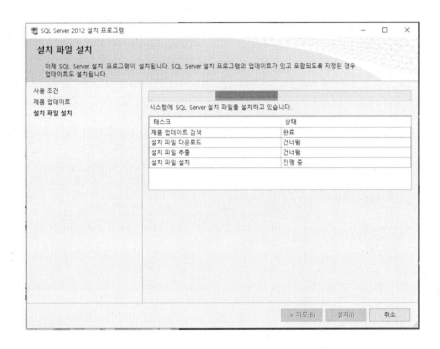

[기능 선택] 대화상자에서 설치하고 싶은 기능을 지정하고 [다음] 버튼을 클릭한다. 저
자는 기본 설정을 그대로 두었다.

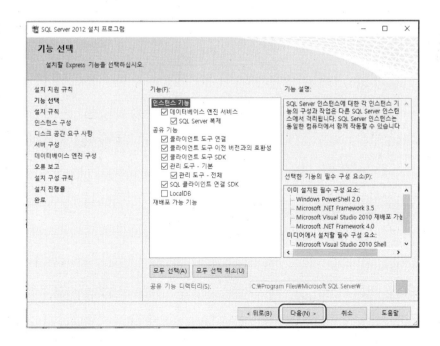

[인스턴스 구성] 대화상자에서 [명명된 인스턴스] 항목을 선택하고 [다음] 버튼을 클릭한다.

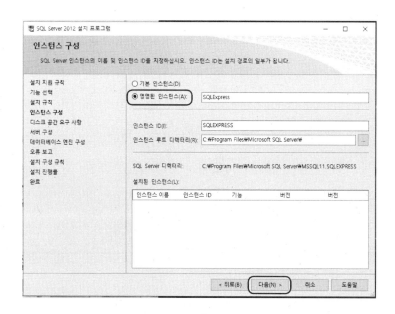

[서버 구성] 대화상자에서는 기본 설정으로 두고 [다음] 버튼을 클릭한다. [서비스 계정] 탭에서는 컴퓨터가 시작될 때 SQL 서버 관련 서비스의 실행여부를 지정할 수 있다.

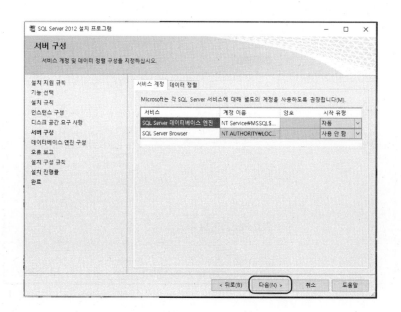

[데이터베이스 엔진 구성] 대화상자의 [서버 구성] 탭에서 SQL Server에 연결할 때는 다음과 같은 두 가지 인증 모드 중의 하나를 선택한다.

표 4 SQL Server의 인증모드

인증 모드	설명
Windows 인증 모드	• SQL Server가 설치된 윈도우 운영체제에 등록된 사용자 계정을 이용해 접속하는 방식 • 별도의 사용자 이름이나 암호를 입력할 필요 없이 윈도우 운영체제의 사용자 계정으로 SQL Server에 접속 가능 • 마이크로소프트 사에서는 윈도우 운영체제가 제공하는 보안 기능을 그대로 사용할 수 있도록 윈도우 인증 모드 사용을 권장
혼합 모드	• 윈도우 인증 모드도 사용하면서 SQL Server에서만 사용되는 계정을 이용하는 SQL Server 인증 방식도 함께 지원 • 이 방식을 이용하면 SQL Server에 등록된 사용자 이름과 암호를 입력하여 SQL Server에 접속 가능 • SQL Server 원격 접속 시 혼합 모드 사용이 간편

저자는 인증 모드를 [혼합 모드]로 선택하고, SQL 서버 시스템 관리자 계정인 sa의 암호를 입력한 후, [다음] 버튼을 클릭하였다.

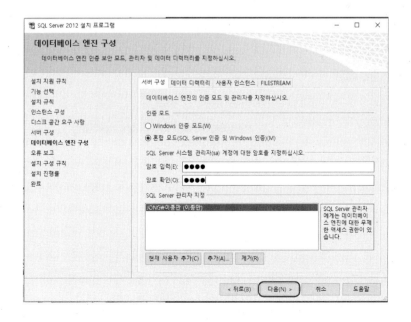

[오류 보고] 대화상자는 제품의 향상을 위하여 사용자가 설치할 때 발생한 오류 내용을 익명으로 마이크로소프트사에 보내도록 하는 것이다. 체크 여부가 설치 과정에 영향을 주지 않는다. 저자는 그대로 두고 [다음] 버튼을 클릭하였다.

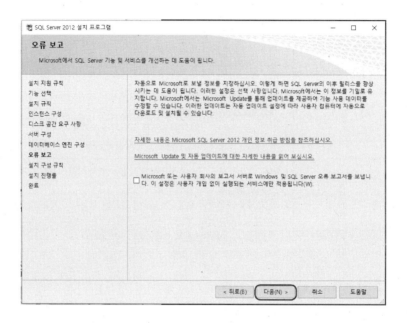

이제 다음과 같이 본격적으로 설치가 진행된다.

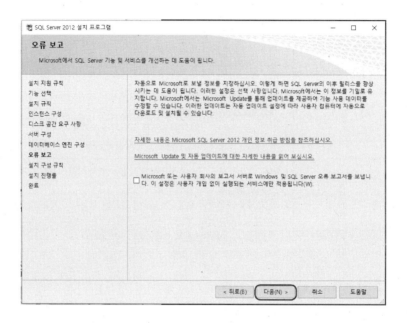

설치가 완료되어 다음과 같은 [완료] 대화상자가 나타나면, [닫기] 버튼을 클릭하여 설치를 종료한다.

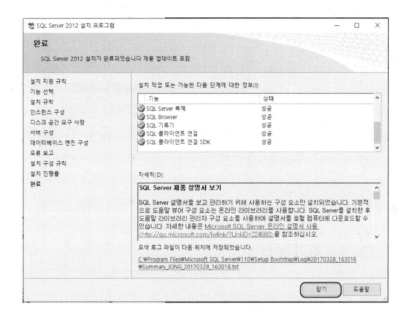

1.2.4 SQL Server 설치 확인

[시작]→ [제어판]→ [관리 도구]→ [서비스]를 차례대로 클릭하여 나타나는 다음과 같은 서비스 메뉴에서 설치 과정 중에 지정한 인스턴스 이름의 SQL Server 서비스가 목록에 존재하는지를 확인한다. 저자는 설치 과정에서 기본 인스턴스의 이름을 'SQLEXPRESS'로 설정하였기 때문에 'SQL Server (SQLEXPRESS)'라는 이름의 서비스가 목록이 존재하여야 한다. 이 화면에서SQL 서버서비스의 현재 상태를 확인할 수 있으며, 이 서비스를 시작 또는 중지할 수도 있다.

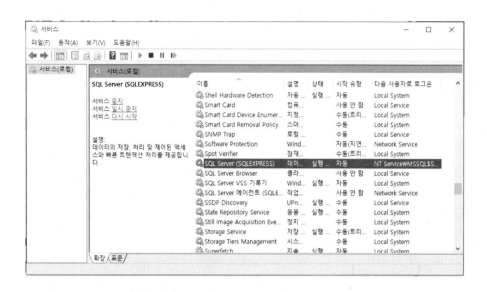

1.2.5 SQL Server 추가 설정

지금부터는 SQL Server가 외부 프로그램과 접속에 응답하기 위한 통신 포트를 설정한다.

[시작]→ [Microsoft SQL Server 2012] → [SQL Server 구성 관리자] 메뉴를 차례대로 선택하면 다음과 같은 SQL Server 구성 관리자 화면이 나타난다. 여기서 [SQLEXPRESS에 대한 프로토콜] → [TCP/IP]를 더블클릭 한다.

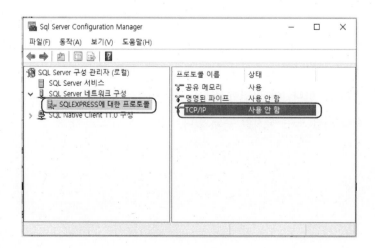

TCP/IP 속성 창이 나타나면, 프로토콜 탭에서 사용은 예를 선택하여 적용 버튼을 클릭한다.

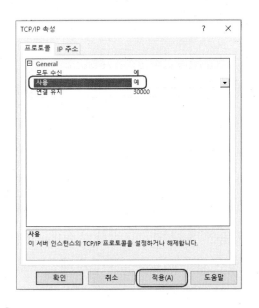

TCP/IP 속성 창의 IP 주소 탭에서 IPALL TCP 동적 포트는 1433으로 설정하고 확인 버튼을 클릭한다.

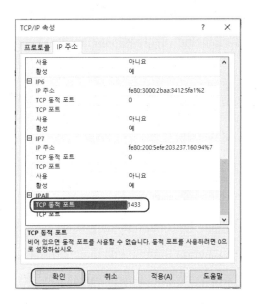

다음과 같은 경고창이 나타나면 확인 버튼을 클릭한다.

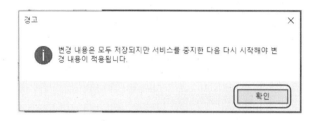

1.3 SQL Server 기본 사용 방법

SQL Server에서 제공하는 SQL Server 관리 스튜디오(SQL Server Management Studio, SSMS)는 SQL Server DBMS에 접속하여 SQL 작성 및 실행을 통해 테이블과 데이터를 조작할 수 있는 그래픽 사용자 인터페이스(GUI) 환경을 제공한다. SQL Server 관리 스튜디오를 실행시키기 위해서는 [시작]→ [Microsoft SQL Server 2012] → [SQL Server Management Studio] 메뉴를 차례대로 선택하면 된다.

SQL Server DBMS에 접속하기 위해서 SQL Server 관리 스튜디오 메뉴를 선택하면 다음과 같은 [서버에 연결] 대화상자가 나타난다. 여기서 SQL Server 인증 방식을 선택하고 로그인 이름과 암호를 입력하고 [연결] 버튼을 클릭한다.

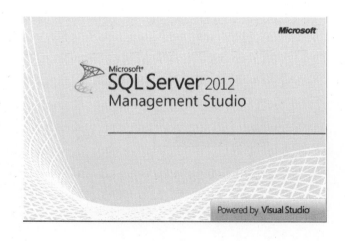

SQL Server에 성공적으로 연결되면 다음과 같이 SQL Server 관리 스튜디오가 실행된다.

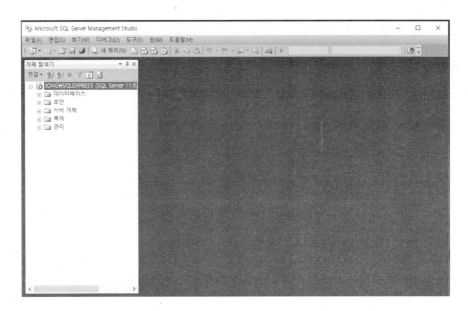

SQL Server 관리 스튜디오의 왼쪽 영역에 있는 개체 탐색기에서 데이터베이스를 더블 클릭하면 시스템 데이터베이스가 나타나고, 또다시 시스템 데이터베이스를 더블 클릭하면 다음과 같이 master, model, msdb, tempdb가 나타난다.

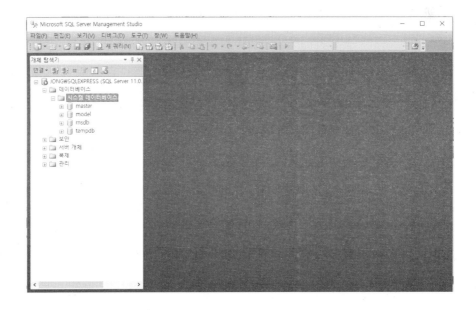

시스템 데이터베이스의 역할은 다음과 같다.

표 5 SQL 서버 시스템 데이터베이스의 역할

시스템 데이터베이스	역할
master	SQL 서버의 로그인 계정, 시스템 구성 설정 등과 같은 시스템 수준의 정보와 데이터 파일의 위치 등과 같은 데이터베이스의 존재에 대한 정보를 기록하는 데이터베이스
model	SQL 서버에서 만드는 데이터베이스에 대한 템플릿으로 사용되는 데이터베이스
msdb	SQL 서버의 에이전트가 경고 메시지를 보내거나 정기적인 작업을 수행할 때 필요한 정보를 기록하는 데이터베이스
tempdb	임시테이블과 임시 저장 프로시저를 저장하는 데이터베이스

SQL 서버 인스턴스는 이와 같은 네 개의 시스템 데이터베이스와 하나 이상의 사용자 데이터베이스로 구성된다.

예제 데이터베이스 구축

2.1 SQL Server 데이터베이스 구조

SQL Server는 데이터를 논리적 구조와 물리적 구조로 나누어 관리한다. 논리적 구조는 효과적으로 데이터를 사용하고 관리하는 방법을 제공하고, 물리적 구조는 데이터를 실제 디스크에 저장하고 관리하는 방법을 제공한다.

먼저 SQL Server가 제공하는 논리적 공간인 데이터베이스에 대해 살펴보자. SQL Server에서는 데이터베이스를 다음과 같이 시스템 데이터베이스와 사용자 데이터베이스로 나눈다.

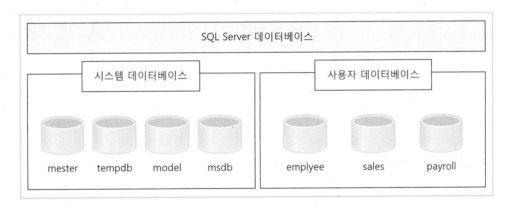

그림 1 시스템 데이터베이스와 사용자 데이터베이스

여기서 시스템 데이터베이스는 SQL Server를 설치하면 설치되는 데이터베이스이며 그 내용은 다음과 같다.

표 6 SQL Server 제공 시스템 데이터베이스

시스템 데이터베이스	역할
master 데이터베이스	시스템 정보, SQL Server 초기값에 대한 정보를 담고 있으며, SQL Server의 설정을 기록
tempdb 데이터베이스	임시 테이블과 임시 저장 프로시저에 대한 정보를 담고 있으며,데이터 정렬과 같은 작업에서 SQL의 임시 저장공간으로 사용
model 데이터베이스	SQL Server에서 생성되는 모든 데이터베이스에 대한 템플릿으로 사용
msdb 데이터베이스	SQL Server 에이전트에서 알림과 작업 예약에 사용

지금부터는 SQL Server가 제공하는 물리적 공간인 데이터 파일과 로그파일 등에 대해 살펴보겠다.

엑셀로 작성한 문서는 파일 형태로 저장되는데,이 문서 파일은 엑셀만의 고유한 구조로 이루어져 있다. SQL Server도 엑셀처럼 SQL Server만의 고유한 방식의 파일 형태로 데이터를 저장한다. 그리고 데이터가 실제 저장되는 곳은 보조기억장치이다. 보조기억장치는 하드디스크(Hard Disk Drive,줄여서 Hard Disk 또는 HDD라고 부름), SSD(Solid State Drive), USB(Universal Serial Bus) 메모리 등이 있는데, 이 중에서 하드디스크가 가장 많이 사용된다.

SQL Server에서 하나의 데이터베이스는 최소한 한 개의 주 데이터 파일과 한 개의 로그 파일을 가져야 한다. 이러한 관계를 도식화하면 다음과 같다.

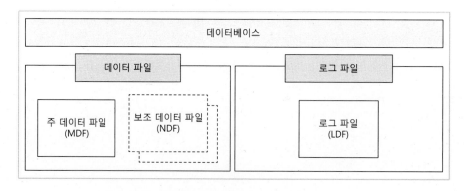

그림 2 논리적 데이터베이스와 물리적 데이터 파일 간의 관계

부연 설명하면, 데이터는 테이블 단위로 저장된다. SQL Server에서는 여러 개의 테이블 집합을 데이터베이스(database)라고 부르는 논리적 저장단위로 구성한다. 그리고 디스크에 저장하는 실제 데이터는 SQL Server에서 데이터 파일(datafile)이라고 부르는 물리적 저장 단위로 저장한다.

SQL Server의 데이터 파일에는 데이터와 테이블, 인덱스, 트리거, 저장 프로시저와 같은 개체가 저장된다. 데이터 파일은 주 데이터 파일과 보조 데이터 파일 두 종류가 있다. 하나의 데이터베이스는 반드시 단 하나의 주 데이터 파일을 가지고 있어야 한다. 하지만 보조 데이터 파일은 하나도 없을 수도 있고 하나 또는 여러 개가 있을 수도 있다. 주 데이터 파일의 확장자는 .mdf고, 보조 데이터 파일의 확장자는 .ndf다.

SQL Server는 데이터 파일 이외에도 로그 파일을 가지고 있는데, 로그 파일에는 데이터베이스의 변화를 기록하여 나중에 데이터베이스에 장애가 발생했을 때 데이터베이스를 복구하는데 사용한다. 하나의 데이터베이스는 반드시 하나 이상의 로그 파일을 가지고 있어야 한다.로그 파일의 확장자는 .ldf다. 로그 파일은 데이터 파일과 물리적으로 다른 공간에 저장할 것을 권장한다.

데이터베이스를 생성할 때는 반드시 데이터 파일 하나와 로그 파일 하나를 동시에 생성해야 한다. 이렇게 생성된 파일은 단 하나의 데이터베이스만이 이용한다.

2.2 데이터베이스 생성

데이터베이스란 SQL Server에서 데이터가 저장되는 논리적 공간이다. SQL Server에서 테이블을 생성하려면 데이터베이스를 사용해야 한다. 이때 SQL Server를 설치하면 함께 생성되는 데이터베이스를 사용할 수도 있고 새로운 데이터베이스를 생성하여 사용할 수도 있다. **데이터베이스 생성은 관리자만할 수 있으므로** 관리자 계정인 sa로 로그인해야 한다.

데이터베이스를 생성할 때 실제 데이터가 저장될 디스크상의 파일인 데이터 파일을 지정할 수도 있다. 사용자 정의 데이터베이스는 SQL Server관리 스튜디오가 제공하는 그래픽 도구를 사용하거나 SQL 명령문을 사용하여 생성할 수 있다. SQL Server관리 스튜디오를 이용한 데이터베이스 생성방법은 그래픽 도구를 사용하기 때문에 직관적으로 데이터베이스를 생성할 수 있는 편리함이 있다. 반면 SQL 명령문을 이용한 데이터베이스 생성방법은 복잡한 데이터베이스 생성이나 데이터베이스 이름을 변경할 때 스크립트를 만들어 한번에 데이터베이스를 생성할 수 있으므로 효율적이다.

이제 SQL Server 관리 스튜디오를 이용하여 bookstore라는 이름의 데이터베이스를 생성해 보자. 아래 그림처럼 개체 탐색기 창의 데이터베이스 폴더 위에서 마우스 오른쪽 버튼을 클릭하면 나타나는 메뉴 중에서 [새 데이터베이스]를 선택한다.

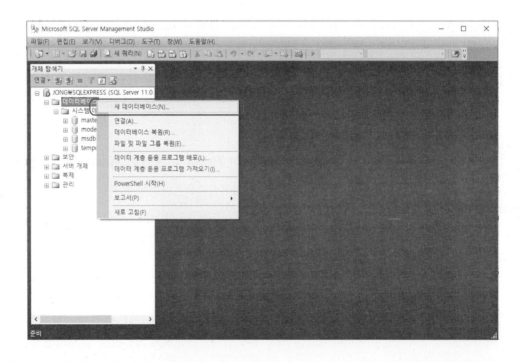

새 데이터베이스 대화상자에서 데이터베이스 이름에 'bookstore'를 입력하고 확인 버튼을 클릭한다.

새 데이터베이스 대화상자는 닫히고, 개체 탐색기 창에서 다음과 같이 생성된 bookstore 데이터베이스를 확인할 수 있다.

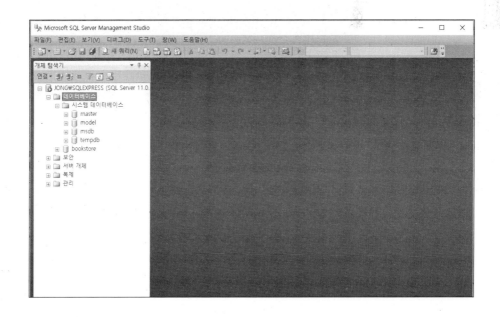

2.3 사용자 생성 및 사용권한 부여

2.3.1 사용자 생성

이제 SQL Server 관리 스튜디오를 이용하여 big이라는 이름의 사용자를 생성해 보자.

아래 그림처럼 개체 탐색기 창에서 보안 폴더를 더블클릭 한다. 로그인 폴더 위에서 마우스 오른쪽 버튼을 클릭하면 나타나는 메뉴 중에서 [새 로그인]를 선택한다.

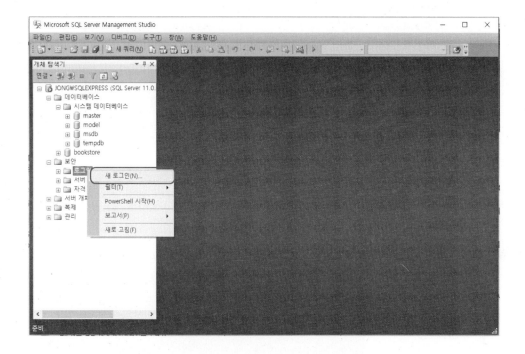

로그인 - 신규 대화상자의 왼쪽 영역에 위치한 페이지 선택에서 일반을 선택한다. 오른쪽 영역에서 로그인 이름에 'big'을 입력한다. SQL Server 인증을 선택하고, 암호 입력란에는 'hit'를 입력한다. 기본 데이터베이스는 bookstore를 선택한다.

여기서 기본 데이터베이스는 big이라는 사용자가 SQL Server를 실행하면서 데이터베이스를 선택하지 않았을 때 연결되는 데이터베이스이다.

2.3.2 사용 권한 부여

이제 방금 전에 생성한 big 사용자에 대해서 데이터베이스 접근 권한을 부여해 보자.

로그인 속성 대화상자의 왼쪽 영역에 위치한 페이지 선택에서 사용자 매핑을 선택한다. 오른쪽 영역의 이 로그인으로 매핑된 사용자에서 bookstore 데이터베이스에 체크(V 표시)를 한다. 오른쪽 하단에 위치한 데이터베이스 역할 멤버 자격에 데이터베이스 내의 모든 작업을 수행할 수 있는 권한을 갖는 역할인 db owner에 체크(V 표시)하고 확인 버튼을 클릭한다.

개체 탐색기 창에서 로그인 폴더를 더블클릭 하면 다음과 같이 생성된 big 사용자를 확인할 수 있다.

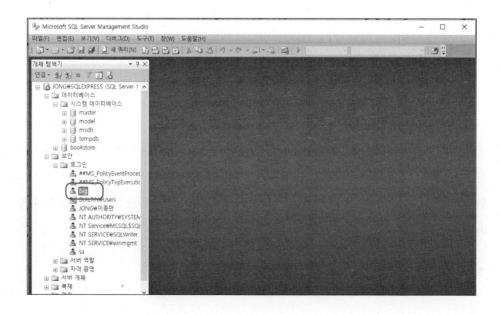

summary ▼

1. SQL Server는 윈도우 운영체제에서 동작하는 데이터베이스 관리 소프트웨어다.

2. SQL Server는 에디션에 따라 지원되는 운영체제 버전, 프로세스 유형 등이 다르기 때문에 반드시 자신의 컴퓨터 환경을 확인하여 SQL Server 설치 요구사항을 만족하는지를 점검한 후 SQL Server 설치를 진행해야 한다.

3. SQL Server 설치 중에 요구되는 인증모드 선택 단계에서는 반드시 암호를 입력하는 것을 권장한다.

4. SQL Server에서 제공하는 SQL Server 관리 스튜디오(SQL Server Management Studio, SSMS)는 SQL Server DBMS에 접속하여 SQL 작성 및 실행을 통해 테이블과 데이터를 조작할 수 있는 그래픽 사용자 인터페이스(GUI) 환경을 제공한다.

5. SQL Server에서 하나의 데이터베이스는 최소한 한 개의 주 데이터파일과 한 개의 로그 파일을 가져야 한다. 데이터베이스는 관리자만 생성할 수 있다.

확인문제

1. 다음과 같은 조건을 만족하는 데이터베이스를 생성하라.

> 데이터베이스 이름: 주문관리

2 다음과 같은 조건을 충족시키는 로그인 사용자를 생성하고 사용권한을 부여하라.

> 로그인 이름: bigorder
>
> 암호: hit
>
> 기본 데이터베이스 : 주문관리
>
>
> nation 데이터베이스 역할 : db_owner

CHAPTER **6**

테이블 관리

테이블 생성 SECTION 1
테이블 구조 변경 SECTION 2
테이블 제거 SECTION 3

요약
확인 문제

테이블 관리

(학습목표)

- SQL을 작성하고 실행하여 테이블을 생성할 수 있다.
- SQL을 작성하고 실행하여 테이블 구조를 변경할 수 있다.
- SQL을 작성하고 실행하여 테이블을 제거할 수 있다.

테이블 생성

1.1 데이터 형식을 사용한 테이블 정의

새로운 테이블을 만들려면 먼저 테이블의 이름과 테이블을 구성하는 열의 이름을 의미 있게 정해야 한다. 그런 다음 각 열의 특성에 맞게 데이터 형식을 결정해야 한다. 또한 각 열이 반드시 데이터를 보유해야 할지 혹은 허용 가능한 데이터 범위는 어느 정도로 할지 등을 선택적으로 결정해야 한다.

테이블을 생성하는 SQL 명령문은 CREATE TABLE문이다. CREATE TABLE 다음에 테이블 이름과 괄호를 기술한다. 괄호 안에는 테이블이 가지고 있는 열 이름을 기술하는데, 열 이름 다음에는 반드시 데이터 형식을 지정해 주어야 한다.

테이블 생성은 **CREATE TABLE 명령문**을 사용한다. CREATE TABLE 다음에는 만들고 싶은 테이블 이름을 지정한다. 테이블 이름 다음에는 괄호를 기술한다.

괄호 안에는 테이블이 가지고 있는 열을 정의한다. 열이 여러 개이면 콤마(,)로 열 정의를 구분해 주어야 한다. 다만 마지막 열 정의 다음에는 콤마를 기술하지 않는다.

열을 정의할 때는 **열 이름과 그 다음에 데이터 형식(data type)을 반드시 지정해 주어야 한다.** 그러나 데이터 형식 다음에 오는 제약은 선택적 지정항목이다.

CREATE TABLE의 기본 형식은 다음과 같다.

```
CREATE TABLE 테이블_이름
( { 열_이름 데이터_형식
        [NOT NULL]
        [UNIQUE]
        [DEFAULT 기본값]
        [CHECK 체크조건]
   }
        [PRIMARY KEY(열_이름)]
        [FOREIGN KEY(열_이름) REFERENCES 테이블_이름(열_이름) ]
);
```

데이터 형식은 열이 포함할 수 있는 데이터의 종류와 그 크기를 의미한다. 데이터의 종류에는 문자, 숫자, 날짜 등이 있다. 데이터 형식은 RDBMS마다 다르다. 실무에서는 RDBMS별로 최적화된 데이터 형식을 사용해야 한다. 하지만 여기서는 학습을 목적으로 하기 때문에 기본적인 데이터 형식만 다루도록 하겠다. 다음 표에 정리한 여섯 가지 데이터 형식만 기억하도록 하자.

표 1 SQL Server 제공 시스템 데이터 형식

구분	데이터 형식	설명
문자	CHAR[(n)]	n개의 문자를 저장할 수 있는 고정형 문자 데이터 형식
	VARCHAR[(n)]	최대 n개의 문자를 저장할 수 있는 가변형 문자 데이터 형식
숫자	INTEGER 또는 INT	정수를 저장할 수 있는 데이터 형식
	DECIMAL[(p,[s])]	고정된 크기와 고정된 소수 자릿수를 가지는 숫자 데이터. p는 저장될 수 있는 총 자릿수이고, s는 소수점 이하에 저장될 수 있는 최대 자릿수를 의미. 단 s는 p보다 작거나 같아야 함. 예를 들어, DECIMAL(10,5)라면 전체 10자리의 숫자 중에서 소수점 이하 다섯 자리를 사용할 수 있는 수를 의미함.
날짜	DATE	날짜를 저장할 수 있는 데이터 형식
	DATETIME	1753년 1월 1일부터 9999년 12월 31일까지 3.33ms의 정확도를 갖는 날짜와 시간 데이터. 날짜만이 아니라 시간까지 저장할 수 있기 때문에 별도의 시간을 기록할 필요가 없음.

테이블 생성시 각 열에 맞는 데이터 형식을 선택하는 것이 중요하다. 따라서 데이터 형식을 선택할 때 다음 두 가지 사항을 고려해야 한다.

첫째, 버려지는 공간을 최소화하면서 열의 값 범위를 수용할 데이터 형식을 선택하는 일이다. 예를 들어, 정수 값의 범위가 100까지인 열이 있다고 가정하자. INTEGER 데이터 형식은 이러한 데이터 값을 허용하지만, 4Byte의 공간까지를 갖는다. 하지만 TINYINT 데이터 형식이 허용하는 값의 범위는 0부터 255까지며, 1BYTE의 공간을 갖는다. 이런 경우에 열에 데이터를 저장하는 공간을 절약할 수 있는 TINYINT가 올바른 선택이다.

둘째, 문자 데이터인 경우 고정형 데이터 형식을 사용할지 아니면 가변형 데이터 형식을 사용할지를 결정하는 일이다. 만약 입력될 데이터가 거의 동일한 크기의 값이라면 고정형이 효율적이다. 그 이유는 가변형은 부하가 발생하기 때문이다. 그러나 열에 저장될 데이터의 길이가 큰 차이가 있거나 열 데이터가 자주 변경되지 않는 경우에는 가변형을 사용하는 것이 보다 효율적이다.

이제 특정한 데이터베이스 안에 하나의 테이블을 생성하는 CREATE TABLE 명령문을 살펴보자. 테이블 생성을 위해 SQL 명령문을 사용할 때, 테이블은 현재 작업중인 데이터베이스에 생성된다. 만약 특정 데이터베이스 사용을 원하면, 다음과 같이 USE 데이터베이스_이름 명령문을 실행한다. 다음은 bookstore 데이터베이스를 사용하는 예다.

```
USE bookstore;
```

다음 코드를 살펴보자.

```
CREATE TABLE 고객
(고객번호  INT
,고객명    VARCHAR(30)
);
```

CREATE TABLE 명령문을 입력한 뒤, 고객을 명시하였다. 괄호 안에는 각 열이 열 이름
과 데이터 형식으로 정의되어 있다. 열을 정의하고 또 다른 열이 나올 때는 쉼표(,)로
각 열을 구분한다.

1.2 NULL 값 사용

NULL 값은 값이 없는 것도 아니고 0 값도 아니며, 알 수 없는 값이라는 의미이다. 그래
서 두 개의 NULL 값은 동일한 것이 아니다.

NOT NULL 제약조건은 해당 열 값이 NULL을 가질 수 없다는 것을 정의하는 제약조건
이다. 따라서 NOT NULL이 지정된 열에는 반드시 값을 입력해야 한다. 만약 생략하면
에러가 발생한다.

고객 테이블의 각 열에 NULL 옵션을 추가해 보자. 열이 NULL 값을 허용하도록 하려
면, 데이터 형식 다음에 NULL을 추가하면 된다. 그리고 열이 NULL 값을 허용하지 않
도록 하려면, 데이터 형식 다음에 NOT NULL을 추가하면 된다. 이는 NULL 값을 허용
해야 하는 열인지 아닌지를 늘 명확하게 하기 위한 좋은 방법이다.

고객 테이블에서 고객번호 열만 NULL 값을 허용하지 않도록 한다고 하자.

```
CREATE TABLE 고객
(고객번호 INT        NOT NULL
,고객명    VARCHAR(30) NULL
);
```

이제 고객 데이터를 입력할 때, 고객번호와 같이 NULL 값을 허용하지 않는 열에 대해
서는 반드시 값을 입력해야 한다. 만일 그 열에 값이 입력되지 않는다면, 에러가 발생
한다.

1.3 기본 키 제약조건 설정

기본 키(PRIMARY KEY) 제약조건은 테이블에 저장되어 있는 데이터 행들을 서로 구분하기 위해서 설정한다. 기본 키는 하나의 열 또는 여러 개의 열 조합으로 만들 수 있다. 기본 키로 지정된 열에는 값이 반드시 입력(NOT NULL)되어야 하며, NULL 허용 여부를 지정하지 않은 경우에는 기본 키 제약조건에서 사용하는 모든 열의 NULL 허용 여부가 NOT NULL로 설정된다. 한 테이블 내에서 중복된 값이 입력될 수 없다(no duplication). 한 개의 테이블은 오직 하나의 기본 키만을 가질 수 있으며, 기본 키로 설정된 열에는 인덱스가 자동으로 생성된다.

이제 고객 테이블에 기본 키 제약조건을 설정해 보자. 다음 SQL 명령문은 새로운 테이블을 생성할 때 고객번호 열을 기본 키로 설정하는 방법을 보여준다. 이 방법은 SQL Server가 임의로 기본 키 이름을 지정한다. 나중에 이름으로 기본 키를 삭제하는 경우가 있으므로 권장하는 방법은 아니다.

```
CREATE TABLE 고객
(고객번호 INT          PRIMARY KEY
,고객명   VARCHAR(30) NULL
);
```

사용자가 기본 키 이름을 지정하려면 CONSTRAINT 키워드를 사용하면 된다. 다음 SQL 명령문은 PK_고객_고객번호를 기본 키 이름으로 지정하는 방법을 보여준다.

```
CREATE TABLE 고객
(고객번호 INT          CONSTRAINT PK_고객_고객번호 PRIMARY KEY
,고객명   VARCHAR(30) NULL
);
```

또한 테이블의 모든 열을 정의한 다음에 기본 키 제약조건을 지정할 수도 있다. 다음 SQL 명령문은 모든 열을 정의한 후, CONSTARINT 절을 이용하여 기본 키 제약조건을 설정하는 방법을 보여준다.

```
CREATE TABLE 고객
(고객번호 INT          NOT NULL
,고객명    VARCHAR(30)  NULL
,PRIMARY KEY(고객번호)
);
```

다음 SQL 명령문은 ALTER TABLE 명령문과 DROP CONSTRAINT 절을 함께 사용하여 고객 테이블에 설정되어 있는 기본 키 제약조건을 삭제하는 방법을 보여준다.

```
ALTER TABLE 고객
    DROP CONSTRAINT PK_고객_고객번호;
```

다음 SQL 명령문은 ALTER TABLE 명령문과 ADD CONSTRAINT 절을 함께 사용하여 고객 테이블에 기본 키 제약조건을 추가하는 방법을 보여준다.

```
ALTER TABLE 고객
    ADD CONSTRAINT PK_고객_고객번호 PRIMARY KEY (고객번호);
```

1.4 외래 키 제약조건 설정

여러 개의 테이블에 분산된 데이터들을 연결하여 하나의 통합된 데이터를 얻기 위해서는 테이블들 간에 관계가 설정되어야 한다. 외래 키 제약조건은 두 테이블 간 관계를 정의하는 제약조건이다. 참조 무결성 관계가 설정되면 테이블들 간 관련 있는 데이터 들에 대해 실수로 변경하거나 삭제하는 것을 막을 수 있다.

외래 키 제약조건에서 다른 테이블의 열 값을 참조하는 테이블을 자식 테이블(child table) 이라 하고, 부모 테이블의 열 값을 참조하는 자식 테이블의 열을 외래 키(FOREIGN KEY)라고 한다. 그리고 다른 테이블에 의해 참조되는 테이블을 부모 테이블(parent table)이라 하고, 자식 테이블에서 참조하는 부모 테이블의 열을 참조 키(reference key)라고 한다.

외래 키 제약조건은 다음과 같은 조건들을 만족시켜야 설정 가능하다.

① 부모 테이블의 참조 키는 기본 키이거나 또는 UNIQUE 제약조건에 있는 열이거나 고유 인덱스를 가져야 한다.

② 자식 테이블의 외래 키는 부모 테이블의 참조 키와 데이터 형식이 동일해야 한다.

③ 부모 테이블과 자식 테이블은 같은 서버의 같은 데이터베이스 내에 저장되어 있어 야 한다.

외래 키 제약조건이 설정되면 (1) 자식 테이블의 외래 키 열에는 부모 테이블의 참조 키 (즉, 기본 키) 열에 존재하는 값만 입력할 수 있고, (2) 부모 테이블의 참조 키(즉, 기본 키) 열에 존재하지 않는 값을 자식 테이블에 입력하면 에러가 발생한다는 규칙이 적용 된다.

외래 키에 대한 이해를 위하여 몇 가지 예를 보자. 여러분은 이미 번호 열에 기본 키 제약을 갖는 고객 테이블을 생성하였다. 이제 아래와 같이 주문 테이블에 고객 테이블 의 고객번호 열을 참조하는 FK_주문_고객번호 이름의 제약조건을 갖는 테이블을 생 성한다.

```
CREATE TABLE 주문
(주문번호 CHAR(11)     NOT NULL
,주문일자 DATETIME     NULL
,주문금액 INT          NULL
,고객번호 INT          NULL
,PRIMARY KEY(주문번호)
,FOREIGN KEY(고객번호) REFERENCES 고객(고객번호)
);
```

테이블을 생성할 때 기본 키가 여러 개의 열로 이루어지는 경우 SQL 명령문은 다음과 같다. 여기서 제시된 예는 주문내역 테이블의 기본 키가 주문번호와 제품번호 열의 조합으로 정의되는 경우이다.

```
CREATE TABLE 주문내역
(주문번호 CHAR(11)     NOT NULL
,제품번호 CHAR(3)      NOT NULL
,수량     INT          NULL
,PRIMARY KEY(주문번호,제품번호)
);
```

1.5 기타 제약조건 추가

(1) UNIQUE 제약조건

UNIQUE 제약조건은 기본 키 제약조건에 널값 허용이 추가된 제약조건이다. 그러나 널값도 유일해야 하기 때문에 한번만 입력할 수 있다. 만약 중복된 널값이 입력될 때는 에러가 발생한다.

사용자가 UNIQUE을 지정하려면 CONSTRAINT 키워드를 사용하면 된다. 다음 SQL 명령문은 U_고객_주민등록번호를 UNIQUE 이름으로 지정하는 방법을 보여준다.

```
CREATE TABLE 고객
(고객번호       INT         NOT NULL
,주민등록번호 VARCHAR(30)   NULL CONSTRAINT U_고객_주민등록번호 UNIQUE
,고객명        VARCHAR(30)   NULL
);
```

물론 다음과 같이 UNIQUE 제약조건 이름을 생략해도 되지만, 데이터베이스 관리를 수월하게 하기 위하여 사용자가 이름을 명시하는 것이 바람직하다.

```
CREATE TABLE 고객
(고객번호       INT         NOT NULL
,주민등록번호 VARCHAR(30)   NULL UNIQUE
,고객명        VARCHAR(30)   NULL
);
```

❀ IDENTITY 속성

테이블을 생성할 때 행 정의에 IDENTITY 속성을 추가하여 열을 IDENTITY 열로 지정할 수 있다. 열이 IDENTITY 속성으로 생성된다면 SQL Server는 초기값과 증가값을 기초로 하여 자동적으로 그 열의 행 값을 생성한다. IDENTITY 속성은 열 내의 각 행이 유일한 ID를 가져야 할 경우에 유용하게 사용된다.

IDENTITY 열은 일반적으로 테이블 상에서 기본 키 제약조건과 함께 사용되어 테이블에 대한 고유한 행 식별자 역할을 한다. IDENTITY 열은 TINYINT, SMALLINT, INT, BIGINT, DECIMAL(p,0) 또는 NUMBER(p,0) 열에 할당될 수 있다. 예를 들어 IDENTITY(0,10)을 지정했다면, 입력될 첫 번째 값은 0이고, 다음 행은 10이며, 세 번째 행은 20이 된다. 아무런 값도 지정되어 있지 않다면 기본값과 증가값은 각각 1이 된다. 설정하려면 두 값을 모두 지정하거나 아무런 값도 지정해서는 안 된다. IDENTITY 열은 기본값을 가질 수 없고 NULL 값을 허용할 수 없다. 하나의 테이블에는 하나의 IDENTITY 열만이 존재할 수 있다. IDENTITY 열은 직접 값을 입력 받을 수 없고 수정될 수도 없다.

예를 들어, 다음과 같이 고객 테이블의 번호 열에 IDENTITY(1,1)을 지정하면, 처음 입력되는 고객번호 열의 데이터 값은 1이 되고, 다음에 입력되는 값은 2가 되는 모습이 된다.

```
CREATE TABLE 고객
(고객번호        INT             IDENTITY (1, 1)    NOT NULL
,고객명         VARCHAR(50)                        NULL
);
```

(2) DEFAULT

DEFAULT는 열에 입력되는 값이 생략될 경우에 SQL Server가 NULL 대신에 입력해 주는 값이다. DEFAULT 값의 데이터 형식은 열의 데이터 형식과 동일해야 한다. 한 열은 하나의 DEFAULT 정의를 가질 수 있다.

사용자가 DEFAULT를 지정하려면 CONSTRAINT 키워드를 사용하면 된다. 다음 SQL 명령문은 DF_고객_고객명을 DEFAULT 이름으로 지정하는 방법을 보여준다.

```
CREATE TABLE 고객
(고객번호 INT            NOT NULL
,고객명    VARCHAR(50)    NULL CONSTRAINT DF_고객_고객명 DEFAULT '무명씨'
);
```

마찬가지로 DEFAULT도 다음과 같이 DEFAULT 제약조건 이름을 생략해도 되지만, 데이터베이스 관리를 수월하게 하기 위하여 사용자가 이름을 명시하는 것이 바람직하다.

```
CREATE TABLE 고객
(고객번호 INT          NOT NULL
,고객명    VARCHAR(50)  NULL DEFAULT '무명씨'
);
```

(3) CHECK

CHECK 제약조건은 열에서 허용 가능한 데이터의 범위나 조건을 지정하는 제약조건이다. 이 제약조건은 실수 등으로 부정확한 값이 입력되는 것을 예방할 수 있다.

한 열에는 CHECK 제약조건을 원하는 만큼 지정할 수 있으며 조건에 AND 및 OR로 결합된 여러 논리식을 포함할 수 있다.

열에 규칙 및 한 개 이상의 CHECK 제약조건이 있는 경우에는 모든 제한을 평가한다. 열에 대한 여러 CHECK 제약 조건은 만드는 순서대로 검사한다.

사용자가 CHECK를 지정하려면 CONSTRAINT 키워드를 사용하면 된다. 다음 SQL 명령문은 CK_고객_상태를 CHECK 이름으로 지정하는 방법을 보여준다.

```
CREATE TABLE 고객
(고객번호 INT          NOT NULL
,고객명    VARCHAR(30)  NULL
,상태      CHAR(4)      NULL
CONSTRAINT CK_고객_상태 CHECK (상태 IN ('신규', '기존', '이탈'))
);
```

CHECK도 다음과 같이 CHECK 제약조건 이름을 생략해도 되지만, 데이터베이스 관리를 수월하게 하기 위하여 사용자가 이름을 명시하는 것이 바람직하다.

```
CREATE TABLE 고객
(고객번호    INT          NOT NULL
,고객명      VARCHAR(30)  NULL
,상태        CHAR(4)      NULL CHECK (상태 IN ('신규', '기존', '이탈'))
);
```

(4) RULE

RULE 제약조건은 CHECK와 같이 열에서 허용 가능한 데이터의 범위나 조건을 지정하는 제약조건이다. 이 제약조건도 역시 실수 등으로 부정확한 값이 입력되는 것을 예방할 수 있다.

사용자가 RULE을 지정하려면 먼저 CREATE RULE 명령문을 이용하여 RULE을 생성한 다음 sp_bindrule을 이용하여 바인딩 해야만 적용된다.

다음은 CHECK 제약조건을 적용했던 고객 테이블의 상태 열에 대하여 동일한 제약을 지정한 예이다.

① 고객 테이블을 생성한다.

```
CREATE TABLE 고객
(고객번호    INT          NOT NULL
,고객명      VARCHAR(30)  NULL
,상태        CHAR(4)      NULL
);
```

② 다음과 같은 조건에 해당하는 r상태라는 이름의 RULE을 생성한다. 여기서 @상태
는 아무 의미 없는 변수이다.

```
CREATE RULE r상태
AS
@상태 IN ('신규', '기존', '이탈');
```

③ 생성한 RULE인 r상태를 교수 테이블의 상태 열에 바인드 한다.

```
sp_bindrule r상태, '고객.상태'
```

테이블 구조 변경

테이블 구조 변경은 테이블의 구성요소인 열에 대한 추가, 삭제, 변경 작업을 의미한다. 테이블 구조 변경은 이미 저장된 기존 데이터에 영향을 미칠 수 있으므로 주의해서 사용하여야 한다.

2.1 열 추가

기존 테이블에는 ALTER TABLE ⋯ ADD 명령문을 이용하면 새로운 열을 추가할 수 있다. SQL 명령문을 이용하여 기존 테이블에 새로운 열을 추가하기 위하여 다음과 같은 문법을 사용한다.

```
ALTER TABLE 테이블_이름
ADD 열_이름 데이터_형식 NULL_속성
DEFAULT 기본값;
```

열 이름과 데이터 형식은 반드시 할당해야 하지만 다른 속성과 제약은 선택적으로 할당할 수 있다. 여기서 NULL_속성 기본값은 NULL이다. 그러나 NOT NULL 열을 추가하려면, 존재하는 행에 새로운 열의 값을 할당하여야 하기 때문에 반드시 DEFAULT 제약조건을 지정하여야 한다.

사용자는 추가된 열의 위치를 지정할 수 없으며 테이블의 마지막 부분에 생성된다.

예를 들면,

```
ALTER TABLE 고객
ADD 주소 VARCHAR(50);
```

설정한 기본값은 새롭게 입력된 행에만 적용되고, 기존 행의 열에는 NULL이 할당된다. 만약 강제로 존재하는 행에 NULL 대신 다른 기본값을 할당하려면, 다음과 같이 DEFAULT의 WITH VALUES 옵션을 사용한다.

```
ALTER TABLE 고객
ADD 입력일자 DATETIME NULL
CONSTRAINT 입력일자_기본값 DEFAULT getDate() WITH VALUES;
```

2.2 열 삭제

ALTER TABLE … DROP COLUMN 명령문을 사용하여 기존 테이블에서 특정 열을 삭제할 수 있다. 사용자는 열을 삭제하면 해당 열에 저장된 데이터도 함께 삭제되어 복구가 불가능하다는 점을 명심해야 한다.

이 명령문은 두 개 이상의 열이 존재하는 테이블에서만 실행할 수 있으며, 하나의 SQL 명령문은 하나의 열만 삭제할 수 있다.

테이블의 열을 삭제하기 위해서 다음과 같은 문법을 사용한다.

```
ALTER TABLE 테이블_이름
DROP COLUMN 열_이름;
```

테이블의 열을 삭제하는 명령문은 다음과 같다.

```
ALTER TABLE 고객
DROP COLUMN 입력일자;
```

저자 한마디

만약 고객 테이블의 입력일자 열을 삭제하는 SQL을 실행한 후 다음과 같은 메시지를 만난다면,

```
메시지 5074, 수준 16, 상태1, 줄 1
개체 '입력일자_기본값'은(는) 열 '입력일자'에 종속되어 있습니다.
메시지 4922, 수준 16, 상태 9, 줄 1
하나 이상의 개체가 이 열에 액세스하므로 ALTER TABLE DROP COLUMN 입력일자이(가) 실패
했습니다.
```

다음과 같은 SQL을 실행한 다음에 고객 테이블의 입력일자 열을 삭제하는 SQL을 실행하면 된다.

```
ALTER TABLE 고객
        DROP CONSTRAINT 입력일자_기본값;
```

이 SQL 명령문은 모든 행에서 열과 해당 값을 완전히 삭제하기 때문에 주의해야 한다.

2.3 열 변경

```
ALTER TABLE 테이블_이름
ALTER COLUMN (열_이름 데이터_형식 [DEFAULT 식] [NULL_속성]);
```

ALTER TABLE … ALTER COLUMN 명령문을 사용하여 기존 테이블에서 특정 열의 데이터 형식, 길이, NULL 속성 등을 변경할 수 있다. 변경 대상 열에 기존 데이터가 없으면 데이터 형식이나 길이를 자유롭게 변경할 수 있으나, 데이터가 있으면 열 길이의 변경은 저장된 데이터의 길이와 같거나 클 경우에만 가능하다.

저자 한마디

Oracle에서 열 변경 SQL 명령문 문법은 다음과 같다.

```
ALTER TABLE 테이블_이름
MODIFY (열_이름 데이터_형식 [DEFAULT 식] [NULL_속성]);
```

테이블 제거

SQL 명령문을 이용하여 기존 테이블을 제거 할 수 있다. 테이블을 제거하는 DROP TABLE 명령문은 다음과 같은 문법을 사용한다.

```
DROP TABLE 테이블_이름;
```

제거하고자 하는 테이블의 기본 키가 다른 테이블의 외래 키 제약조건으로 참조되고 있는 경우에 테이블을 제거하려고 한다면, 에러 메시지가 뜨며 테이블이 제거되지 않는다. 먼저 참조하고 있는 테이블을 제거하여야 가능하다. 그리고 한번 테이블이 제거되면 테이블과 데이터가 모두 없어지기 때문에 복구할 수 없으므로 주의하여야 한다.

summary

다음은 SQL Server DBMS의 bookstore 데이터베이스에서 출판사, 도서, 회원, 주문, 주문도서 테이블들을 만드는 SQL 명령문이다.여러분은 이를 직접 입력하여 실행하고 나서, 생성된 다섯 개의 테이블에 대한 정보를 확인하자.

```sql
-- 데이터베이스 연결
USE bookstore;


-- 테이블 제거
IF EXISTS( SELECT * FROM sysobjects WHERE id = object_id('주문도서') AND sysstat & 0xf = 3)
    DROP TABLE 주문도서;
IF EXISTS( SELECT * FROM sysobjects WHERE id = object_id('주문') AND sysstat & 0xf = 3)
    DROP TABLE 주문;
IF EXISTS( SELECT * FROM sysobjects WHERE id = object_id('회원') AND sysstat & 0xf = 3)
    DROP TABLE 회원;
IF EXISTS( SELECT * FROM sysobjects WHERE id = object_id('도서') AND sysstat & 0xf = 3)
    DROP TABLE 도서;
IF EXISTS( SELECT * FROM sysobjects WHERE id = object_id('출판사') AND sysstat & 0xf = 3)
    DROP TABLE 출판사;


-- 테이블 생성
CREATE TABLE 출판사
(출판사번호 INT          NOT NULL
,출판사명    VARCHAR(30)  NOT NULL
,담당자     VARCHAR(30)
,전화번호    VARCHAR(15)
,PRIMARY KEY(출판사번호)
);
```

```
CREATE TABLE 도서
(도서번호      INT          NOT NULL
,도서명        VARCHAR(50)  NOT NULL
,저자          VARCHAR(30)
,가격          INT
,평점          DECIMAL(4,1)
,출판사번호    INT
,PRIMARY KEY(도서번호)
,FOREIGN KEY(출판사번호) REFERENCES 출판사(출판사번호)
);


CREATE TABLE 회원
(회원번호      INT          NOT NULL
,회원명        VARCHAR(30)  NOT NULL
,주민등록번호  CHAR(14)     UNIQUE
,주소          VARCHAR(100)
,취미          VARCHAR(50)
,키            INT
,몸무게        INT
,등급          CHAR(10)     DEFAULT '비회원'
,적립금        INT          DEFAULT 0
,PRIMARY KEY(회원번호)
);


CREATE TABLE 주문
(주문번호      CHAR(11)     NOT NULL
,주문일자      DATE         NOT NULL
,배송지        VARCHAR(100)
```

```
,결재방법 VARCHAR(10)  CHECK (결재방법 IN ('카드','현금'))
,회원번호 INT NOT NULL
,PRIMARY KEY(주문번호)
,FOREIGN KEY(회원번호) REFERENCES 회원(회원번호)
);


CREATE TABLE 주문도서
(주문번호 CHAR(11) NOT NULL
,일련번호 INT      NOT NULL
,주문수량 INT      NOT NULL
,도서번호 INT      NOT NULL
,PRIMARY KEY(주문번호,일련번호)
,FOREIGN KEY(주문번호) REFERENCES 주문(주문번호)
,FOREIGN KEY(도서번호) REFERENCES 도서(도서번호)
);
```

다음은 주문관리 데이터베이스 안에 만들려고 하는 테이블 명세이다.

테이블 이름	열 이름	데이터 형식	제약조건	기본키	외래키	FK테이블	FK열
제품	제품번호	CHAR(3)	NOT NULL	PK			
	설명	VARCHAR(255)	NOT NULL				
	가격	INT					
	재고량	INT					
고객	고객번호	CHAR(4)	NOT NULL	PK			
	이름	VARCHAR(20)	NOT NULL				
	주소	VARCHAR(50)					
주문	주문번호	CHAR(5)	NOT NULL	PK			
	납기일	DATE	NOT NULL				
	담당자	VARCHAR(20)					
	계약조건	VARCHAR(50)					
	고객번호	CHAR(4)			FK	고객	고객번호
주문내역	제품번호	CHAR(3)	NOT NULL	PK	FK	제품	제품번호
	주문번호	CHAR(5)	NOT NULL		FK	주문	주문번호
	수량	INT					

1. 위와 같은 명세를 만족하는 테이블을 생성하는 SQL 문을 작성하라.

CREATE TABLE 제품
(

CREATE TABLE 고객
(

CREATE TABLE 주문
(

CREATE TABLE 주문내역
(

2. SQL Server 관리 스튜디오를 이용하여 주문관리 데이터베이스에 제품, 고객, 주문, 주문내역 테이블을 생성하라

3. 고객 테이블에 집전화, 모바일 열을 추가하라. 단, 데이터 형식은 모두 VARCHAR(20)이다.

4. 고객 테이블에서 집전화 열을 삭제하라.

5. 주문내역 테이블의 수량 열에 CHECK 제약조건을 설정하라.

6. 고객 테이블의 주소 열에 NOT NULL 제약조건을 설정하라.

7. 제품 테이블의 가격 열을 MONEY 데이터 형식으로 변경하라.

8. 제품 테이블의 가격 열을 INT 데이터 형식으로 변경하라.

9. SELECT … INTO 구문을 사용하여 고객 테이블과 동일한 고객2 테이블을 생성하라.

데이터 관리

학습목표

- 데이터를 입력할 수 있는 SQL을 작성하고 실행할 수 있다.
- 데이터를 수정할 수 있는 SQL을 작성하고 실행할 수 있다.
- 데이터를 삭제할 수 있는 SQL을 작성하고 실행할 수 있다.

데이터 입력

INSERT는 테이블에 새로운 데이터를 입력하기 위해 사용하는 SQL 명령문이다. INSERT 문의 기본 형식은 다음과 같다.

```
INSERT INTO 테이블_이름 [ (열_이름[, …]) ]
VALUES (값[, …]);
```

여기서 대괄호([])는 선택적으로 사용할 수 있다는 의미이다. 따라서 대괄호 안에 있는 부분은 상황에 따라 생략할 수도 있다.

테이블에 데이터를 입력하는 방법은 다음과 같이 직접 입력하는 방법과 부속 질의문을 이용하여 입력하는 방법으로 나뉜다.

1.1 테이블에 데이터를 직접 입력하는 방법

INSERT 문은 일반적으로 한 번에 하나의 행 데이터만 입력할 수 있다. INSERT문을 작성하는 가장 간단한 방법은 INSERT INTO 다음에 테이블 이름을 명시하고, VALUES 다음의 괄호 안에 열 이름에 해당되는 값들을 기술한다. 이때 첫째, 테이블을 만들 때 정의된 열 순서와 동일한 순서로 값들을 입력해야 하며 둘째, 입력되는 값은 반드시 열의 데이터 형식(data type)을 따라야 하며, 문자 데이터와 날짜 데이터는 반드시 단일인용부호로 묶어야 한다는 점에 주의해야 한다.

이를 위해서는 데이터를 입력하기 전에 테이블의 열에 대한 정보를 확인하는 작업이 필요하다. 특정 테이블에 대한 열 스키마는 다음과 같은 SQL 명령문으로 확인할 수 있다.

```
SELECT COLUMN_NAME, ORDINAL_POSITION, DATA_TYPE, IS_NULLABLE
FROM INFORMATION_SCHEMA.COLUMNS
WHERE TABLE_NAME = '테이블_이름';
```

예를 들어 출판사 테이블의 열 정보를 확인하는 SQL 명령문과 그 결과는 다음과 같다.

```
SELECT COLUMN_NAME, ORDINAL_POSITION, DATA_TYPE, IS_NULLABLE
FROM INFORMATION_SCHEMA.COLUMNS
WHERE TABLE_NAME = '출판사';
```

	COLUMN_NAME	ORDINAL_POSITION	DATA_TYPE	IS_NULLABLE
1	출판사번호	1	int	NO
2	출판사명	2	varchar	NO
3	담당자	3	varchar	YES
4	전화번호	4	varchar	YES

여기서 ORDINAL_POSITION은 열의 생성 순서를 나타내며, DATA_TYPE은 열의 데이터 형식을 의미한다. IS_NULLABLE가 NO이면 필수 입력 항목이며, YES면 선택 입력 항목이다.

하지만 SQL Server 관리 스튜디오의 개체 탐색기 창에서도 손쉽게 확인할 수 있다. 다음은 SQL Server 관리 스튜디오를 이용하여 bookstore 데이터베이스에 접속한 후 출판사 테이블의 열 정보를 검색한 결과다. 여기서 나열될 열 순서가 바로 테이블 생성시 열 순서다. 즉, 출판사 테이블의 열은 출판사번호, 출판사명, 담낭자, 전화번호 순으로 생성되었음을 알 수 있다.

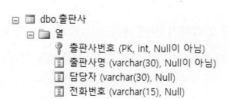

이러한 상황을 반영하는 INSERT 문은 다음과 같다.

```
INSERT INTO 출판사
VALUES (1, '연두출판', '심하진', '031-900-0000');
```

INSERT 문 실행 결과는 다음과 같다.

여기서 INSERT 명령문의 실행 결과에 대한 성공여부는 알 수 있다. 하지만 데이터 입력 내용은 SELECT 명령문을 이용하여 추가적으로 확인해야 알 수 있다. 출판사 테이블에 저장된 데이터를 검색하는 SQL문과 그 결과는 다음과 같다.

```
SELECT * FROM 출판사;
```

	출판사번호	출판사명	담당자	전화번호
1	1	연두출판	심하진	031-900-0000

그러나 데이터베이스 실무는 INSERT INTO 절에 있는 테이블 이름 다음에 괄호를 하고, 괄호 안에 열 이름을 명시한 후, VALUES 다음의 괄호 안에 명시된 열 이름 순서대로 값들을 기술하는 방식을 많이 사용한다. 예를 들어 다음과 같은 INSERT 문의 실행 결과는 위의 INSERT 문 실행결과와 동일하다.

```
INSERT INTO 출판사(출판사명,출판사번호,전화번호, 담당자)
VALUES ('연두출판', 1, '031-906-8000', '심하진');
```

INSERT INTO 절 다음에 위치하는 열과 VALUES 절 다음에 위치하는 열 값은 순서대로 일대일로 대응되어야 하고 개수도 같아야 한다.

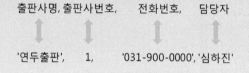

❀ NULL 데이터 처리

데이터 입력 시점에 해당 열 값을 모르거나 미확정인 상황에서 데이터를 처리하는 방법은 다음과 같은 데이터를 입력하는 예를 가지고 설명한다.

출판사번호	출판사명	담당자	전화번호
2	생능출판		031-955-7000
3	알에이치코리아		02-6443-8000
4	위즈덤하우스		031-936-4000

첫째, INSERT INTO 절에서 해당 열 이름과 VALUES 절에서 해당 열 값을 생략하는 방법이다.

```
INSERT INTO 출판사(출판사번호, 출판사명, 전화번호)
VALUES (2, '생능출판', '031-955-7000');
```

두 번째 방법은 VALUES 절의 열 값에 NULL 키워드를 적는 것이다.

```
INSERT INTO 출판사
VALUES (3, '알에이치코리아', NULL, '02-6443-8000');
```

세 번째 방법은 VALUES 절의 열 값에 **공백 없는 단일인용부호로 묶는 것**('')이다. 단, 해
당 열에 NOT NULL 제약조건이 지정된 경우에는 생략할 수 없다.

```
INSERT INTO 출판사
VALUES (4, '위즈덤하우스', '', '031-936-4000');
```

NULL 데이터를 처리하는 세 가지 방법의 INSERT 명령문 수행 결과는 다음과 같다.

	출판사번호	출판사명	담당자	전화번호
1	1	연두출판	심하진	031-900-0000
2	2	생능출판	이승기	031-955-7000
3	3	알에이치코리아	NULL	02-6443-8000
4	4	위즈덤하우스		031-936-4000

1.2 부속 질의문을 이용하여 데이터를 입력하는 방법

INSERT 명령문에서 서브쿼리 절을 이용하여 자신이나 다른 테이블의 데이터를 복사하
여 여러 행을 동시에 입력할 수 있다. INSERT 명령문 내의 SELECT 명령문의 수행 결과
로 검색된 행들인 서브쿼리에서 검색된 결과 집합이 한꺼번에 테이블에 입력된다. 서브
쿼리의 결과 집합은 INSERT 명령문에서 지정된 열 개수와 데이터 형식이 일치해야 한다.

'출판사_경기' 테이블을 생성한 후, 출판사 테이블에서 전화번호가 031로 시작하는 출판사들을 검색하여 '출판사_경기' 테이블에 입력하라. 단, 출판사_경기 테이블 생성 SQL은 다음과 같다.

```
-- 출판사_경기 테이블 생성
CREATE TABLE 출판사_경기
(출판사번호 INT          NOT NULL
,출판사명    VARCHAR(30) NOT NULL
,담당자      VARCHAR(30)
,전화번호    VARCHAR(15)
,PRIMARY KEY(출판사번호)
);
```

설명

릴레이션의 이름은 book이고, 속성은 isdn, name, price, pubdate, page이며, 기본키는 isdn이다.

```
INSERT INTO 출판사_경기
SELECT * FROM 출판사 WHERE 전화번호 LIKE '031%';
```

	출판사번호	출판사명	담당자	전화번호
1	1	연두출판	심하진	031-900-0000
2	2	생능출판	NULL	031-955-7000
3	4	위즈덤하우스		031-936-4000

데이터 수정

UPDATE는 테이블에 저장된 데이터를 수정하는 SQL 명령문이다. SQL 명령문은 다음과 같이 세 개의 절로 구성되어 있으며, 이들의 순서는 바꿀 수 없다. 여기서 UPDATE 절과 SET 절은 반드시 존재해야 하지만, WHERE 절은 필요에 따라 선택적으로 사용할 수 있다.

UPDATE 명령문의 표준 형식은 다음과 같다. 대괄호([])는 생략 가능하다는 것을 의미이다.

```
UPDATE 테이블_이름
SET    열_이름 = 값 또는 식[, …]
[WHERE  조건];
```

예제

출판사번호가 2인 출판사의 담당자를 '이승기'로 변경하라.

설명

릴레이션의 이름은 book이고, 속성은 isdn, name, price, pubdate, page이며, 기본키는 isdn이다.

```
UPDATE 출판사
SET 담당자 = '이승기'
WHERE 출판사번호 = 2;
```

TIP

UPDATE 명령문 실행결과를 확인하려면 'SELECT * FROM 출판사;' 명령문을 실행해야 한다.

	출판사번호	출판사명	담당자	전화번호
1	1	연두출판	심하진	031-900-0000
2	2	생능출판	이승기	031-955-7000
3	3	알에이치코리아	NULL	02-6443-8000
4	4	위즈덤하우스		031-936-4000

UPDATE 명령문 사용시 특히 주의해야 할 점은 **WHERE 절이 없으면 테이블에 저장되어 있는 모든 데이터가 변경된다**는 것이다. 예를 들어 '모든 출판사의 이름을 '무명출판사'로, 담당자를 '무명씨'로 변경하라'는 질의에 대한 UPDATE명령문은 다음과 같다.

```
UPDATE 출판사
 SET 출판사명 = '무명출판사', 담당자 = '무명씨';
```

다음은 위 SQL문의 실행 결과다.

	출판사번호	출판사명	담당자	전화번호
1	1	무명출판사	무명씨	031-906-8000
2	2	무명출판사	무명씨	031-955-7000
3	3	무명출판사	무명씨	02-6443-8000
4	4	무명출판사	무명씨	031-936-4000

출판사명 열과 담당자 열에 저장된 값이 모두 동일한 값으로 변경된 것을 확인할 수 있다.

TIP

UPDATE 명령문에서 WHERE 절이 없으면 테이블의 전체 행을 수정하므로 큰 문제가 발생할 수도 있다. 그러므로 UPDATE 문을 사용할 때는 WHERE 절 사용 여부를 주의 깊게 판단해야 한다.

데이터 삭제

DELETE는 테이블에 저장된 데이터를 삭제하는 SQL 명령문이다. DELETE 명령문의 표준 형식은 다음과 같다. 대괄호([])로 표시된 형식은 생략 가능하다는 의미이다.

```
DELETE [FROM] 테이블_이름
[WHERE  조건];
```

예제

출판사 번호가 1인 출판사 데이터를 삭제하라.

설명

```
DELETE FROM 출판사
WHERE 출판사번호 = 1;
```

	출판사번호	출판사명	담당자	전화번호
1	2	무명출판사	무명씨	031-955-7000
2	3	무명출판사	무명씨	02-6443-8000
3	4	무명출판사	무명씨	031-936-4000

TIP

DELETE 명령문에서 WHERE 절이 없으면 테이블에 저장되어 있는 모든 데이터가 삭제되기 때문에 큰 문제가 발생할 수도 있다. 그러므로 DELETE 문을 사용할 때는 WHERE 절 사용 여부를 신중하게 판단해야 한다.

예제

출판사 테이블에 있는 모든 데이터를 삭제하라.

설명

```
DELETE 출판사;
```

출판사번호	출판사명	담당자	전화번호

다음은 bookstore 데이터베이스 내 테이블 데이터 입력 SQL 명령문 요약이다. 여러분은 이를 직접 입력하여 실행하고 나서, 입력된 다섯 개의 테이블 데이터를 확인하자.

```
--데이터 입력
INSERT INTO 출판사 VALUES (1,'연두출판','심하진','031-906-8000');
INSERT INTO 출판사 VALUES (2,'생능출판','이승기','031-955-7000');
INSERT INTO 출판사 VALUES (3,'알에이치코리아','한원석','02-6443-8000');
INSERT INTO 출판사 VALUES (4,' 위즈덤하우스','김태영','031-936-4000');
INSERT INTO 출판사(출판사번호,출판사명) VALUES (5,'빅히트출판');


INSERT INTO 도서(도서번호,도서명,평점,출판사번호) VALUES (1,'데이터베이스의 이
해',9.5,1);
INSERT INTO 도서 VALUES (2,'데이터베이스 배움터','홍의경',27000,8.8,2);
INSERT INTO 도서 VALUES (3,'사례로 배우는 데이터베이스 설계와 구축','이종
만',18000,8.5,1);
INSERT INTO 도서 VALUES (4,'데이터베이스 설계 및 구축','오세종',26000,9.2,1);
INSERT INTO 도서 VALUES (5,'당신의 인생을 어떻게 평가할 것인가',' 크리스텐
슨',13000,8.2,3);
INSERT INTO 도서 VALUES (6,'영어책 한 권 외워봤니?','김민식',14000,7.9,4);


INSERT INTO 회원 VALUES (1,'송중기','850919-1380623','서울 강남','연기, 독서',178,65,'평
생회원',12300);
INSERT INTO 회원 VALUES (2,'서현','910628-2113717','서울 용산','춤, 영어',167,45,'정회
원',6100);
INSERT INTO 회원 VALUES (3,'송혜교','811122-2313728','서울 구로','연기, 독서',158,45,'비
회원',100);
INSERT INTO 회원 VALUES (4,'보아','861105-2821912','경기 용인','춤, 영어',162,45,'정회
원',7500);
INSERT INTO 회원(회원번호,회원명,주민등록번호) VALUES (5,'김연경','880226-2357948');
```

summary

```
INSERT INTO 주문 VALUES ('20170101002','2017-01-01','서울 강남','카드',4);
INSERT INTO 주문 VALUES ('20170116001','2017-01-16','서울 구로','현금',1);
INSERT INTO 주문 VALUES ('20170201001','2017-02-01','서울 강남','카드',2);
INSERT INTO 주문 VALUES ('20170220001','2017-02-20','대구 북구','카드',4);
INSERT INTO 주문 VALUES ('20170302001','2017-03-02','서울 구로','현금',1);
INSERT INTO 주문 VALUES ('20170406001','2017-04-06','서울 구로','현금',1);
INSERT INTO 주문 VALUES ('20170521001','2017-05-21','서울 강남','카드',2);
INSERT INTO 주문 VALUES ('20170521003','2017-05-21','충북 청주','현금',1);

INSERT INTO 주문도서 VALUES ('20170101002',1,2,6);
INSERT INTO 주문도서 VALUES ('20170116001',1,1,5);
INSERT INTO 주문도서 VALUES ('20170201001',1,2,2);
INSERT INTO 주문도서 VALUES ('20170220001',1,1,5);
INSERT INTO 주문도서 VALUES ('20170302001',1,2,6);
INSERT INTO 주문도서 VALUES ('20170406001',1,2,4);
INSERT INTO 주문도서 VALUES ('20170521001',1,1,3);
INSERT INTO 주문도서 VALUES ('20170521003',1,6,3);
INSERT INTO 주문도서 VALUES ('20170521003',2,4,5);
INSERT INTO 주문도서 VALUES ('20170521003',3,1,2);
```

주문관리 데이터베이스 테이블에 대한 명세는 다음과 같다.

테이블 이름	열 이름	데이터 형식	제약조건	기본키	외래키	FK테이블	FK열
제품	제품번호	CHAR(3)	NOT NULL	PK			
	설명	VARCHAR(255)	NOT NULL				
	가격	INT					
	재고량	INT					
고객	고객번호	CHAR(4)	NOT NULL	PK			
	이름	VARCHAR(20)	NOT NULL				
	주소	VARCHAR(50)	NOT NULL				
	모바일	VARCHAR(20)					
주문	주문번호	CHAR(5)	NOT NULL				
	납기일	DATE	NOT NULL				
	담당자	VARCHAR(20)					
	계약조건	VARCHAR(50)					
	고객번호	CHAR(4)			FK	고객	고객번호
주문내역	제품번호	CHAR(3)	NOT NULL	PK	FK	제품	제품번호
	주문번호	CHAR(5)	NOT NULL		FK	주문	주문번호
	수량	INT	수량>0				

1. 다음과 같은 제품 데이터를 입력하는 SQL문을 작성하라.

제품 데이터

제품번호	설명	가격	재고량
101	오렌지	1000	500
102	복숭아	2000	250
103	수박	5000	50
104	레몬	2000	200

```
INSERT INTO 제품 VALUES ('101','오렌지',1000,500);
```

2 다음과 같은 고객 데이터를 입력하는 SQL문을 작성하라.

고객 데이터

고객번호	이름	주소	모바일
c101	최미선	인천	
c102	이수경	서울	
c103	유인나		
c104	아이유	서울	

```
INSERT INTO 고객(고객번호,이름,주소) VALUES ('c101','최미선','인천');
```

3. 다음과 같은 주문 데이터를 입력하는 SQL문을 작성하라.

주문 데이터

주문번호	납기일	담당자	계약조건	고객번호
o1001	2017-07-10			c101
o1002	2017-07-17			c102
o1003	2017-07-17			c102
o1004	2017-08-15			c104
o1005	2017-08-15			c101
o1006	2017-08-25			c101

```
INSERT INTO 주문(주문번호,납기일,고객번호) VALUES ('o1001','2017-07-10','c101');
```

4. 다음과 같은 주문내역 데이터를 입력하는 SQL문을 작성하라.

주문내역 데이터

제품번호	주문번호	수량
101	o1001	10
101	o1002	100
103	o1002	50
101	o1003	50
102	o1003	1
104	o1003	30
101	o1004	200

제품번호	주문번호	수량
102	o1005	1
104	o1006	80

```
INSERT INTO 주문내역 VALUES ('101','o1001',10);
```

5. 고객 테이블의 내용을 선택하여 고객2 테이블에 입력하는 SQL문을 작성하라.

6. 제품 테이블의 가격을 10% 상향 조정하는 SQL문을 작성하라.

7. 제품 테이블의 가격을 10% 하향 조정하는 SQL문을 작성하라.

8. 제품 테이블의 최고가격에 대해서 10%를 하향 조정하는 SQL문을 작성하라.

9. 제품 테이블의 최저가격에 대해서 10%를 상향 조정하는 SQL문을 작성하라.

CHAPTER **8**

데이터 검색

C H A P T E R 8

데이터 검색

학습목표

• 기본적인 SELECT 명령문을 작성할 수 있다.

• WHERE 절을 이용한 조건 검색 SQL문을 작성할 수 있다.

• ORDER BY 절을 이용한 데이터 정렬 SQL문을 작성할 수 있다.

• 서브 쿼리를 작성할 수 있다.

• 여러 개의 테이블을 저장된 데이터를 다양한 방법으로 검색할 수 있는 SQL을 작성하고 실행할
  수 있다.

기본적인 SELECT 명령문

질의어(query)라고 부르는 SQL의 SELECT 명령문은 데이터베이스 내 테이블에 저장된 데이터를 검색하고, 그 결과는 테이블 형태로 출력한다. 예를 들어 '도서의 이름과 가격을 검색하라'는 질의에 대한 SQL 명령문과 그 검색 결과는 다음과 같다.

```
SELECT 도서명, 가격
FROM 도서;
```

	도서명	가격
1	튼튼한 데이터베이스	NULL
2	DB설계와 구축	27000
3	예제로 배우는 데이터베이스	18000
4	데이터베이스 설계 및 구축	26000
5	당신의 인생을 어떻게 평가할 것인가	13000
6	영어책 한 권 외워봤니?	14000

SELECT 명령문은 위와 같이 SELECT 절과 FROM 절을 반드시 포함해야 한다.

SELECT 명령문에서 WHERE, GROUP BY, HAVING, ORDER BY 절은 필요에 따라 선택적으로 사용할 수 있다. 예를 들어 '가격이 15,000원 이상인 도서의 이름과 가격을 검색하라'는 질의에 대한 SQL 명령문과 그 검색 결과는 다음과 같다.

```
SELECT 도서명,가격
FROM 도서
WHERE 가격 >= 15000;
```

	도서명	가격
1	DB설계와 구축	27000
2	예제로 배우는 데이터베이스	18000
3	데이터베이스 설계 및 구축	26000

SELECT 명령문의 기본 문법은 다음과 같다. 여기서 대괄호([ ])는 선택적으로 사용할 수 있다는 즉, 생략 가능을 의미한다. 파이프(|)는 가능한 문법 중에서 한 개를 사용할 수 있다는 즉, '또는'을 의미한다.

```
SELECT      [DISTINCT] 열_이름[, …]
FROM        테이블_이름[, …]
[WHERE      조건
[중첩질의]]
[GROUP BY 열_이름[, …]]
[HAVING     조건]
[ORDER BY 열_이름[, …] [ASC¦DESC]];
```

• SELECT절에는 SQL 명령문의 검색 결과에 포함하려는 열 이름들을 열거한다.

• FROM절에는 SQL 명령문에서 사용된 테이블들을 열거한다. SELECT절에서 사용자가 검색하려는 열들을 포함하고 있는 테이블들 뿐만 아니라 WHERE절 등에서 사용된 열들을 포함하고 있는 테이블들도 열거해야 한다.

• WHERE절에는 질의의 조건을 작성한다.

• GROUP BY 다음에 명시된 열에 저장된 동일한 값의 행들을 한 그룹으로 묶는다.

• HAVING절은 GROUP BY절의 결과로 나타나는 그룹을 제한하는 역할을 한다.

• ORDER BY절은 결과 행들의 정렬 순서를 지정한다.

여섯 개의 절이 모두 사용된 SELECT 명령문이 수행되는 순서는 다음과 같다.

① SELECT 절에 출력하고자 하는 열 이름을 적는다.

② FROM 절에 해당 열이 포함되어 있는 테이블 이름을 적는다.

③ WHERE 절을 만족하는 행들만 골라낸다.

④ GROUP BY절에 의해 행들을 그룹화한다.

⑤ 그룹별로 HAVING 검색조건을 만족하는 그룹 만을 골라낸 후 각 집합에 집계함수를 적용한다.

⑥ SELECT절에 열거된 행들만 ORDER BY절에 명시한 순서대로 정렬한다.

SQL 명령문 작성시 사용되는 규칙은 다음과 같다.

- **대소문자를 구분하지 않는다.** 그러나 키워드는 대문자로 테이블이나 열 이름은 소문자로 작성하는 것을 권장한다.

- 가능하면 절은 줄을 구분하여 작성하고 들여쓰기를 사용하여 읽기 쉽게 작성하는 것을 권장한다.

1.1 테이블의 모든 열을 검색

특정 테이블에 저장된 모든 데이터를 검색할 때는 SELECT 절에 테이블의 모든 열 이름을 나열하고 나서 FROM 절에 열 이름이 속한 테이블 이름을 적어주면 된다.

예를 들어 회원 테이블에 저장된 모든 데이터를 검색하는 SQL 명령문은 다음과 같다.

```
SELECT 회원번호, 회원명, 주민등록번호, 주소, 취미, 키, 몸무게, 등급, 적립금
FROM 회원;
```

■ 실행결과

	회원번호	회원명	주민등록번호	주소	취미	키	몸무게	등급	적립금
1	1	송중기	850919-1380623	서울 강남	연기, 독서	178	65	평생회원	12300
2	2	서현	910628-2113717	서울 용산	춤, 영어	167	45	정회원	6100
3	3	송혜교	811122-2313728	서울 구로	연기, 독서	158	45	비회원	100
4	4	보아	861105-2821912	경기 용인	춤, 영어	162	45	정회원	7500
5	5	김연경	880226-2357948	NULL	NULL	NULL	NULL	비회원	0

상기 SQL 명령문은 다음과 같이 **와일드카드 문자 별표(*)**를 사용하여 **표현할 수도 있다.**
여기서 **별표**는 모든 열을 의미한다. 이 경우 검색 순서는 테이블 생성시 정의한 열 순서
와 동일하다.

```
SELECT *
FROM 회원;
```

1.2 테이블의 특정 열만 선택적으로 검색

테이블에서 특정 열의 데이터만 선택적으로 검색할 때는 SELECT 절 다음에 원하는 열
이름만 나열하면 된다. 이때 열 이름은 FROM 절 다음에 나오는 테이블에 속한 것이어
야 한다. 열의 순서는 원하는 순서대로 열의 이름만 부여하면 된다. 열 이름이 두 개 이
상일 때, 열 이름 사이에 콤마(,)를 적어 서열을 구분해야 하며, 마지막 열 이름 뒤에는 콤
마를 넣지 않는다.

예를 들어 회원 테이블에 저장된 데이터 중에서 회원명, 등급, 주소 데이터만을 검색하
는 SQL 명령문은 다음과 같다.

```
SELECT 회원명, 등급, 주소
FROM 회원;
```

■ 실행결과

	회원명	등급	주소
1	송중기	평생회원	서울 강남
2	서현	정회원	서울 용산
3	송혜교	비회원	서울 구로
4	보아	정회원	경기 용인
5	김연경	비회원	NULL

1.3 화면에 표시되는 열 이름 변경

화면에 표시되는 열의 이름은 원래 테이블에서 지정된 열의 이름이다. 화면에 표시되는 열의 이름은 바꿀 수도 있는데 두 가지의 방법이 있다. 하나는 열 이름 다음에 공백문자를 두고 다음에 별명을 기술하는 것이고 다른 하나는 AS 키워드를 이용하여 별명(alias)을 기술하는 것이다. 별명을 구성하는 문자열에 공백문자가 포함되어 있으면 작은 따옴표로 묶어서 표현해야 한다. 이 방법은 열 이름이 너무 길어서 열 이름 전체를 검색하기 불편하거나, 함수 또는 산술계산에 의해 일시적으로 만들어진 가상 열에 적용하면 효율적이다.

예제

회원 테이블에서 성명 열의 별명은 회원이름으로, 주소 열의 별명은 현재 주소지로 부여하여 검색하라

설명

```
SELECT 성명 AS 회원이름, 주소 AS '현재 주소지'
FROM 회원;
```

■ 실행결과

	회원이름	현재 주소지
1	송중기	서울 강남
2	서현	서울 용산
3	송혜교	서울 구로
4	보아	경기 용인
5	김연경	NULL

 저자 한마디

상기 SQL 명령문은 다음과 같이 표현할 수도 있다.

```
SELECT 회원명 회원이름, 주소 '현재 주소지'
FROM 회원;
```

1.4 중복되는 행 검색 방지

질의의 결과에 중복된 행이 포함될 수 있다. 때에 따라서는 중복된 행으로 인하여 원하는 결과를 정확하게 판단하기 어려울 수도 있다. 중복 행을 제거하기 위해서는 SELECT 절에 DISTINCT 키워드를 추가하면 된다. DISTINCT 키워드를 사용하면 중복된 행은 1 개만 보여주면서 출력된다.

예제	회원 테이블에서 등급을 검색하라.	회원 테이블에서 등급을 검색하되, 중복되는 등급은 한번만 출력하라.
SQL 명령문	SELECT 등급 FROM 회원;	SELECT DISTINCT 등급 FROM 회원;
실행결과	실행결과 　　등급 1　평생회원 2　정회원 3　비회원 4　정회원 5　비회원	실행결과 　　등급 1　비회원 2　정회원 3　평생회원

WHERE 절을 이용한 조건 검색

SELECT 명령문의 **WHERE** 절은 테이블에 저장된 데이터 중에서 원하는 데이터만 선택적으로 검색한다. WHERE 절의 조건문은 열 이름, 연산자, 상수, 산술식을 결합하며 다양한 형태로 표현할 수 있다. WHERE 절에서 사용하는 데이터 형식은 숫자, 문자, 날짜 유형이 가능하다. 이 때 숫자형 상수 값은 그대로 사용하지만, 문자와 날짜형의 상수 값은 작은 따옴표로 묶어서 표현해야 한다.

예를들어 번호가 1인 회원에 대해서만 모든 정보(모든 열)를 화면에 표시하고자 한다면 다음과 같이 하면 된다.

```
SELECT *
FROM 회원
WHERE 회원번호 = 1;
```

■ 실행결과

	회원번호	회원명	주민등록번호	주소	취미	키	몸무게	등급	적립금
1	1	송중기	850919-1380623	서울 강남	연기, 독서	178	65	평생회원	12300

2.1 비교 연산자

비교 연산자는 WHERE 절에서 숫자, 문자, 날짜의 크기나 순서를 비교하는 연산자이다. 다음 표는 WHERE 절에서 사용 가능한 비교 연산자이다.

표 1 SQL의 비교 연산자

비교 연산자	설 명
=	같다
〈〉	같지 않다
〉	크다
〉=	크거나 같다
〈	작다
〈=	작거나 같다

회원 테이블에서 키가 165 미만인 경우를 찾아보도록 하자.

```
SELECT *
FROM 회원
WHERE 키 < 165;
```

■ 실행결과

	회원번호	회원명	주민등록번호	주소	취미	키	몸무게	등급	적립금
1	3	송혜교	811122-2313728	서울 구로	연기, 독서	158	45	비회원	100
2	4	보아	861105-2821912	경기 용인	춤, 영어	162	45	정회원	7500

저자 한마디

상기 SQL 명령문에서 키 열은 숫자(INTEGER 데이터 형식)이고, 크다, 작다, 크거나 같다, 작거나 같다 등의 비교는 숫자에서만 가능할 것이라고 생각할 수 있다. 그러나 그렇지 않다. 예를 들어서 다음의 SQL 명령문처럼 회원의 회원명 열에서 문자 사와 같거나 사 뒤의 문자, 즉 아, 자, 차 …등으로 시작되는 회원의 회원명 열의 값을 화면에 표시할 수도 있다.

```
SELECT *
FROM 회원
WHERE 성명 >= '사';
```

실행결과

	회원번호	회원명	주민등록번호	주소	취미	키	몸무게	등급	적립금
1	1	송중기	850919-1380623	서울 강남	연기, 독서	178	65	평생회원	12300
2	2	서현	910628-2113717	서울 용산	춤, 영어	167	45	정회원	6100
3	3	송혜교	811122-2313728	서울 구로	연기, 독서	158	45	비회원	100

2.2 논리 연산자

논리 연산자는 여러 개의 조건을 결합할 때 사용하는 연산자이다. 다음 표는 WHERE 절에서 사용 가능한 논리 연산자이다.

표 2 SQL의 논리 연산자

논리 연산자	설 명
AND	모든 조건이 참일 때만 참 값을 반환
OR	모든 조건이 거짓일 때만 거짓 값을 반환
NOT	조건과 반대되는 결과 값을 반환. 즉, 조건이 참이면 거짓 값을 거짓이면 참 값을 반환

저자 한마디

NOT 연산자를 이용한 부정은 그 처리 속도가 상당히 느린 편에 속한다. 따라서 반드시 필요한 경우가 아니라면 NOT 연산자는 가급적 사용하지 않는 편이 좋다.

예제

등급이 정회원이면서 키가 160 이상인 회원에 대한 회원명, 등급, 키를 검색하라.

설명

```
SELECT 회원명, 등급, 키
FROM 회원
WHERE 등급 = '정회원'
    AND 키 >= 160;
```

■ 실행결과

	회원명	등급	키
1	서현	정회원	167

예제

등급이 비회원이거나 키가 160 이상인 회원에 대한 회원명, 등급, 키를 검색하라.

설명

```
SELECT 회원명, 등급, 키
FROM 회원
WHERE 등급 = '비회원'
    OR 키 >= 160;
```

■ 실행결과

	회원명	등급	키
1	송중기	평생회원	178
2	송혜교	비회원	158
3	김연경	비회원	NULL

2.3 BETWEEN ... AND 연산자

과거 중고등학교 시절 between A and B라는 영어 숙어는 한번쯤 외워보았을 것이다. 이 숙어는 A와 B 사이라는 의미이다. SQL 명령문에도 이러한 문장이 있으며 똑같은 의미를 지니고 있다. 즉, **BETWEEN a AND b 연산자는 특정 범위 내에 있는 값, 즉 특정 열의 데이터 값이 하한값 a와 상한값 b 사이에 포함되는 행을 검색하는 연산자이다.**

예를 들어 회원 테이블에서 체중이 40부터 50 사이인 회원의 회원명, 주소, 몸무게 열에 저장된 데이터를 보고자 하면 다음과 같은 SQL 명령문을 사용하면 된다.

```
SELECT 회원명, 주소, 몸무게
FROM 회원
WHERE   몸무게   BETWEEN   40   AND   50;
```

■ 실행결과

	회원명	주소	몸무게
1	서현	서울 용산	45
2	송혜교	서울 구로	45
3	보아	경기 용인	45

 **저자 한마디**

BETWEEN ... AND 연산자는 다음과 같이 비교 연산자와 AND 연산자를 결합하여 동일한 결과를 검색할 수도 있다.

```
SELECT 회원명, 주소, 몸무게
FROM 회원
WHERE 몸무게 >= 40 AND 몸무게 <= 50;
```

반면, 다음과 같이 BETWEEN 앞에 NOT을 붙이면 A와 B 사이에 있는 행을 제외한 모든 행이 나타난다.

```
SELECT  회원명, 주소, 몸무게
FROM 회원
WHERE 몸무게 NOT BETWEEN 40 AND 50;
```

■ 실행결과

	회원명	주소	몸무게
1	송중기	서울 강남	65

2.4 IN, NOT IN 연산자

IN 연산자는 특정 열의 데이터 값이 괄호 안에 나열된 값 중에 하나라도 일치하면 참이 되는 연산자이다.

예제

등급이 평생회원과 정회원인 회원의 회원명, 등급을 검색하라.

설명

```
SELECT 회원명, 등급
FROM 회원
WHERE 등급 IN ('평생회원', '정회원');
```

■ 실행결과

	회원명	등급
1	송중기	평생회원
2	서현	정회원
3	보아	정회원

저자 한마디

IN 연산자는 다음과 같이 OR 연산자를 연속으로 결합하여 동일한 결과를 검색할 수도 있다.

```
SELECT  회원명, 등급
FROM 회원
WHERE 등급 = '평생회원'
     OR 등급 = '정회원';
```

반면, 다음과 같이 IN 앞에 NOT을 붙이면 괄호 안에 있는 조건을 제외한 모든 행이 나타난다.

```
SELECT 회원명, 등급
FROM 회원
WHERE 등급 NOT IN ('평생회원', '정회원');
```

실행결과

	회원명	등급
1	송혜교	비회원
2	김연경	비회원

2.5 LIKE 연산자

일반적으로 검색 조건에 명시된 값과 테이블에 저장된 값이 정확하게 일치하지 않으면 그 행은 검색되지 않는다. 예를 들어, 회원의 성명이 '송혜교'라고 저장되어 있는데, 성명 = '송'이라고 검색 조건을 명시하였다면, '송혜교' 행을 제대로 검색할 수 없을 것이다. 이처럼 사용자가 데이터 값을 정확하게 모르는 경우에 유용하게 사용할 수 있는 것이 LIKE 연산자이다. LIKE 연산자는 문자 데이터 형식으로 정의된 데이터 중에서 일부분만 일치하는 경우에도 행을 출력할 수 있다. 즉, LIKE 연산자는 특정 열에 저장된 문자열 중에서 지정된 문자 패턴과 부분적으로 일치하면 참이 되는 연산자이다. LIKE 연산자에서는 다음과 같은 와일드카드 문자를 사용한다.

표 3 와일드카드 문자

와일드카드 문자	설 명
_	임의의 한 개 문자 대치
%	0개 이상의 문자열 대치
[]	지정된 범위의 한 개 문자 대치
[^]	지정된 범위에 없는 한 개 문자 대치

예제

송씨 성을 가진 회원의 모든 열에 저장된 데이터를 검색하라.

설명

```
SELECT *
FROM 회원
WHERE 회원명 LIKE '송%';
```

■ 실행결과

	회원번호	회원명	주민등록번호	주소	취미	키	몸무게	등급	적립금
1	1	송중기	850919-1380623	서울 강남	연기, 독서	178	65	평생회원	12300
2	3	송혜교	811122-2313728	서울 구로	연기, 독서	158	45	비회원	100

[]는 지정된 범위의 한 개 문자를 대치한다. 예를 들어서 회원 테이블에서 성이 김씨이거나 서씨이거나 송씨인 회원의 모든 열에 저장된 데이터를 검색하려면 다음과 같은 SQL 명령문을 사용하면 된다.

```
SELECT *
FROM 회원
WHERE 회원명 LIKE '[김서송]%';
```

■ 실행결과

	회원번호	회원명	주민등록번호	주소	취미	키	몸무게	등급	적립금
1	1	송중기	850919-1380623	서울 강남	연기, 독서	178	65	평생회원	12300
2	2	서현	910628-2113717	서울 용산	춤, 영어	167	45	정회원	6100
3	3	송혜교	811122-2313728	서울 구로	연기, 독서	158	45	비회원	100
4	5	김연경	880226-2357948	NULL	NULL	NULL	NULL	비회원	0

저자 한마디

이 SQL 명령문은 회원 테이블에서 회원명 열 값이 '김%', '서%', '송%'인 경우를 찾으라는 것이다. 즉 아래 SQL 명령문들을 하나로 묶은 것이라고 생각하면 된다.

```
SELECT * FROM 회원 WHERE 이름 LIKE '김%'
UNION
SELECT * FROM 회원 WHERE 이름 LIKE '서%'
UNION
SELECT * FROM 회원 WHERE 이름 LIKE '송%';
```

[^]는 지정된 범위에 없는 한 개의 문자를 대치한다. 다음의 예를 생각해 보자.

```
SELECT *
FROM 회원
WHERE 이름 LIKE '[^김서송]%';
```

■ 실행결과

	회원번호	회원명	주민등록번호	주소	취미	키	몸무게	등급	적립금
1	4	보아	861105-2821912	경기 용인	춤, 영어	162	45	정회원	7500

이 SQL 명령문은 회원 테이블에서 회원명 열의 값이 김, 서, 송으로 시작하지 않는 모든 행을 찾아준다.

2.6 NULL 연산자

NULL은 미확인 값(unknown value)이나 아직 적용되지 않은 값을 의미한다. 예를 들어, 회원 테이블에서 몸무게가 NULL인 경우 그 회원의 몸무게가 0이란 의미가 아니라 현재 시점에서 그 회원의 몸무게는 모른다는 뜻이다. 즉, NULL은 숫자 0이나 공백 문자가 아니다라는 의미이다.

예제

회원 테이블에서 회원명, 주소를 검색하라.

설명

```
SELECT 회원명, 주소
FROM 회원;
```

■ 실행결과

	회원명	주소
1	송중기	서울 강남
2	서현	서울 용산
3	송혜교	서울 구로
4	보아	경기 용인
5	김연경	NULL

2.7 IS NULL 연산자와 IS NOT NULL 연산자

IS NULL 연산자는 열 값 중에서 NULL을 포함하는 행을 검색하는 연산자이다. 반면 IS NOT NULL 연산자는 NULL이 아닌 행을 검색하는 연산자이다.

예제

회원 테이블에서 주소가 없는 회원의 회원명, 주소를 검색하라.

설명

```
SELECT 회원명, 주소
FROM 회원
WHERE 주소 IS NULL;
```

■ 실행결과

	회원명	주소
1	김연경	NULL

저자 한마디

만일 = 연산자를 사용하면 열 값 중에 NULL이라는 문자열 데이터를 가진 행을 검색하므로 주의해야 한다.

```
SELECT 회원명, 주소
FROM 회원
WHERE 주소 = NULL;
```

실행결과

	회원명	주소

예제

몸무게 데이터가 있는 회원의 회원명, 주소, 키, 몸무게를 검색하라.

설명

```
SELECT 회원명, 주소, 키, 몸무게
FROM 회원
WHERE 몸무게 IS NOT NULL
    AND 몸무게 > 0;
```

■ 실행결과

	회원명	주소	키	몸무게
1	송중기	서울 강남	178	65
2	서현	서울 용산	167	45
3	송혜교	서울 구로	158	45
4	보아	경기 용인	162	45

2.8 연산자 우선순위

WHERE 절에서 두 개 이상의 연산자를 함께 사용하여 조건절을 구성할 경우 그 결과 값은 연산자 우선순위 규칙에 따라 결정된다. 연산 순서는 우선순위가 높은 순에서 낮은 순으로 수행되며 동일한 우선순위를 가진 연산자는 왼쪽에서 오른쪽으로 수행된다.

표 4 연산자 우선순위

우선순위	연산자
1	괄호
2	논리 연산자를 제외한 모든 연산자
3	NOT
4	AND
5	OR

ORDER BY 절을 이용한 정렬

3.1 기본적인 정렬 방법

SQL 명령문에서 검색된 결과는 테이블에 데이터가 입력된 순서대로 검색된다. 그러나 대부분의 실무 데이터베이스에서는 데이터의 검색 순서를 특정 열을 기준으로 오름차순 또는 내림차순으로 정렬하는 경우가 자주 발생한다. 바로 이때 SELECT 명령문의 ORDER BY 절을 이용하면 유용하다.

ORDER BY 절에 의해 데이터를 오름차순으로 정렬할 경우 ASC(ascending의 의미)를, 내림차순으로 정렬할 경우 DESC(descending의 의미)를 사용한다. 그러나 기본값(default value)은 ASC이기 때문에 내림차순일 경우에는 반드시 DESC를 기술해 주어야 한다.

오름차순 정렬인 경우 데이터 형식에 따라 검색되는 순서는 다음과 같다.

① 문자 값은 알파벳 순으로 검색되고, 한글은 가나다순으로 검색된다.
② 숫자 값은 가장 작은 값부터 검색된다.
③ 날짜 값은 과거 날짜부터 검색된다.

예제

회원 테이블에서 모든 열에 저장된 데이터를 검색하되, 회원명 가나다순으로 정렬하여 출력하라.

설명

```
SELECT *
FROM 회원
ORDER BY 회원명;
```

■ 실행결과

	회원번호	회원명	주민등록번호	주소	취미	키	몸무게	등급	적립금
1	5	김연경	880226-2357948	NULL	NULL	NULL	NULL	비회원	0
2	4	보아	861105-2821912	경기 용인	춤, 영어	162	45	정회원	7500
3	2	서현	910628-2113717	서울 용산	춤, 영어	167	45	정회원	6100
4	1	송중기	850919-1380623	서울 강남	연기, 독서	178	65	평생회원	12300
5	3	송혜교	811122-2313728	서울 구로	연기, 독서	158	45	비회원	100

예제

회원 테이블에서 모든 열에 저장된 데이터를 검색하되, 키를 내림차순으로 정렬하여 출력하라.

설명

```
SELECT *
FROM 회원
ORDER BY 키 DESC;
```

■ 실행결과

	회원번호	회원명	주민등록번호	주소	취미	키	몸무게	등급	적립금
1	1	송중기	850919-1380623	서울 강남	연기, 독서	178	65	평생회원	12300
2	2	서현	910628-2113717	서울 용산	춤, 영어	167	45	정회원	6100
3	4	보아	861105-2821912	경기 용인	춤, 영어	162	45	정회원	7500
4	3	송혜교	811122-2313728	서울 구로	연기, 독서	158	45	비회원	100
5	5	김연경	880226-2357948	NULL	NULL	NULL	NULL	비회원	0

예제

등급이 비회원인 회원에 대한 모든 데이터를 검색하되, 키의 오름차순으로 정렬하여 출력하라.

설명

```
SELECT *
FROM 회원
WHERE 등급 = '비회원'
ORDER BY 키;
```

■ 실행결과

	회원번호	회원명	주민등록번호	주소	취미	키	몸무게	등급	적립금
1	5	김연경	880226-2357948	NULL	NULL	NULL	NULL	비회원	0
2	3	송혜교	811122-2313728	서울 구로	연기, 독서	158	45	비회원	100

저자 한마디

ORDER BY 절을 이용한 정렬 결과에서 NULL은 오름차순일 경우에 가장 나중에 검색되고 내림차순일 경우에 가장 먼저 검색된다.

예제

회원 테이블에서 몸무게가 적은 순으로 회원명, 키, 몸무게를 검색하라.

설명

```
SELECT 회원명, 키, 몸무게
FROM 회원
ORDER BY 몸무게;
```

■ 실행결과

	회원명	키	몸무게
1	김연경	NULL	NULL
2	서현	167	45
3	송혜교	158	45
4	보아	162	45
5	송중기	178	65

3.2 여러 개의 열을 이용한 정렬

ORDER BY 뒤에 꼭 하나의 열 이름만 와야 하는 것은 아니다. ORDER BY 절에서는 여러 개의 열을 사용하여 제 1기준, 제 2기준, 제 3기준, … 등으로 만들어서 정렬 순서를 지정할 수 있다.

정렬 순서는 ORDER BY 절에서 지정한 첫 번째 열을 기준으로 먼저 정렬한 다음, 동일한 값에 대해서는 그 다음 열인 두 번째 열을 기준으로 다시 정렬하는 식이다.

예제

회원의 회원명, 등급, 몸무게, 키를 검색하되, 회원의 몸무게를 내림차순으로 정렬하고 같은 몸무게에 대해서는 키 오름차순으로 다시 정렬하라

설명

```
SELECT 회원명, 등급, 몸무게, 키
FROM 회원
ORDER BY 몸무게 DESC, 키;
```

■ 실행결과

	회원명	등급	몸무게	키
1	송중기	평생회원	65	178
2	송혜교	비회원	45	158
3	보아	정회원	45	162
4	서현	정회원	45	167
5	김연경	비회원	NULL	NULL

3.3 열의 위치를 이용한 정렬

정렬 대상 열은 ORDER BY 절에서 명시적으로 열 이름을 지정하는 것이 일반적이다. 그러나 SELECT 절에 나열된 열의 위치를 이용하여 정렬 대상 열을 지정할 수도 있다.

> **예제**

회원테이블에서 회원번호, 회원명, 주소를 검색하되, SELECT 절의 두 번째 열인 이름을 오름차순으로 정렬하라.

> **설명**

```
SELECT 회원번호, 회원명, 주소
FROM 회원
ORDER BY 2;
```

■ 실행결과

	회원번호	회원명	주소
1	5	김연경	NULL
2	4	보아	경기 용인
3	2	서현	서울 용산
4	1	송중기	서울 강남
5	3	송혜교	서울 구로

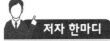

> **저자 한마디**

SELECT 절에서 나열된 열의 위치를 변경할 경우 원하지 않는 결과가 검색될 수 있으므로 주의해야 한다.

서브쿼리

서브쿼리(sub query)는 하나의 SQL 명령문 처리 결과를 다른 SQL 명령문에 전달하기 위하여 두 개 이상의 SQL 명령문을 하나의 SQL 명령문으로 연결한다. 예를 들어, '회원 테이블에서 송혜교와 등급이 동일한 회원들의 회원명, 등급, 주소를 검색하라'는 문제를 생각해 보자. 이 문제는 먼저, 회원 테이블에서 '송혜교' 회원의 등급인 비회원을 검색한 결과를 메인 쿼리(main query)에 전달하여 회원 테이블에서 등급이 비회원인 회원의 회원명, 등급, 주소를 검색하여 해결한다.

서브쿼리를 포함하는 SQL 명령문을 메인 쿼리라고 하며, 서브쿼리는 SELECT 명령문의 시작과 끝에 괄호를 묶어서 메인 쿼리와 구분한다. 또한 메인 쿼리에서는 ORDER BY 절을 사용할 수 있지만, 서브쿼리에서는 ORDER BY 절을 사용할 수 없다는 점을 꼭 기억해야 한다.

서브쿼리는 메인쿼리가 실행되기 전에 한번씩 실행된다. 서브쿼리에서 실행된 결과는 메인 쿼리에 전달되어 최종적인 결과를 출력한다.

서브 쿼리의 종류는 다음과 같다.

4.1 단일 행 서브쿼리

단일 행 서브쿼리는 서브쿼리의 결과로 하나의 행만 메인쿼리에 반환한다. 따라서 메인쿼리의 조건절에서 서브쿼리의 결과와 비교할 경우에는 반드시 =, 〉, 〉=, 〈, 〈=, ◇ 등 단일 행 비교 연산자 중의 하나를 사용해야 한다.

> **예제**

'송혜교' 회원과 등급이 동일한 회원들의 회원명, 등급, 주소를 검색하라.

설명

```
SELECT 회원명, 등급, 주소
FROM 회원
WHERE 등급 = ( SELECT 등급
              FROM 회원
              WHERE 회원명 = '송혜교');
```

■ 실행결과

	회원명	등급	주소
1	송혜교	비회원	서울 구로
2	김연경	비회원	NULL

예제

등급이 정회원인 회원들의 평균 키보다 작은 회원들의 회원명, 등급, 주소, 키를 검색하라.

설명

```
SELECT 회원명, 등급, 주소, 키
FROM 회원
WHERE 키 < ( SELECT AVG(키)
            FROM 회원
            WHERE 등급 = '정회원');
```

■ 실행결과

	회원명	등급	주소	키
1	송혜교	비회원	서울 구로	158
2	보아	정회원	경기 용인	162

> **예제**

'보아' 회원과 등급이 같고, '보아' 회원보다 키가 큰 회원의 회원명, 등급, 키, 몸무게를 검색하라.

> **설명**

```
SELECT 회원명, 등급, 키, 몸무게
FROM 회원
WHERE 등급 = ( SELECT 등급
              FROM 회원
              WHERE 회원명 = '보아')
AND 키 > ( SELECT 키
          FROM 회원
          WHERE 회원명 = '보아');
```

■ 실행결과

	회원명	등급	키	몸무게
1	서현	정회원	167	45

4.2 다중 행 서브쿼리

단일 행 서브쿼리에서 에러가 발생하는 경우는 한 개 이상의 행 값을 반환하는 서브쿼리와 단일 행 연산자를 함께 사용하는 경우에 주로 발생한다. 예를 들어 몸무게가 45인 회원의 회원번호, 회원명, 주소, 몸무게를 검색하는 SQL 명령문은 다음과 같다.

```
SELECT 회원번호, 회원명,주소, 몸무게
FROM회원
WHERE 회원번호 = (SELECT 회원번호
                FROM 회원
                WHERE 몸무게 = 45);
```

이 SQL 명령문의 서브쿼리 실행 결과 몸무게가 45인 회원은 세 명이고 이 SQL 명령문에서 서브쿼리는 세 개의 값을 메인 쿼리에 전달한다. 이러한 경우에 다음과 같은 에러가 발생한다.

> 메시지 512, 수준 16, 상태 1, 줄 1
> 하위 쿼리에서 값을 둘 이상 반환했습니다. 하위 쿼리 앞에 =, !=, <, <=, >, >= 등이 오거나 하위 쿼리가 하나의 식으로 사용된 경우에는 여러 값을 반환할 수 없습니다.

이 에러 메시지는 비교 연산자를 사용했을 경우, 서브 쿼리를 통해서 전달되는 값은 유일한 하나의 값이어야 함을 알려준다. 이러한 경우에는 이미 학습한 IN이나 NOT IN을 사용하면 된다. 그러면 다음과 같이 SQL 명령문을 변경해 보자.

```
SELECT 회원번호, 회원명, 주소, 몸무게
FROM회원
WHERE 회원번호 IN (SELECT 회원번호
                    FROM 회원
                    WHERE 몸무게 = 45);
```

서브쿼리가 실행되면 SQL 명령문은 다음과 같은 형태로 변경된다.

```
SELECT 회원번호, 회원명,주소, 몸무게
FROM 회원
WHERE 회원번호 IN (2, 3, 4);
```

다음으로 위의 SQL 명령문이 실행되어 아래와 같은 실행 결과를 보여주게 되는 것이다.

	회원번호	회원명	주소	몸무게
1	2	서현	서울 용산	45
2	3	송혜교	서울 구로	45
3	4	보아	경기 용인	45

이와 같은 SQL 명령문을 다중 행 서브쿼리라고 한다. **다중 행 서브쿼리는 서브쿼리의 검색 결과로 하나 이상의 행을 메인 쿼리에 전달한다.** 따라서 메인 쿼리의 조건절에서 서브쿼리의 결과와 비교할 경우에는 반드시 IN, EXISTS 등 다중 행 비교 연산자 중의 하나를 사용해야 한다.

집단함수를 이용한 요약 정보의 검색

지금까지 학습한 SQL 명령문에서는 그 목적에 따라서 자세한 내용을 검색하였다. 그러나 때로는 검색된 여러 개의 행에서 요약된 내용, 예를 들어 평균이나 합계 등을 구해야 할 경우도 있다. 따라서 지금부터는 요약된 내용을 볼 수 있는 SQL 명령문을 학습하도록 하겠다.

5.1 집단함수

집단함수(aggregate function)는 테이블에서 검색된 행들을 하나 이상의 그룹으로 만들어 그룹별로 개수, 합계, 평균, 최대, 최소 등을 구하여 출력하는데 주로 사용한다. 다음 표는 집단함수의 이름과 그 의미를 설명하고 있다.

표 5 SQL의 집단함수

집단함수	의미
COUNT()	행의 개수
SUM()	NULL을 제외한 모든 행의 합계
AVG()	NULL을 제외한 모든 행의 평균 값
MAX()	NULL을 제외한 모든 행에서 최대 값
MIN()	NULL을 제외한 모든 행에서 최소 값

집단함수에는 개수를 구하는 COUNT(), 합을 구하는 SUM(), 평균을 구하는 AVG(), 최대값과 최소값을 구하는 MAX(), MIN() 등이 있다. 각 집단함수는 한 개의 열에 적용되어 단일 값을 반환한다. 집단함수는 SELECT 절이나 HAVING 절에서 사용할 수 있다.

예제

회원 수는 몇 명인가?

설명

```
SELECT COUNT(*)
  FROM 회원;
```

■ 실행결과

	(열 이름 없음)
1	5

저자 한마디

상기 SQL 명령문에서 다음과 같이 AS 키워드를 이용하여 열 이름에 별명을 부여할 수 있다.

```
SELECT COUNT(*) AS 회원수
  FROM 회원;
```

실행결과

	회원수
1	5

COUNT(*)는 NULL과 중복된 값들을 포함한 모든 행들의 개수를 구한다. 하지만 COOUNT(*)를 제외한 나머지 모든 집단함수들은 NULL값을 제외한 값들을 대상으로 집단함수의 값을 구한다. 따라서 COUNT(*)는 모든 행들의 총 개수를 구하지만 COUNT(열_이름)은 해당 열 이름에서 NULL 값이 아닌 값들의 개수를 구한다는 사실에 주의해야 한다.

예제

몸무게 정보가 있는 회원의 수를 검색하라.

설명

```
SELECT COUNT(몸무게) AS '몸무게 정보 있는 회원수'
FROM 회원;
```

■ 실행결과

	몸무게 정보 있는 회원수
1	4

📝 NOTE

상기 SQL 명령문에서 COUNT(키)는 NULL인 행을 제외하고 계산하므로 다음과 같이 WHERE 절에서 몸무게 IS NOT NULL을 추가한 COUNT(*)와 동일하다.

```
SELECT COUNT(*)
FROM 회원
WHERE 몸무게 IS NOT NULL;
```

집단함수 결과값의 데이터 형식은 해당 열의 데이터 형식과 같다.

예제

도서 번호가 3인 도서의 평균 주문 수량은?

설명

```
SELECT AVG(주문수량) AS 평균주문수량
FROM 주문도서
WHERE 도서번호 = 3;
```

■ 실행결과

	평균주문수량
1	3

5.2 그룹화

GROUP BY 절은 테이블에서 검색된 행들을 특정 열을 기준으로 나눈다. 그래서 집단 함수를 GROUP BY 절과 함께 사용하면, 테이블에서 검색된 행들을 GROUP BY 절에서 명시한 열 기준으로 분류한 그룹별로 개수, 합계, 평균, 최대, 최소 등을 구할 수 있다. 그러나 GROUP BY 절이 생략되면 전체 행을 하나의 그룹으로 처리한다.

예를 들어, 주문도서 테이블에서 도서별로 평균 주문 수량을 구할 때에는 먼저 전체 주문 도서 정보를 도서별로 그룹핑을 해야 한다. 이 때 사용하는 절이 GROUP BY 절이다.

예제

도서별 평균 주문 수량은?

설명

```
SELECT 도서번호, AVG(주문수량) AS 평균주문수량
FROM 주문도서
GROUP BY 도서번호;
```

■ 실행결과

	도서번호	평균주문수량
1	2	1
2	3	3
3	4	2
4	5	2
5	6	2

다음 그림은 상기 SQL 명령문에서 그룹화하는 과정을 보여준다.

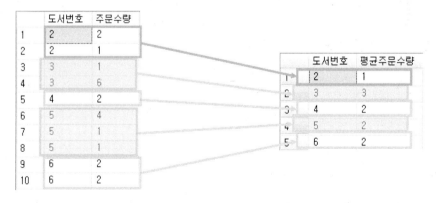

그림 58 그룹화 과정

GROUP BY 절을 사용할 때 가장 주의해야 할 점은 GROUP BY 절에 명시하지 않은 열을 SELECT 절에서 집단함수와 함께 사용하면 에러가 발생한다는 점이다. 그 이유는 집단함수는 테이블에서 검색된 행들을 일정기준에 따라 분류한 하나 이상의 그룹에 대해서만 사용할 수 있기 때문에, 집단함수를 적용하는 열은 GROUP BY 절에서 먼저 그룹핑을 해야 하기 때문이다. 예를 들어,

```
SELECT 도서번호,주문번호, AVG(주문수량) AS 평균주문수량
FROM 주문도서
GROUP BY 도서번호;
```

라는 SQL 명령문은 잘못된 것이다. 그 이유는 GROUP BY 절에 명시하지 않은 주문번호를 SELECT 절에서 집단함수 AVG와 함께 사용하였기 때문이다. 실제로 쿼리 분석기에서 상기 SQL 문을 실행하면 다음과 같은 에러 메시지를 보게 된다.

```
메시지 8120, 수준 16, 상태 1, 줄 1
열 '주문도서, 주문번호'이(가) 집계 함수나 GROUP BY 절에 없으므로 SELECT 목록에서 사용할 수 없습니다.
```

다음과 같은 SQL 명령문 역시 잘못된 것이다.

```
SELECT 주문수량
FROM 주문도서
GROUP BY 도서번호;
```

위의 SQL 명령문은 GROUP BY 절에서 명시하지 않은 수량 열이 SELECT 절에 포함되어있기 때문에 다음과 같은 에러가 발생한다.

> 메시지 8120, 수준 16, 상태 1, 줄 1
> 열 '주문도서, 주문번호'이(가) 집계 함수나 GROUP BY 절에 없으므로 SELECT 목록에서 사용할 수 없습니다.

그러나 GROUP BY 절에 기술한 열 이름은 SELECT 절에서 명시하지 않아도 된다. 예를 들어,

```
SELECT AVG(주문수량) AS 평균주문수량
FROM 주문도서
GROUP BY 도서번호;
```

라는 SQL 명령문은 에러가 발생하지 않고 다음과 같은 실행 결과를 갖는다.

	평균주문수량
1	1
2	3
3	2
4	2
5	2

GROUP BY 절에서 하나 이상의 열을 사용하여 그룹을 나누고, 그룹별로 다시 서브 그룹을 나눌 수 있다. 예를 들어, 전체 회원을 몸무게별로 먼저 그룹핑한 다음, 몸무게별 회원을 등급별로 다시 그룹핑하는 경우이다. GROUP BY 절에서 나열한 열의 순서에 따라 결과 값의 정렬 순서는 달라질 수 있다.

예제

전체회원을 몸무게별로 나누고, 같은 몸무게회원은 다시 등급별로 그룹핑하여, 몸무게와 등급별로 인원수, 평균 몸무게를 출력하여라.

설명

```
SELECT 몸무게, 등급, COUNT(*) AS 인원수, AVG(몸무게) AS 평균몸무게
FROM 회원
GROUP BY 몸무게, 등급;
```

■ 실행결과

	몸무게	등급	인원수	평균몸무게
1	NULL	비회원	1	NULL
2	45	비회원	1	45
3	45	정회원	2	45
4	65	평생회원	1	65

5.3 그룹 검색 조건

HAVING 절은 SELECT 명령문에서 조건 검색을 위해 사용하는 WHERE 절의 기능과 비슷하다. 그러나 WHERE 절은 FROM 절에서 지정한 테이블을 대상으로 조건을 적용하는 반면, HAVING 절은 GROUP BY 절에 의해 생성된 그룹을 대상으로 조건을 적용한다. 즉, GROUP BY 절에서 명시한 열 이름에 의해 그룹으로 분류한 다음, 각 그룹에 대해 HAVING 절의 검색 조건을 적용한다. 따라서 HAVING 절은 반드시 GROUP BY 절과 함께 사용되어야 한다.

예제

누적주문 건수가 두 건 이상인 도서의 평균 주문 수량은?

설명

```
SELECT 도서번호, COUNT(*) AS 누적주문건수, AVG(주문수량) AS 평균주문수량
FROM 주문도서
GROUP BY 도서번호
HAVING COUNT(*) >= 2;
```

■ 실행결과

	도서번호	누적주문건수	평균주문수량
1	2	2	1
2	3	2	3
3	5	3	2
4	6	2	2

저자 한마디

상기 SQL 명령문에서 다음과 같이 ORDER BY 절을 이용하여 평균 주문 수량이 많은 행부터 출력할 수 있다.

```
SELECT 도서번호, COUNT(*) AS 누적주문건수, AVG(주문수량) AS 평균주문수량
FROM 주문도서
GROUP BY 도서번호
HAVING COUNT(*) >= 2
ORDER BY 평균주문수량 DESC;
```

실행결과

	도서번호	누적주문건수	평균주문수량
1	3	2	3
2	5	3	2
3	6	2	2
4	2	2	1

여러 개 테이블에서의 데이터 검색

지금까지 학습한 SQL 명령문에서는 하나의 테이블을 대상으로 데이터를 검색하였다. 그러나 때로는 여러 개의 테이블을 연결하여 데이터를 검색해야 할 경우도 있다. 따라서 지금부터는 여러 개의 테이블에서 데이터를 검색할 수 있는 SQL 명령문을 학습하도록 하겠다.

6.1 조인

SQL 언어에서 제공하는 **조인(join)은 하나의 SQL 명령문으로 여러 테이블에 저장된 데이터를 한 번에 검색할 수 있는 강력한 기능**이다. 이 기능은 현재 관계 DBMS를 사실상 표준으로 만드는데 결정적인 역할을 했다. 따라서 앞으로 학습하게 될 조인 기능을 잘 익히면 데이터베이스 전문가가 될 수 있다. 하지만 조인의 기본 개념을 정확하게 이해하고 사용할 경우에는 아주 유용하지만, 잘못 사용하면 오히려 질의 처리 성능을 저하시키는 경우도 발생할 수 있다.

조인의 기본 개념은 이름 그대로 두 개 이상의 테이블을 '연결한다(join)'는 의미이다. 그런데 두 개의 테이블을 연결하기 위해서는 반드시 두 개 테이블을 연결하는 공통의 값, 즉 외래 키 하나가 있어야 한다. 이 외래 키는 두 개 테이블을 연결하는 고리 역할을 한다.

예를 들어, 회원 주문 리스트를 출력하기 위해 회원 번호, 회원명, 주문일자, 배송지를 검색하는 문제를 생각해 보자. 이런 경우 회원번호와 회원명은 회원 테이블에 저장되어 있지만, 주문일자와 배송지는 주문 테이블에 저장되어 있다. 따라서 회원 테이블과 주문 테이블의 데이터를 한번에 검색하기 위해서는 다음 그림과 같이 회원번호라는 외래 키가 필요하다.

그림 59 회원 테이블과 주문 테이블의 연결 관계

다음은 여러 개 테이블을 연결하여 조인문을 작성하는 일반적인 순서이다.

첫째, SELECT 절에서 검색하고자 하는 열 이름들을 명시한다.

둘째, FROM 절에서 SELECT 절에 지정된 열 이름들의 소속 테이블 이름을 명시한다.

셋째, FROM 절에 지정된 테이블 이름이 두 개 이상이면, 조인을 위해서 WHERE 절에 조인 조건절을 명시하여야 한다. 조인 조건절은 서로 다른 두 개 테이블의 공통 열을 연결하여 비교한다. N개의 테이블을 조인하기 위해서는 WHERE 절에 반드시 N−1 개의 조인 조건절을 필요로 한다.

(1) 조인에서 열 이름 중복 해결 방법

조인 조건절이나 SELECT 절에서 서로 다른 테이블에 있는 동일한 열 이름을 사용할 경우, 열 이름이 중복되어 구별이 어려운 문제가 발생할 수 있다. 이러한 경우에는 열 이름 앞에 테이블 이름을 접두사로 사용하여 해결한다. 이때 테이블 이름과 열 이름은 반드시 점(.)으로 구분하여야 한다. 열 이름 앞에 테이블 이름을 지정하면 SQL 명령문에 대한 구문분석시간(parsing time)을 줄여서 SQL 처리 성능을 향상시키는 장점도 있다.

다음은 조인문 작성 순서에 따라 작성된 회원 주문 리스트용 SQL 문이다.

```
SELECT 회원.회원번호, 회원.회원명, 주문.주문일자, 주문.배송지
FROM 회원, 주문
WHERE 회원.회원번호 = 주문.회원번호
ORDER BY 회원.회원번호;
```

■ 실행결과

	회원번호	회원명	주문일자	배송지
1	1	송중기	2017-01-16	서울 구로
2	1	송중기	2017-03-02	서울 구로
3	1	송중기	2017-04-06	서울 구로
4	1	송중기	2017-05-21	충북 청주
5	2	서현	2017-05-21	서울 강남
6	2	서현	2017-02-01	서울 강남
7	4	보아	2017-02-20	대구 북구
8	4	보아	2017-01-01	서울 강남

(2) 조인에서 테이블 이름의 별명 사용

테이블 이름이 너무 긴 경우에는 조인 조건절을 작성하는 시간이 오래 걸리거나 맞춤법이 틀릴 수도 있다. 그래서 다음과 같이 FROM 절에서 테이블 이름에 별명을 지정한후, 조인 조건절에서 지정된 별명을 사용한다면 효율적이다.

```
SELECT m.회원번호, m.회원명, o.주문일자, o.배송지
FROM 회원 AS m, 주문 AS o
WHERE m.회원번호 = o.회원번호
ORDER BY m.회원번호;
```

예제

출판사별 도서 목록 정보인 출판사 이름, 책 이름을 출력하라.

설명

```
SELECT p.출판사명 AS '출판사 이름', b.도서명 AS '책 이름'
FROM 출판사 AS p, 도서 AS b
WHERE p.출판사번호 = b.출판사번호
ORDER BY p.출판사번호;
```

■ 실행결과

	출판사 이름	책 이름
1	연두출판	예제로 배우는 데이터베이스
2	연두출판	DB설계와 구축
3	연두출판	든든한 데이터베이스
4	생능출판	데이터베이스 배움터
5	알에이치코리아	당신의 인생을 어떻게 평가할 것인가
6	위즈덤하우스	영어책 한 권 외워봤니?

예제

회원별 주문일자 목록 정보인 회원 이름, 주문일자를 출력하라.

설명

```
SELECT m.회원명 AS '회원 이름', o.주문일자
FROM 회원 AS m, 주문 AS o
WHERE m.회원번호 = o.회원번호
ORDER BY m.회원번호;
```

■ 실행결과

	회원 이름	주문일자
1	송중기	2017-01-16
2	송중기	2017-03-02
3	송중기	2017-04-06
4	송중기	2017-05-21
5	서현	2017-05-21
6	서현	2017-02-01
7	보아	2017-02-20
8	보아	2017-01-01

(3) AND 연산자를 사용한 검색 조건 추가

조인 조건절 다음에 AND 연산자를 사용한다면 일반 검색 조건을 추가할 수 있다. 이유는 추가된 일반 검색 조건이 조인의 대상 집합을 줄이기 때문에 조인의 처리 성능을 높이기 때문이다.

<blockquote>예제</blockquote>

'영어'라는 문구가 포함된 도서의 도서번호, 도서명, 해당 출판사명을 출력하라.

<blockquote>설명</blockquote>

```
SELECT b.도서번호, b.도서명, p.출판사명
FROM 출판사 AS p, 도서 AS b
WHERE p.출판사번호 = b.출판사번호
AND b.도서명 LIKE '%영어%';
```

■ 실행결과

	도서번호	도서명	출판사명
1	6	영어책 한 권 외워봤니?	위즈덤하우스

예제

가격이 25000원 이상인 도서의 도서번호, 도서명, 해당 출판사 이름을 출력하라.

설명

```
SELECT b.도서번호, b.도서명, p.출판사명
FROM 출판사 AS p, 도서 AS b
WHERE p.출판사번호 = b.출판사번호
AND b.가격 >= 25000;
```

■ 실행결과

	도서번호	도서명	출판사명
1	2	데이터베이스 배움터	생능출판
2	4	DB설계와 구축	연두출판

(4) SELF JOIN

SELF JOIN은 하나의 테이블 내에 있는 두 개의 열을 연결하여 EQUI JOIN을 하는 조인 방법이다. 그래서 FROM 절에서 하나의 테이블을 서로 다른 테이블처럼 조인 조건으로 연결하기 위하여 각 테이블에 서로 다른 별명을 지정한다.

---

summary ▼

1. WHERE 절은 테이블에 저장된 데이터 중에서 원하는 데이터만 선택적으로 검색하는 역할을 한다.

2. ORDER BY 절은 결과 행들의 정렬 순서를 지정하는 역할을 한다.

3. 집단함수는 테이블에서 검색된 행들을 하나 이상의 그룹으로 만들어 그룹별로 개수, 합계, 평균, 최대, 최소 등을 구하여 출력하는데 주로 사용한다.

4. GROUP BY 절은 명시된 열에 저장된 동일한 값의 행들을 한 그룹으로 묶는 역할을 한다.

5. HAVING 절은 GROUP BY 절의 결과로 나타나는 그룹을 제한하는 역할을 한다.

6. 조인(join)은 여러 테이블에 저장된 데이터를 하나의 SQL 명령문으로 한번에 검색하는 역할을 한다.

아래 질문에 대한 답을 주문관리 데이터베이스를 기준으로 답하시오.

1. 제품 목록 데이터를 검색하는 SQL문을 작성하라.

2. 성이 '유'로 시작하는 고객 목록 데이터를 검색하는 SQL문을 작성하라.

3. 고객 이름에 '이'가 들어가는 고객 목록 데이터를 검색하는 SQL문을 작성하라.

4. 고객 목록을 이름을 기준으로 가나다순으로 정렬하여 출력하는 SQL문을 작성하라.

5. 고객 수를 검색하는 SQL문을 작성하라.

6. 제품의 최소 재고량을 검색하는 SQL문을 작성하라.

7. 제품의 최대 재고량을 검색하는 SQL문을 작성하라.

8. 주문된 제품의 종류를 검색하는 SQL문을 작성하라.

9. 고객번호 'c101'의 고객 주문 내역을 고객번호,제품번호,주문수량 목록으로 검색하는 SQL문을 작성하라.

데이터베이스 구축 실습

CHAPTER 9

데이터베이스 구축 실습

학습목표

- 데이터베이스를 생성하는 SQL 문을 작성할 수 있다.
- 테이블을 생성하는 SQL 문을 작성할 수 있다.
- 데이터를 입력하는 SQL 문을 작성할 수 있다.
- 데이터를 검색하는 SQL 문을 작성할 수 있다.

국가정보 데이터베이스 구축 및 활용

1.1 데이터베이스 생성

❶ 다음과 같은 조건을 만족하는 데이터베이스를 생성하라.

> 데이터베이스 이름: nation

❷ 다음과 같은 조건을 충족시키는 로그인 사용자를 생성하고 사용권한을 부여하라.

> 로그인 이름: nation
> 암호: hit
> 기본 데이터베이스: nation
>
> nation 데이터베이스 역할 : db_owner

1.2 테이블 생성

국가 테이블에 대한 명세는 다음과 같다.

테이블 이름	열 이름	데이터 형식	제약조건	기본키	외래키	FK테이블	FK열
국가	이름	VARCHAR(60)	NOT NULL	PK			
	영문이름	VARCHAR(60)					
	지역	VARCHAR(60)					
	인구	DECIMAL(11)					
	gdp	DECIMAL(14)					

❶ 테이블 명세를 기준으로 국가 테이블을 만드는 SQL 문을 작성하라.

❷ SQL Server 관리 스튜디오를 이용하여 nation 데이터베이스에 국가 테이블을 생성하라.

1.3 데이터 입력

❶ 아래 데이터를 국가 테이블에 입력하는 INSERT 문을 작성하라.

국가 데이터

이름	영문이름	지역	인구	gdp
대한민국	Republic of Korea	아시아	47470969	625700000000
일본	Japan	아시아	126549976	2950000000000
중국	China	아시아	1261832482	4800000000000
베트남	Vietnam	동남아시아	78773873	143100000000
사우디아라비아	Saudi Arabia	중동	22023506	191000000000
아랍에미리트	United Arab Emirates	중동	2369153	41500000000
영국	United Kingdom	유럽	59511464	1290000000000
프랑스	France	유럽	59329691	1373000000000
독일	Germany	유럽	82797408	1864000000000
스페인	Spain	유럽	39996671	677500000000
이탈리아	Italy	유럽	57634327	1212000000000
그리스	Greece	유럽	10601527	149200000000
러시아	Russia	유럽	146001176	620300000000
미국	United States of America	북아메리카	275562673	9255000000000
캐나다	Canada	북아메리카	31281092	722300000000
파나마	Panama	중앙아메리카	2808268	21000000000
페루	Peru	남아메리카	27012899	116000000000

■ 작성 예

```
INSERT INTO 국가 VALUES ('대한민국','Republic of Korea','아시아',47470969 ,625700000000 );
```

❷ SQL Server 관리 스튜디오를 이용하여 nation 데이터베이스에 국가 데이터를 입력하라.

1.4 데이터 검색

국가 테이블과 데이터를 기준으로 다음 문제들을 해결할 수 있는 SQL 명령문을 작성하라.

❶ 지역 이름을 딱 한번만 출력하라.

	지역
1	남아메리카
2	동남아시아
3	북아메리카
4	아시아
5	유럽
6	중동
7	중앙아메리카

❷ 인구가 2억명 이상인 국가의 이름을 검색하라. 여기서 2억명은 숫자 0이 8개인 200000000이다.

	이름
1	미국
2	중국

❸ 인구가 2억 이상인 국가의 이름과 1인당 GDP를 검색하라.

	이름	1인당 GDP
1	미국	33585,826045460083
2	중국	3803,991471508180

❹ '중동' 지역에 위치하고 있는 국가의 이름과 백만명당 인구를 검색하되, 결과값이 정수가 아니면 반올림하라. 여기서 백만명은 숫자 0이 6개인 1000000이다.

	이름	백만명당 인구
1	사우디아라비아	22,00000000
2	아랍에미리트	2,00000000

❺ '프랑스', '독일', '이탈리아'의 국가 이름과 인구를 검색하라.

	이름	인구
1	독일	82797408
2	이탈리아	57634327
3	프랑스	59329691

❻ 'United'라는 영문이 포함된 국가의 한글명과 영문명을 검색하라.

	이름	영문이름
1	미국	United States of America
2	아랍에미리트	United Arab Emirates
3	영국	United Kingdom

❼ 테이블에 저장된 국가들의 인구 합계를 검색하라.

	총인구
1	2331557155

❽ 각 지역에 속한 국가수를 지역과 함께 검색하라.

	지역	국가수
1	남아메리카	1
2	동남아시아	1
3	북아메리카	2
4	아시아	3
5	유럽	7
6	중동	2
7	중앙아메리카	1

❾ 천만명 이상 인구를 가진 지역별 국가수를 검색하라. 여기서 천만명은 숫자 0이 7개인 10000000이다.

	지역	국가수
1	남아메리카	1
2	동남아시아	1
3	북아메리카	2
4	아시아	3
5	유럽	7
6	중동	1

❿ 전체 인구가 1억 이상인 지역을 검색하라. 여기서 1억명은 숫자 0이 8개인 100000000이다.

	지역
1	북아메리카
2	아시아
3	유럽

⓫ 인구가 '러시아'보다 많은 국가의 이름을 검색하라.

	이름
1	미국
2	중국

⑫ '그리스'와 '러시아'가 속한 지역에 속하는 국가의 모든 열을 검색하라.

	이름	영문이름	지역	인구	gdp
1	그리스	Greece	유럽	10601527	149200000000
2	독일	Germany	유럽	82797408	1864000000000
3	러시아	Russia	유럽	146001176	620300000000
4	스페인	Spain	유럽	39996671	677500000000
5	영국	United Kingdom	유럽	59511464	1290000000000
6	이탈리아	Italy	유럽	57634327	1212000000000
7	프랑스	France	유럽	59329691	1373000000000

⑬ 1인당 GDP가 'United Kingdom'보다 많은 유럽 국가의 이름을 검색하라.

	이름
1	독일
2	프랑스

⑭ 인구가 사우디아라비아보다는 많고 캐나다보다는 적은 국가의 이름을 검색하라.

	이름
1	페루

음악 데이터베이스 구축 및 활용

2.1 데이터베이스 생성

❶ 다음과 같은 조건을 만족하는 데이터베이스를 생성하시오.

> 데이터베이스 이름: music

❷ 다음과 같은 조건을 충족시키는 로그인 사용자를 생성하고 사용권한을 부여하시오.

> 로그인 이름: music
> 암호: hit
> 기본 데이터베이스: music
>
> music 데이터베이스 역할 : db_owner

2.2 테이블 생성

앨범, 곡 테이블에 대한 명세는 다음과 같다.

테이블 이름	열 이름	데이터 형식	제약조건	기본키	외래키	FK테이블	FK열
	앨범번호	INT	NOT NULL	PK			
	타이틀	VARCHAR(30)	NOT NULL				
	아티스트	VARCHAR(30)					
앨범	가격	INT					
	발매일	DATETIME					
	배급	VARCHAR(30)					
	별점	DECIMAL(4,1)					

테이블 이름	열 이름	데이터 형식	제약조건	기본키	외래키	FK테이블	FK열
곡	앨범번호	INT	NOT NULL	PK	FK	앨범	앨범번호
	디스크	INT	NOT NULL				
	곡번호	INT	NOT NULL				
	곡명	VARCHAR(50)					
	구분	VARCHAR(10)					

❶ 테이블 명세를 기준으로 앨범,곡 테이블을 만드는 SQL 문을 작성하라.

CREATE TABLE 앨범 (	CREATE TABLE 곡 (

❷ SQL Server 관리 스튜디오를 이용하여 music 데이터베이스에 앨범, 곡 테이블을 생성하라.

2.3 데이터 입력

❶ 아래 데이터를 앨범 테이블과 곡 테이블에 입력하는 INSERT 문을 작성하라.

앨범 데이터

앨범번호	타이틀	아티스트	가격	발매일	배급	별점
1	조용필	조용필	11500	1984-10-01	벅스	9.8
2	사랑하기 때문에	유재하	10400	1987-08-20	KingPin	9.7
3	Break Up 2 Make Up	지코(ZICO)	700	2016-01-25	CJ E&M MUSIC	7.6
4	도깨비 OST Part 8	정준일	500	2017-01-01	CJ E&M MUSIC	9.5
5	도깨비 OST Part 9	에일리	600	2017-01-07	CJ E&M MUSIC	8

곡 데이터

앨범번호	디스크	곡번호	곡명	구분
1	1	1	돌아와요 부산항에	
1	1	9	해변의 여인	
1	1	11	옛 일	
1	1	12	서러워 말아요	
1	1	15	생각이 나네	
2	1	1	우리들의 사랑	
2	1	2	그대 내 품에	
2	1	9	사랑하기 때문에	
3	1	1	너는 나 나는 너	
3	1	2	사랑이었다 (Feat. 루나 of f(x))	
4	1	1	첫 눈	
4	1	2	첫 눈	Inst.
5	1	1	첫눈처럼 너에게 가겠다	원곡
5	1	2	첫눈처럼 너에게 가겠다	Inst.

■ 작성 예

```
INSERT INTO 앨범 VALUES (1,'조용필','조용필',11500,'1984-10-01','벅스',9.8);
```

■ 작성 예

```
INSERT INTO 곡(앨범번호,디스크,곡번호,곡명) VALUES (1,1,1,'돌아와요 부산항에');
```

❷ SQL Server 관리 스튜디오를 이용하여 music 데이터베이스에 앨범과 곡 데이터를
입력하라.

2.4 데이터 검색

앨범, 곡 테이블과 데이터를 기준으로 다음 문제들을 해결할 수 있는 SQL 명령문을 작성하라.

1 '해변의 여인'이라는 노래를 담고 있는 타이틀과 아티스트을 검색하라.

	타이틀	아티스트
1	조용필	조용필

2 '그대내품에'라는 노래를 부른 아티스트를 검색하라.

	아티스트
1	유재하

3 'Break Up 2 Make Up'이라는 이름을 가지고 있는 앨범에 수록된 노래를 모두 검색하라.

	곡명
1	너는 나 나는 너
2	사랑이었다 (Feat. 루나 of f(x))

4 각 앨범에 수록된 타이틀별 수록곡의 개수를 검색하라.

	타이틀	수록곡 수
1	도깨비 OST Part 8	2
2	도깨비 OST Part 9	2
3	사랑하기 때문에	3
4	조용필	5
5	Break Up 2 Make Up	2

❺ '사랑'이라는 단어가 포함된 곡명을 가진 앨범의 타이틀별 수록곡의 개수를 검색하라.

	타이틀	수록곡 수
1	사랑하기 때문에	2
2	Break Up 2 Make Up	1

❻ 타이틀과 곡명이 동일한 앨범의 노래 이름을 검색하라.

	곡명
1	사랑하기 때문에

❼ 예를 들어 그룹 'Blur'가 'Blur'라는 이름의 앨범을 발매할 수 있다. 이와 같이 아티스트와 타이틀이 동일한 앨범의 타이틀을 검색하라.

	타이틀
1	조용필

❽ 동일한 곡명이 2개 이상 앨범에 존재하는 경우, 해당 곡명과 수록 곡의 개수를 검색하라.

	곡명	수록곡 수
1	첫 눈	2
2	첫눈처럼 너에게 가겠다	2

영화정보 데이터베이스 구축 및 활용

3.1 영화 데이터베이스 생성

❶ 다음과 같은 조건을 만족하는 데이터베이스를 생성하시오.

데이터베이스 이름: movie

❷ 다음과 같은 조건을 충족시키는 로그인 사용자를 생성하고 사용권한을 부여하시오.

로그인 이름: movie
암호: hit
기본 데이터베이스: movie

movie 데이터베이스 역할 : db_owner

3.2 테이블 생성

영화, 배우, 출연 테이블에 대한 명세는 다음과 같다.

테이블 이름	열 이름	데이터 형식	제약조건	기본키	외래키	FK테이블	FK열
영화	번호	INT	NOT NULL	PK			
	이름	VARCHAR(30)	UNIQUE				
	개봉연도	INT					
	매출액	INT					
	관객수	INT					
	평점	DECIMAL(4,2)					

테이블 이름	열 이름	데이터 형식	제약조건	기본키	외래키	FK테이블	FK열
배우	번호	INT	NOT NULL	PK			
	이름	VARCHAR(30)					
	출생	DATETIME					
	키	INT					
	몸무게	INT					
	배우자	VARCHAR(30)					
출연	영화번호	INT	NOT NULL	PK	FK	영화	번호
	배우번호	INT	NOT NULL		FK	배우	번호
	역할	INT					
	역	VARCHAR(30)					

❶ 테이블 명세를 기준으로 영화, 배우, 출연 테이블을 만드는 SQL 문을 작성하라.

CREATE TABLE 영화
(

CREATE TABLE 배우
(

CREATE TABLE 출연
(

❷ SQL Server 관리 스튜디오를 이용하여 movie 데이터베이스에 영화, 배우, 출연 테이블을 생성하라.

3.3 데이터 입력

❶ 아래 데이터를 영화, 배우, 출연 테이블에 입력하는 INSERT 문을 작성하라.

영화 데이터

번호	이름	개봉 연도	매출액	관객수	평점
1	명량	2014	135748398910	17613682	8.49
2	쉬리	1999		5820000	8.79
3	광해, 왕이 된 남자	2012	88900208769	12319542	9.23
4	도둑들	2012	93665568500	12983330	7.60
5	엽기적인 그녀	2001		1735692	9.29
6	변호인	2013	82871759300	11374610	8.97
7	밀양	2007		1710364	7.76
8	태극기 휘날리며	2004		11746135	9.15
9	초록물고기	1997			8.79
10	은행나무 침대	1996			7.67
11	님은 먼 곳에	2008	11211235000	1706576	7.80
12	반지의 제왕: 왕의 귀환	2003			9.36
13	그녀	2014			8.51
14	관상	2013			7.96

■ 작성 예

```
INSERT INTO 영화 VALUES (1,'명량',2014 ,135748398910 ,17613682 ,8.49 );
```

배우 데이터

번호	이름	출생	키	몸무게	배우자
1	최민식	1962-04-27	177	70	
2	류승룡	1970-11-29			
4	한석규	1964-11-03	178	64	임명주
5	송강호	1967-01-17	180	80	
6	이병헌		177	72	이민정
7	한효주		172	48	
8	전지현	1981-10-30	174	52	
10	김혜수	1970-09-05	170	50	
12	차태현	1976-03-25	175	65	최석은
15	전도연		165		강시규
16	장동건		182	68	고소영
17	심혜진	1967-01-16	169	51	한상구
18	수애		168	46	
19	주진모				

■ 작성 예

```
INSERT INTO 배우(번호,이름,출생,키,몸무게,배우자) VALUES (4,'한석규','1964-11-
03',178,64,'임명주');
```

출연 데이터

영화번호	배우번호	역할	역
1	1	1	이순신
1	2	1	구루지마
2	4	1	유중원
2	1	1	박무영

영화번호	배우번호	역할	역
2	5	1	이장길
3	6	1	광해 / 하선
3	2	1	허균
3	7	1	중전
4	10	1	팹시
4	8	1	애니콜
4	19	2	반장역
5	8	1	그녀
5	12	1	견우
6	5	1	송우석
7	15	1	피아노 학원 강사, 이신애
7	5	1	카센터 사장, 김종찬
8	16	1	이진태
9	4	1	막동
9	17	1	미애
10	4	1	수현
10	17	1	선영
11	18	1	시골 아낙, 순이 가수, 써니
11	19	1	기타리스트, 성찬 역

■ 작성 예

```
INSERT INTO 출연 VALUES (1,1,1,'이순신');
```

❷ SQL Server 관리 스튜디오를 이용하여 music 데이터베이스에 국가 데이터를 입력하라.

3.4 데이터 검색

영화, 배우, 출연테이블과 데이터를 기준으로 다음 문제들을 해결할 수 있는 SQL 명령문을 작성하라.

❶ 평점이 9이상인 영화의 제목과 평점을 검색하라.

	이름	평점
1	광해, 왕이 된 남자	9.23
2	엽기적인 그녀	9.29
3	태극기 휘날리며	9.15
4	반지의 제왕: 왕의 귀환	9.36

❷ '쉬리'라는 이름을 가진 영화가 개봉된 연도를 검색하라.

	개봉연도
1	1999

❸ '왕'이라는 문자열이 포함된 이름을 가진 영화의 이름과 평점을 검색하라.

	이름	평점
1	광해, 왕이 된 남자	9.23
2	반지의 제왕: 왕의 귀환	9.36

❹ '왕'이라는 문자열이 포함된 이름을 가진 영화의 이름과 평점을 검색하되, 개봉연도를 기준으로 정렬하라.

	이름	평점
1	반지의 제왕: 왕의 귀환	9.36
2	광해, 왕이 된 남자	9.23

❺ '그녀'라는 단어가 포함된 영화의 이름과 평점을 검색하라.

	이름	평점
1	엽기적인 그녀	9.29
2	그녀	8.51

❻ 번호가 1, 2, 3인 영화의 이름을 검색하라.

	이름
1	명량
2	쉬리
3	광해, 왕이 된 남자

❼ 이름인 '변호인'인 영화 번호를 검색하라.

	번호
1	6

❽ 영화배우 '송강호'의 배우 번호를 검색하라.

	번호
1	5

❾ 번호가 1인 영화에 출연한 배우의 이름을 검색하라.

	이름
1	최민식
2	류승룡

⑩ 이름이 '도둑들'인 영화에 출연한 배우의 이름을 검색하라.

	이름
1	전지현
2	김혜수
3	주진모

⑪ 영화 배우 '송강호'가 출연한 영화 이름을 검색하라.

	이름
1	쉬리
2	변호인
3	밀양

⑫ 영화 배우 '주진모'가 주연으로 출연하지 않은 영화 이름을 검색하라.

	이름
1	도둑들

⑬ 2012년 개봉한 영화의 이름과 그 영화에 출연한 주연배우를 검색하라.

	이름	이름
1	광해, 왕이 된 남자	류승룡
2	광해, 왕이 된 남자	이병헌
3	광해, 왕이 된 남자	한효주
4	도둑들	전지현
5	도둑들	김혜수

⑭ 영화배우 '송강호'가 가장 바쁜 해는 언제일까? 년도별 출연작품 수를 검색하라.

	개봉연도	출연작품수
1	1999	1
2	2007	1
3	2013	1

⓯ 영화배우 '송강호'가 출연한 모든 영화의 이름과 주연 배우의 이름을 검색하라.

	이름	이름
1	광해, 왕이 된 남자	류승룡
2	광해, 왕이 된 남자	이병헌
3	광해, 왕이 된 남자	한효주
4	님은 먼 곳에	수애
5	님은 먼 곳에	주진모
6	도둑들	전지현
7	도둑들	김혜수
8	명량	최민식
9	명량	류승룡
10	밀양	송강호
11	밀양	전도연
12	변호인	송강호
13	쉬리	최민식
14	쉬리	한석규
15	쉬리	송강호
16	엽기적인 그녀	전지현
17	엽기적인 그녀	차태현
18	은행나무 침대	한석규
19	은행나무 침대	심혜진
20	초록물고기	한석규
21	초록물고기	심혜진
22	태극기 휘날리며	장동건

⓰ 2회 이상 주연으로 출연한 영화배우의 이름을 검색하라.

	이름
1	류승룡
2	송강호
3	심혜진
4	전지현
5	최민식
6	한석규

⑰ 2012년 개봉한 영화의 이름과 출연배우 수를 출력하되, 출연배우 수를 기준으로
정렬하라.

	이름	출연배우 수
1	광해, 왕이 된 남자	3
2	도둑들	3

⑱ 영화배우 '송강호'와 함께 출연한 배우들을 모두 검색하라.

	이름
1	전도연
2	최민식
3	한석규

학사정보 데이터베이스 구축 및 활용

4.1 학사 데이터베이스 생성

❶ 다음과 같은 조건을 만족하는 데이터베이스를 생성하시오.

> 데이터베이스 이름: haksa

❷ 다음과 같은 조건을 충족시키는 로그인 사용자를 생성하고 사용권한을 부여하시오.

> 로그인 이름: haksa
> 암호: hit
> 기본 데이터베이스: haksa
>
> haksa 데이터베이스 역할 : db_owner

4.2 테이블 생성

학과, 교수, 학생, 과목, 수강내역 테이블에 대한 명세는 다음과 같다.

테이블 이름	열 이름	데이터 형식	제약조건	기본키	외래키	FK테이블	FK열
학과	번호	INT	NOT NULL	PK			
	이름	VARCHAR(30)	NOT NULL				
교수	번호	INT	NOT NULL	PK			
	이름	VARCHAR(30)	NOT NULL				
	학과번호	INT	NOT NULL		FK	학과	학과
학생	번호	INT	NOT NULL	PK			
	이름	VARCHAR(30)	NOT NULL				
	주소	VARCHAR(100)					
	학년	INT					
	키	INT					
	몸무게	INT					
	상태	CHAR(4)					
	입력일자	DATETIME					
	학과번호	INT	NOT NULL		FK	학과	번호
과목	번호	INT	NOT NULL	PK			
	이름	VARCHAR(30)	NOT NULL				
	학점	INT					
	교수번호	INT	NOT NULL		FK	교수	번호
수강내역	학생번호	INT	NOT NULL	PK	FK	학생	번호
	과목번호	INT	NOT NULL		FK	과목	번호
	점수	DECIMAL(4,1)					
	등급	CHAR(1)					

❶ 테이블 명세를 기준으로 학과, 교수, 학생, 과목, 수강내역 테이블을 만드는 SQL
문을 작성하라.

CREATE TABLE 학과 (	CREATE TABLE 교수 (
CREATE TABLE 학생 (	CREATE TABLE 과목 (
CREATE TABLE 수강내역 (	

❷ SQL Server 관리 스튜디오를 이용하여 haksa 데이터베이스에 학과, 교수, 학생,
과목, 수강내역 테이블을 생성하라.

4.3 데이터 입력

❶ 아래 데이터를 학과, 교수, 학생, 과목, 수강내역 테이블에 입력하는 INSERT 문을
작성하라.

학과 데이터

번호	이름
1	소프트웨어공학과
2	컴퓨터공학과
3	경영정보학과
4	경영학과
5	연극영화과
6	철학과

■ 작성 예

```
INSERT INTO 학과 VALUES (1,'소프트웨어공학과');
```

교수 데이터

번호	이름	학과번호
1	이해진	1
2	김정주	1
3	김이숙	1
4	이석호	2
5	김사부	3
6	장미희	5
7	백남영	5
8	김현이	5
9	이사부	5

■ 작성 예

```
INSERT INTO 교수 VALUES (1,'이해진',1);
```

과목 데이터

번호	이름	학점	교수번호
1	데이터베이스관리	3	3
2	데이터베이스프로그래밍	3	3
3	SQL활용	3	4
4	데이터베이스	4	5
5	인터넷마케팅	3	5
6	연기실습	2	7
7	영화제작실습	2	8
8	영화마케팅	1	9

■ 작성 예

```
INSERT INTO 과목 VALUES (1,'데이터베이스관리',3,3);
```

학생 데이터

번호	이름	주소	학년	키	몸무게	상태	입력일자	학과번호
1	김이향	인천 남동구	4	166	56	재학	2005-03-01	5
2	박보검	인천 부평구	4	168		재학	2010-03-01	6
3	이세영	서울 구로구	4			재학	2013-03-01	4
4	문주원	경기 부천시	3			재학	2014-02-13	3
5	성춘향	서울 영등포구	3			재학	2014-02-13	5
6	박지은	서울 양천구	2	183	65	재학	2015-02-14	3
7	안칠현	서울 금천구	1	178	65	재학	2016-02-19	1
8	김태희	서울 구로구	1	165	45	재학	2016-02-19	3
9	채영	서울 구로구	1	172	47	재학	2016-02-19	2
10	박수애		1	168	46	재학	2016-02-19	2
11	영란	서울 강남구	1	162	43	재학	2016-02-19	5

번호	이름	주소	학년	키	몸무게	상태	입력일자	학과번호
12	윤호	서울 강남구	1	184	66	휴학	2016-08-10	1
13	보아	서울 구로구	1	162	45	재학	2016-02-19	1
14	문근영	서울 강남구	1	165	45	재학	2016-02-19	3

■ 작성 예

```
INSERT INTO 학생 VALUES (1,'김이향','인천 남동구',4,166,56,'재학','2005-03-01',5);
```

수강내역 데이터

학생번호	과목번호	점수	등급
7	1	84.5	B
12	1	50	F
13	1	90	A
7	2	80	B
13	2	94.5	A
9	3	90	A
10	3	70	C
4	4	90	A
6	4	55	F
8	4	85	B
14	4	95	A
4	5	70	C
6	5	95	A
8	5	90	A
14	5	95	A
6	8	90	A
8	8	80	B

학생번호	과목번호	점수	등급
14	8	90	A
1	6	85	B
5	6	80	B
11	6	78.5	C
1	7	95	A
5	7	85	B
1	8	100	A

■ 작성 예

```
INSERT INTO 수강내역 VALUES (7,1,84.5,'B');
```

4.4 데이터 검색

학과, 교수, 학생, 과목, 수강내역 테이블과 데이터를 기준으로 다음 문제들을 해결할
수 있는 SQL 명령문을 작성하라.

❶ 학생 테이블의 모든 열을 검색하라. 단, 반드시 와일드카드를 사용한다.

	번호	이름	주소	학년	키	몸무게	상태	입력일자	학과번호
1	1	김이향	인천 남동구	4	166	56	재학	2005-03-01 00:00:00,000	5
2	8	김태희	서울 구로구	1	165	45	재학	2016-02-19 00:00:00,000	3
3	14	문근영	서울 강남구	1	165	45	재학	2016-02-19 00:00:00,000	3
4	4	문주원	경기 부천시	3	NULL	NULL	재학	2014-02-13 00:00:00,000	3
5	2	박보검	인천 부평구	4	168	NULL	재학	2010-03-01 00:00:00,000	6
6	10	박수애	NULL	1	168	46	재학	2016-02-19 00:00:00,000	2
7	6	박지은	서울 양천구	2	183	65	재학	2015-02-14 00:00:00,000	3
8	13	보아	서울 구로구	1	162	45	재학	2016-02-19 00:00:00,000	1
9	5	성춘향	서울 영등포구	3	NULL	NULL	재학	2014-02-13 00:00:00,000	5
10	7	안칠현	서울 금천구	1	178	65	재학	2016-02-19 00:00:00,000	1
11	11	영란	서울 강남구	1	162	43	재학	2016-02-19 00:00:00,000	5
12	12	윤호	서울 강남구	1	184	66	휴학	2016-08-10 00:00:00,000	1
13	3	이세영	서울 구로구	4	NULL	NULL	재학	2013-03-01 00:00:00,000	4
14	9	채영	서울 구로구	1	172	47	재학	2016-02-19 00:00:00,000	2

❷ 학생 테이블의 이름, 학년, 주소 열만 선택적으로 검색하라.

	이름	학년	주소
1	김이향	4	인천 남동구
2	박보검	4	인천 부평구
3	이세영	4	서울 구로구
4	문주원	3	경기 부천시
5	성춘향	3	서울 영등포구
6	박지은	2	서울 양천구
7	안칠현	1	서울 금천구
8	김태희	1	서울 구로구
9	채영	1	서울 구로구
10	박수애	1	NULL
11	영란	1	서울 강남구
12	윤호	1	서울 강남구
13	보아	1	서울 구로구
14	문근영	1	서울 강남구

❸ 학생 테이블의 이름과 주소 열만 검색하라. 단, 이름 열은 화면에 성명으로 표시하고 주소 열은 현재 주소지로 표시한다.

	성명	현재 주소지
1	김이향	인천 남동구
2	박보검	인천 부평구
3	이세영	서울 구로구
4	문주원	경기 부천시
5	성춘향	서울 영등포구
6	박지은	서울 양천구
7	안칠현	서울 금천구
8	김태희	서울 구로구
9	채영	서울 구로구
10	박수애	NULL
11	영란	서울 강남구
12	윤호	서울 강남구
13	보아	서울 구로구
14	문근영	서울 강남구

❹ 학생 테이블의 학년 열을 검색하라. 단, 중복되는 행은 딱 한 번만 출력한다.

	학년
1	1
2	2
3	3
4	4

❺ 학생 번호가 1인 학생을 검색하라.

	번호	이름	주소	학년	키	몸무게	상태	입력일자	학과번호
1	1	김이향	인천 남동구	4	166	56	재학	2005-03-01 00:00:00,000	5

❻ 키가 165 미만인 학생을 검색하라.

	번호	이름	주소	학년	키	몸무게	상태	입력일자	학과번호
1	11	영란	서울 강남구	1	162	43	재학	2016-02-19 00:00:00,000	5
2	13	보아	서울 구로구	1	162	45	재학	2016-02-19 00:00:00,000	1

❼ 1학년이고 동시에 키가 170 이상인 학생의 이름, 학년,키, 몸무게 열을 검색하라.

	이름	학년	키	몸무게
1	안칠현	1	178	65
2	채영	1	172	47
3	윤호	1	184	66

❽ 1학년이거나 또는 키가 170 이상인 학생의 이름, 학년,키, 몸무게 열을 검색하라.

	이름	학년	키	몸무게
1	박지은	2	183	65
2	안칠현	1	178	65
3	김태희	1	165	45
4	채영	1	172	47
5	박수애	1	168	46
6	영란	1	162	43
7	윤호	1	184	66
8	보아	1	162	45
9	문근영	1	165	45

❾ 몸무게 45보다 크거나 같고 50보다 작거나 같은 학생의 이름, 주소, 키, 몸무게 열을 검색하되, BETWEEN 키워드를 사용하라.

	이름	주소	키	몸무게
1	김태희	서울 구로구	165	45
2	채영	서울 구로구	172	47
3	박수애	NULL	168	46
4	보아	서울 구로구	162	45
5	문근영	서울 강남구	165	45

❿ 몸무게 45보다 크거나 같고 50보다 작거나 같은 학생의 이름, 주소, 키, 몸무게 열을 검색하되, AND 연산자를 사용하라.

	이름	주소	키	몸무게
1	김태희	서울 구로구	165	45
2	채영	서울 구로구	172	47
3	박수애	NULL	168	46
4	보아	서울 구로구	162	45
5	문근영	서울 강남구	165	45

⓫ 학생의 번호, 이름, 학년열을 검색하라. 단, 검색 결과에는 2학년과 3학년만 포함되어야 하며, 반드시 IN 연산자를 사용하여야 한다.

	번호	이름	학년
1	4	문주원	3
2	5	성춘향	3
3	6	박지은	2

⑫ 학생의 번호, 이름, 학년열을 검색하라. 단 검색 결과에는 2학년과 3학년만 포함되어야 하며, 반드시 OR연산자를 사용하여야 한다.

	번호	이름	학년
1	4	문주원	3
2	5	성춘향	3
3	6	박지은	2

⑬ 박씨 성을 가진 학생의 모든 열을 검색하라.

	번호	이름	주소	학년	키	몸무게	상태	입력일자	학과번호
1	2	박보검	인천 부평구	4	168	NULL	재학	2010-03-01 00:00:00,000	6
2	6	박지은	서울 양천구	2	183	65	재학	2015-02-14 00:00:00,000	3
3	10	박수애	NULL	1	168	46	재학	2016-02-19 00:00:00,000	2

⑭ 김씨, 이씨, 박씨 성을 가진 하생 모두를 검색하되, 반드시 LIKE 연산자를 사용하라.

	번호	이름	주소	학년	키	몸무게	상태	입력일자	학과번호
1	1	김이향	인천 남동구	4	166	56	재학	2005-03-01 00:00:00,000	5
2	2	박보검	인천 부평구	4	168	NULL	재학	2010-03-01 00:00:00,000	6
3	3	이세영	서울 구로구	4	NULL	NULL	재학	2013-03-01 00:00:00,000	4
4	6	박지은	서울 양천구	2	183	65	재학	2015-02-14 00:00:00,000	3
5	8	김태희	서울 구로구	1	165	45	재학	2016-02-19 00:00:00,000	3
6	10	박수애	NULL	1	168	46	재학	2016-02-19 00:00:00,000	2

⑮ 김씨, 이씨, 박씨 성을 가진 학생 모두를 검색하되, 반드시 UNION을 사용하라.

	번호	이름	주소	학년	키	몸무게	상태	입력일자	학과번호
1	1	김이향	인천 남동구	4	166	56	재학	2005-03-01 00:00:00,000	5
2	2	박보검	인천 부평구	4	168	NULL	재학	2010-03-01 00:00:00,000	6
3	3	이세영	서울 구로구	4	NULL	NULL	재학	2013-03-01 00:00:00,000	4
4	6	박지은	서울 양천구	2	183	65	재학	2015-02-14 00:00:00,000	3
5	8	김태희	서울 구로구	1	165	45	재학	2016-02-19 00:00:00,000	3
6	10	박수애	NULL	1	168	46	재학	2016-02-19 00:00:00,000	2

⑯ 주소 데이터가 없는 학생의 이름, 학년, 주소를 검색하라.

	이름	학년	주소
1	박수애	1	NULL

⑰ 몸무게 데이터가 있는 학생의 성명, 학년, 몸무게를 검색하라.

	이름	학년	몸무게
1	김이향	4	56
2	박지은	2	65
3	안칠현	1	65
4	김태희	1	45
5	채영	1	47
6	박수애	1	46
7	영란	1	43
8	윤호	1	66
9	보아	1	45
10	문근영	1	45

⑱ 학생 테이블에서 모든 열에 저장된 데이터를 검색하되, 이름 가나다순으로 정렬하여 출력하라.

	번호	이름	주소	학년	키	몸무게	상태	입력일자	학과번호
1	1	김이향	인천 남동구	4	166	56	재학	2005-03-01 00:00:00,000	5
2	8	김태희	서울 구로구	1	165	45	재학	2016-02-19 00:00:00,000	3
3	14	문근영	서울 강남구	1	165	45	재학	2016-02-19 00:00:00,000	3
4	4	문주원	경기 부천시	3	NULL	NULL	재학	2014-02-13 00:00:00,000	3
5	2	박보검	인천 부평구	4	168	NULL	재학	2010-03-01 00:00:00,000	6
6	10	박수애	NULL	1	168	46	재학	2016-02-19 00:00:00,000	2
7	6	박지은	서울 양천구	2	183	65	재학	2015-02-14 00:00:00,000	3
8	13	보아	서울 구로구	1	162	45	재학	2016-02-19 00:00:00,000	1
9	5	성춘향	서울 영등포구	3	NULL	NULL	재학	2014-02-13 00:00:00,000	5
10	7	안칠현	서울 금천구	1	178	65	재학	2016-02-19 00:00:00,000	1
11	11	영란	서울 강남구	1	162	43	재학	2016-02-19 00:00:00,000	5
12	12	윤호	서울 강남구	1	184	66	휴학	2016-08-10 00:00:00,000	1
13	3	이세영	서울 구로구	4	NULL	NULL	재학	2013-03-01 00:00:00,000	4
14	9	채영	서울 구로구	1	172	47	재학	2016-02-19 00:00:00,000	2

⑲ 학생의 이름, 주소, 키 데이터를 검색하되, 키가 큰 학생부터 출력하라.

	이름	주소	키
1	윤호	서울 강남구	184
2	박지은	서울 양천구	183
3	안칠현	서울 금천구	178
4	채영	서울 구로구	172
5	박수애	NULL	168
6	박보검	인천 부평구	168
7	김이향	인천 남동구	166
8	문근영	서울 강남구	165
9	김태희	서울 구로구	165
10	영란	서울 강남구	162
11	보아	서울 구로구	162
12	이세영	서울 구로구	NULL
13	문주원	경기 부천시	NULL
14	성춘향	서울 영등포구	NULL

⑳ 1학년 학생의 이름, 학년, 주소, 몸무게 데이터를 검색하라. 단, 반드시 체중이 적은 학생부터 출력한다.

	이름	학년	주소	몸무게
1	영란	1	서울 강남구	43
2	보아	1	서울 구로구	45
3	문근영	1	서울 강남구	45
4	김태희	1	서울 구로구	45
5	박수애	1	NULL	46
6	채영	1	서울 구로구	47
7	안칠현	1	서울 금천구	65
8	윤호	1	서울 강남구	66

❷❶ 1학년 학생의 이름, 학년, 키, 몸무게 데이터를 검색하라. 단, 키 내림차순으로 정렬하고, 같은 키는 몸무게 오름차순으로 정렬한다.

	이름	학년	키	몸무게
1	윤호	1	184	66
2	안칠현	1	178	65
3	채영	1	172	47
4	박수애	1	168	46
5	김태희	1	165	45
6	문근영	1	165	45
7	영란	1	162	43
8	보아	1	162	45

❷❷ 다음 SQL 명령문의 의미를 설명하라.

	번호	이름	주소
1	1	김이향	인천 남동구
2	8	김태희	서울 구로구
3	14	문근영	서울 강남구
4	4	문주원	경기 부천시
5	2	박보검	인천 부평구
6	10	박수애	NULL
7	6	박지은	서울 양천구
8	13	보아	서울 구로구
9	5	성춘향	서울 영등포구
10	7	안칠현	서울 금천구
11	11	영란	서울 강남구
12	12	윤호	서울 강남구
13	3	이세영	서울 구로구
14	9	채영	서울 구로구

❷❸ 학생 테이블에서 '문주원' 학생과 학년이 동일한 모든 학생의 이름과 키, 몸무게를 검색하라.

	이름	키	몸무게
1	문주원	NULL	NULL
2	성춘향	NULL	NULL

㉔ 1번 학과 학생들의 평균 키보다 작은 학생의 이름, 학년, 키를 검색하라.

	이름	학년	키
1	김이향	4	166
2	박보검	4	168
3	김태희	1	165
4	채영	1	172
5	박수애	1	168
6	영란	1	162
7	보아	1	162
8	문근영	1	165

㉕ '김태희' 학생과 학년이 같고, '김태희' 학생보다 큰 학생의 이름, 학년, 키를 검색하라.

	이름	학년	키
1	안칠현	1	178
2	채영	1	172
3	박수애	1	168
4	윤호	1	184

㉖ 키가 165인 학생의 번호, 이름, 키를 검색하라.

	번호	이름	키
1	8	김태희	165
2	14	문근영	165

㉗ 학생의 수를 검색하라. 단, 출력 결과 열은 학생수로 표시한다.

	학생수
1	14

㉘ 박씨 성을 가진 학생 중에서 몸무게 정보가 있는 학생의 수를 검색하라. 단, 출력 결과 열은 '몸무게 정보가 있는 학생수'로 표시한다.

	몸무게 정보 있는 학생의 수
1	2

㉙ 번호가 1인 과목의 평균 점수를 검색하라.

	평균점수
1	74,833333

㉚ 과목별 평균 점수를 검색하라. 단, 두 번째 출력 결과 열은 '과목평균점수'로 표시한다.

	과목번호	과목평균점수
1	1	74,833333
2	2	87,250000
3	3	80,000000
4	4	81,250000
5	5	87,500000
6	6	81,166666
7	7	90,000000
8	8	90,000000

㉛ 전체 학생을 소속 학과별로 나누고, 같은 학과 학생은 다시 학년별로 그룹핑한 후, 학과별, 학년별 인원수, 평균키를 검색하라. 단, 세 번째 출력 결과 열은 '인원수'로 표시하고, 네 번째 열은 '평균키'로 표시한다.

	학과번호	학년	인원수	평균키
1	1	1	3	174
2	2	1	2	170
3	3	1	2	165
4	5	1	1	162
5	3	2	1	183
6	3	3	1	NULL
7	5	3	1	NULL
8	4	4	1	NULL
9	5	4	1	166
10	6	4	1	168

❸❷ 누적학생 수가 네 명 이상인 과목의 평균 점수를 검색하라. 단, 두 번째 출력 결과 열은 '누적학생수'로 표시하고, 세 번째 열은 '과목평균점수'로 표시한다.

	과목번호	누적학생수	과목평균점수
1	4	4	81.250000
2	5	4	87.500000
3	8	4	90.000000

❸❸ 과목 평균 점수가 높은 행부터 출력되도록 6번 문제를 해결하는 SQL 명령문을 변경하라.

	과목번호	누적학생수	과목평균점수
1	8	4	90.000000
2	5	4	87.500000
3	4	4	81.250000

❸❹ 학생들의 학번, 이름, 소속학과 이름을 검색하라.

	번호	이름	이름
1	1	김이향	연극영화과
2	2	박보검	철학과
3	3	이세영	경영학과
4	4	문주원	경영정보학과
5	5	성춘향	연극영화과
6	6	박지은	경영정보학과
7	7	안칠현	소프트웨어공학과
8	8	김태희	경영정보학과
9	9	채영	컴퓨터공학과
10	10	박수애	컴퓨터공학과
11	11	영란	연극영화과
12	12	윤호	소프트웨어공학과
13	13	보아	소프트웨어공학과
14	14	문근영	경영정보학과

㉟ 교수의 번호, 이름, 소속 학과 이름을 검색하라.

	번호	이름	이름
1	1	이해진	소프트웨어공학과
2	2	김정주	소프트웨어공학과
3	3	김이숙	소프트웨어공학과
4	4	이석호	컴퓨터공학과
5	5	김사부	경영정보학과
6	6	장미희	연극영화과
7	7	백남영	연극영화과
8	8	김현이	연극영화과
9	9	이사부	연극영화과

㊱ '김이향' 학생의 번호, 이름, 소속 학과 이름을 검색하라.

	번호	이름	이름
1	1	김이향	연극영화과

㊲ 키가 180이상인 학생의 번호, 이름, 키, 소속 학과 이름을 검색하라.

	번호	이름	키	이름
1	3	박지은	183	경영정보학과
2	1	윤호	184	소프트웨어공학과

㊳ 학과별 교수별 개설 과목 목록 정보인 학과 이름, 교수 이름, 과목 이름을 검색하라.

	이름	이름	이름
1	소프트웨어공학과	김이숙	데이터베이스관리
2	소프트웨어공학과	김이숙	데이터베이스프로그래밍
3	컴퓨터공학과	이석호	SQL활용
4	경영정보학과	김사부	데이터베이스
5	경영정보학과	김사부	인터넷마케팅
6	연극영화과	백남영	연기실습
7	연극영화과	김현이	영화제작실습
8	연극영화과	이사부	영화마케팅

39 학과별 개설 과목 목록 정보인 학과 이름, 과목 이름을 검색하라.

	이름	이름
1	소프트웨어공학과	데이터베이스관리
2	소프트웨어공학과	데이터베이스프로그래밍
3	컴퓨터공학과	SQL활용
4	경영정보학과	데이터베이스
5	경영정보학과	인터넷마케팅
6	연극영화과	연기실습
7	연극영화과	영화제작실습
8	연극영화과	영화마케팅

CHAPTER **10**

데이터베이스 프로그래밍

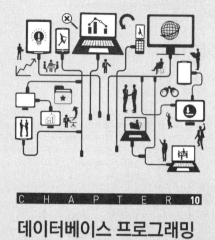

데이터베이스 프로그래밍

(학습목표)

- 데이터베이스 프로그래밍 절차를 설명할 수 있다.
- DBMS를 연동하는 응용 프로그램을 개발하는데 필요한 도구들을 설치할 수 있다.
- 프로그램 코드에서 SQL 문을 실행하는 방법을 설명할 수 있다.

데이터베이스 프로그래밍

데이터베이스 프로그래밍(database programming)은 데이터베이스를 관리하는 소프트웨어인 DBMS와 연동하여 응용 프로그램을 작성하는 것을 의미한다. 즉 응용 프로그램은 필요할 때마다 DBMS를 통하여 SQL 명령을 보내고 DBMS로부터 그 결과를 전달받아 사용한다. 다음 그림은 응용 프로그램에서 DBMS를 연동하는 절차를 도식화한 것이다.

그림 60 응용 프로그램에서 DBMS를 연동하는 절차

응용 프로그램과 DBMS 사이의 연동 절차를 구체적으로 살펴보면 다음과 같다.

연동 절차	내용
연결 요청	응용 프로그램이 DBMS에게 연결을 요청한다.이 과정에서 데이터베이스 이름,사용자 계정, 비밀번호가 필요하다.
연결 승인	DBMS는 응용 프로그램이 보낸 연결 요청 정보를 확인하고 문제가 없으면 연결을 승인 한다.
SQL 실행 요청	응용 프로그램은 DBMS에게 SQL문 실행을 요청한다.이 과정에서 SQL 문이 필요하다.
SQL 실행 결과 전송	DBMS는 응용 프로그램이 보낸 SQL문을 실행하고 문제가 없으면 그 결과를 응용 프로 그램에게 보낸다.
연결 해제 요청	응용 프로그램은 DBMS에게 연결 해제를 요청한다
연결 해제 승인	DBMS는 응용 프로그램이 보낸 연결 해제 요청을 실행하여 관련된 자원을 반환한다.

위 절차에서 'SQL 실행 요청'과 'SQL 실행 결과 전송'은 반복 수행될 수 있다.

SQL Server 연동 Java 프로그램 개발

응용 프로그램을 개발하는데 사용되는 프로그래밍 언어의 종류는 다양하다. 그래서 저자는 현재 많이 사용되는 윈도우 프로그래밍 언어인 Java로 작성한 프로그램에서 SQL Server DBMS와 어떻게 연동되는지를 설명하고자 한다.

2.1 Java 프로그램 개발 환경 구축

Java응용 프로그램을 개발하기 위해서는 JDK(Java Development Kit)가 필요하고, Java 응용 프로그램에서 DBMS를 연동하기 위해서는 JDBC(Java Database Connectivity)가 필요하다.

도구	내용
JDK	컴파일러, 디버거, 자바가상머신 등을 포함하고 있는 자바 소프트웨어 개발 환경
JDBC	자바에서 데이터베이스에 접속하여 SQL을 실행할 수 있도록 하는 자바 API(Application Programming Interface)

2.1.1 JDK

자바(Java)는 객체 지향 프로그래밍 언어다. 제임스 고슬링(James Gosling)이 다른 연구원들과 함께 가전제품 내에 탑재해 동작하는 프로그램으로 개발하였으나 현재는 웹과 모바일 응용 프로그램 개발에 많이 사용한다. 자바 프로그래밍 언어로 응용 프로그램을 개발하려면 자바 소프트웨어 개발 환경인 JDK(Java Development Kit)가 필요하다. JDK는 1995년에 썬 마이크로시스템즈사가 처음 출시하였으나 현재는 오라클사가 인수하여 개발 유지하고 있다. JDK에는 자바 프로그램 코드(.java 파일)를 자바 바이트 코드(.class파일)로 변환하는데 필요한 자바 컴파일러(Java Complier javac), 자바 바이트 코드를 실행하는데 필요한 자바가상머신(Java Virtual Machine, JVM) 등이 있다.

JDK를 사용하기 위해서는 다음과 같이 JDK 설치 파일 다운로드, JDK 설치 진행, JDK 실행 환경 설정 그리고 JDK 작동 확인의 과정을 거쳐야 한다.

(5) JDK 설치 파일 다운로드

http://www.oracle.com/technetwork/java/javase/downloads/에 접속하면 나타나는 다음과 같은 화면에서 JDK DOWNLOAD 버튼을 클릭한다. (또는 오라클 홈페이지(http://www.oracle.com/)에 접속하여 상단에 있는 Downloads 메뉴를 클릭한다. Java를 클릭한다 .Java 카테고리에 있는 JavaSE를 클릭하면 나타나는 다음과 같은 화면에서 JDK DOWNLOAD 버튼을 클릭한다.)

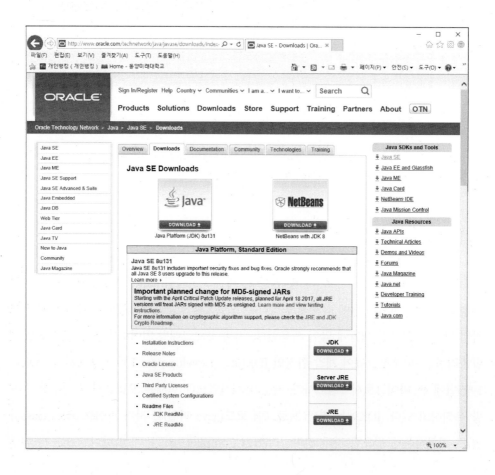

Java SE Development Kit 8u131에 대한 'Accept License Agreement'를 선택한다. 그리고 자신의 컴퓨터 운영체제에 맞는 파일을 다운로드 받는다. 저자는 Windows 10,32 비트 운영체제를 사용하기 때문에 Windows x86의 jdk-8u131-windows-i586.exe파일을 선택하였다. 여기서 8u131은 Version 8 Update 131을, windows는 운영체제를 의미한다. 자신의 운영체제는 바탕화면의 내 PC 아이콘에서 마우스 오른쪽 버튼을 누르면 나타나는 메뉴 중에서 속성을 선택하면 나타나는 시스템 창에서 확인할 수 있다.

저장버튼을 클릭한다.

download.oracle.com의 **jdk-8u131-windows-i586.exe**(191MB)을(를) 실행하거나 저장하시겠습니까?   실행(R)   저장(S) ▼   취소(C)   ×

jdk-8u131-windows-i586.exe 다운로드가 완료되었습니다.   실행(R)   폴더 열기(P)   다운로드 보기(V)   ×

(6) JDK 설치

다운로드 받은 파일을 더블클릭하여 실행시킨다.

jdk-8u131-windows-i586

Next 버튼을 클릭한다.

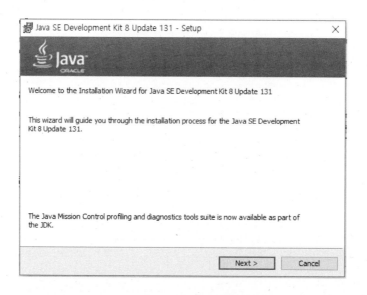

JDK를 설치할 폴더를 확인하고, Next 버튼을 클릭한다. 여기서 JDK 설치 경로는 우측 하단에 있는 Change 버튼을 이용하여 변경 가능하다.

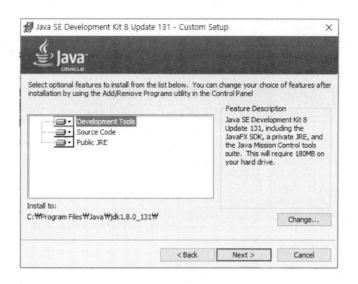

변경 버튼을 이용하여 JDK 설치 경로를 바꿀 수 있다. 다음 버튼을 클릭한다.

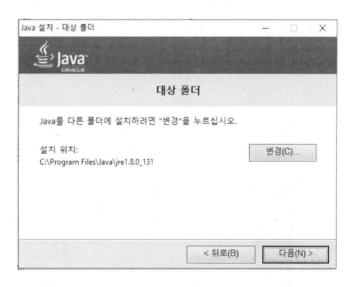

다음과 같은 설치 경로는 JDK 설치 후 수행 예정인 환경 설정에 필요하니 따로 메모장
에 적어두는 것이 좋다.

[JDK 설치 경로] C:\Program Files\Java\jdk1.8.0_131\

설치가 완료되면 Close 버튼을 클릭한다.

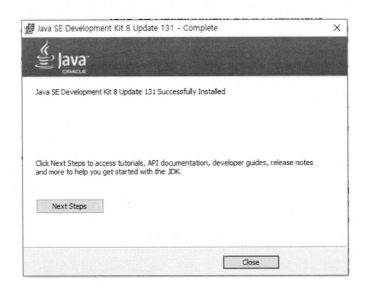

(7) JDK 실행 환경 설정

바탕화면의 내 PC 아이콘에서 마우스 오른쪽 버튼을 누르면 나타나는 메뉴 중에서 속성을 선택한다.

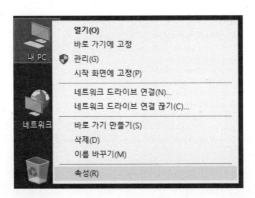

고급 시스템 설정을 클릭한다.

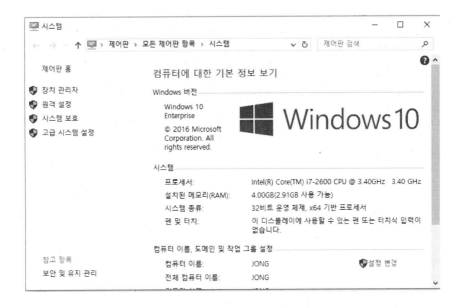

시스템 속성 창에서 고급 탭의 환경변수를 클릭한다.

환경 변수 창에서 다음과 같은 시스템 변수 JAVA_HOME과 CLASSPATH를 등록한다.

시스템 변수 이름	시스템 변수 값
JAVA_HOME	C:\Program Files\Java\jdk1.8.0_131
CLASSPATH	.;%JAVA_HOME%\jre\lib\ext

먼저 JAVA_HOME 변수를 등록해 보자.

이를 위해서는 먼저 시스템 변수 영역에 위치한 새로 만들기 버튼을 클릭한다.

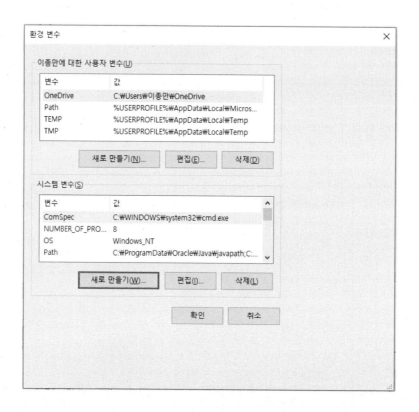

다음과 같은 새 시스템 변수 창에서 변수이름 JAVA_HOME과 변수 값 C:₩Program Files₩Java₩jdk1.8.0_131₩을 입력한다.

확인 버튼을 클릭한다.

CLASSPATH 변수 등록과 JAVA_HOME 변수 등록과정과 동일하다. 여기서는 CLASSPATH 변수 값에 .;을 반드시 입력해야 한다는 점에 주의하자.

환경 변수 창에서 시스템 변수 PATH에 다음과 같은 변수 값을 추가한다.

시스템 변수 이름	시스템 변수 값
PATH	%JAVA_HOME%\bin

이를 위해서는 먼저 다음과 같은 환경 변수 창에서 시스템 변수 Path를 선택하고 편집
버튼을 클릭한다.

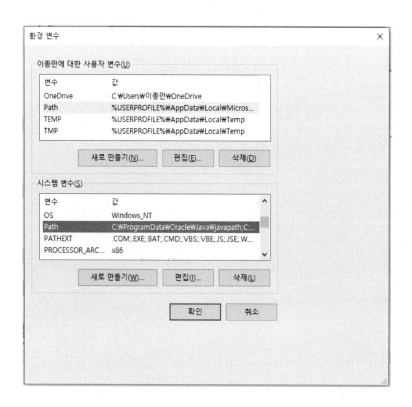

환경 변수 편집 창에서 새로 만들기 버튼을 클릭한다. %JAVA_HOME%₩bin를 입력하
고, 확인 버튼을 클릭한다. 여기서는 **%JAVA_HOME%₩bin**을 기존 변수 값의 제일 앞에
추가해야 한다는 점에 주의하자.

추가된 PATH 변수 값이 올바른지 확인한 후, 연달아 확인 버튼을 클릭해 나간다.

(8) JDK 작동 확인

JDK가 잘 작동하는지 확인하는 일반적인 방법은 다음과 같이 간단한 자바 프로그램을 작성하여 컴파일하고 실행시켜 보면 된다.

메모장을 열어서 다음과 같은 자바프로그램 코드를 작성하고, 파일 이름은 Hello-Database.java로 저장한다.


```java
public class HelloDatabase {
    public static void main(String[] args) {
        System.out.println("Hello, Database!");
    }
}
```

자바 프로그램은 대소문자를 구분하므로 입력할 때 주의해야 한다. 또한 메모장에서
작성한 자바 프로그램 코드를 저장할 때는 파일 확장자까지 포함된 파일 이름을 입력
해야 한다.

윈도우 시작을 클릭하고 검색창에서 cmd를 입력하고 Enter키를 누른다.

명령 프롬프트 창에서 HelloDatabase.java 파일이 저장된 폴더로 이동한 후, 해당 파일
을 컴파일하고 실행한다. 컴파일 명령어는 javac 이고 실행 명령어는 java이다.

명령어 프롬프트에 'Hello, Database!'가 제대로 출력되었다면 JDK가 제대로 설치되어 작동하는 것이다.

2.1.2 JDBC

JDBC(Java Database Connectivity)는 자바에서 데이터베이스에 접속하여 SQL을 실행할 수 있도록 하는 자바 API(Application Programming Interface)이다. JDBC를 사용하기 위해서는 다음과 같이 JDBC설치 파일을 다운로드하여 설치를 진행해야 한다.

(1) JDBC 설치 파일 다운로드

마이크로소프트 다운로드 센터(http://www.microsoft.com/ko-kr/download/)에 접속하면 jdbc로 검색한다.

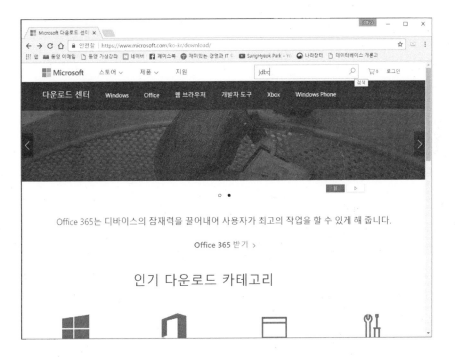

검색 결과 중에서 'Microsoft JDBC Driver 6.0 for SQL Server'를 클릭한다.

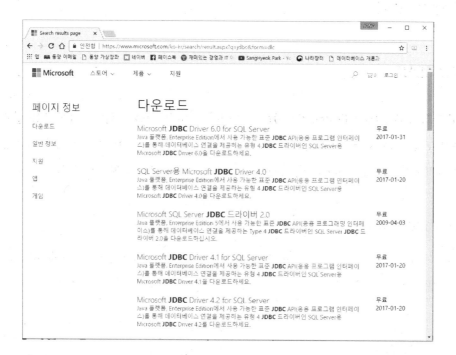

언어를 선택하고 다운로드 버튼을 클릭한다.

'kor₩sqljdbc_6.0.8112.100_kor.exe' 좌측에 에 V 표시한 후 우측 하단에 있는 다음 버튼을 클릭한다.

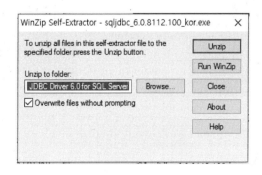

(2) JDBC 설치

다운로드 받은 파일을 더블클릭한다.

sqljdbc_6.0.8112.100_kor

Browse… 버튼을 이용하여 압축이 풀리는 폴더를 지정한 후, Unzip을 클릭한다.

확인 버튼을 클릭한다.

압축이 풀린 폴더로 이동하여 'sqljdbc42.jar'파일을 선택한다. 그리고 마우스 오른쪽 버튼을 누르면 나타나는 메뉴 중에서 복사를 선택한다.

■ 파일 위치

```
Microsoft JDBC Driver 6.0 for SQL Server\sqljdbc_6.0\kor\jre8
```

복사한 파일을 'C:\Program Files\Java\jdk1.8.0_131\jre\lib\ext' 폴더에 붙여넣는다. 여기서 제시한 폴더 위치는 이미 설치된 JDK 버전에 따라 다르니 주의하자. 또한 붙여넣기 실행 후 권한을 요구하면 이에 응해야 한다.

2.2 Java 프로그램 작성 및 실행 방법

Java 응용 프로그램과 SQL Server 연동에 필요한 JDK(Java Development Kit)와 JDBC (Java Database Connectivity) 설치를 마쳤으니, 이제 SQL Server와 연동하는 Java 프로그램을 작성하고 실행해 보자.

2.2.1 SQL Server에서 SQL 문장 확인

SQL Server Management Studio를 실행한다. 인증모드는 'SQL Server 인증'을 선택하고, 로그인은 big, 암호는 hit를 입력하고 연결 버튼을 클릭한다.

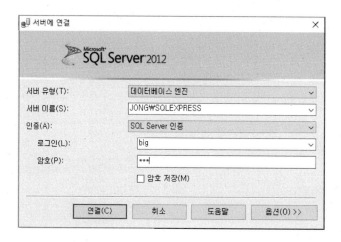

개체 탐색기 창에서 회원 테이블의 회원번호, 회원명, 등급, 주소 열 각각의 데이터 형식을 확인한다.

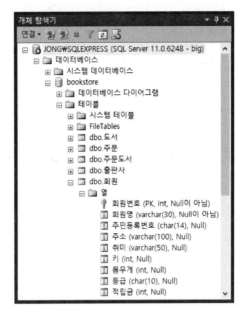

SQL Server Management Studio 상단에 있는 새 쿼리를 클릭하면 나타나는 쿼리창에 'SELECT 회원번호, 회원명, 등급,주소 FROM 회원;' SQL 문장을 입력하고,실행 버튼을 클릭한다.

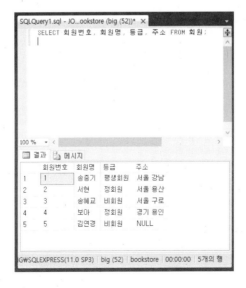

2.2.2 SQL Server 연동 Java 프로그램 코드 작성 및 실행

Java 프로그램에서 SQL Server를 연동하는 절차는 다음과 같다.

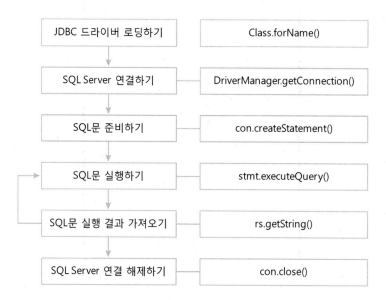

그림 61 Java 프로그램에서 SQL Server를 연동하는 절차

메모장을 열어서 다음과 같은 자바 프로그램 코드를 작성하고, 파일 이름은 show-Member.java로 저장한다.

```java
import java.io.*;
import java.sql.*;

public class showMember {

    public static void main(String args[]) {

        Connection conn = null;
        Statement stmt = null;
        ResultSet rs = null;
```

```
String url = "jdbc:sqlserver://localhost:1433;DatabaseName=bookstore;";
String user = "big";
String password = "hit";
 String query = "SELECT 회원번호, 회원명, 등급, 주소 FROM 회원";

// JDBC 드라이버 로딩하기
try {
    Class.forName("com.microsoft.sqlserver.jdbc.SQLServerDriver");
} catch(ClassNotFoundException e) {
    e.printStackTrace();
}

// SQL Server 연결하기
try {
    conn=DriverManager.getConnection(url, user, password);
} catch(SQLException e) {
    e.printStackTrace();
}

 try {

    // SQL문 준비하기
    stmt=conn.createStatement();

    // SQL문 실행하기
    rs=stmt.executeQuery(query);

    System.out.println(" 회원번호 \t회원명 \t\t등급 \t\t주소 ");

    // SQL문 실행결과 가져오기
    while(rs.next()) {
        System.out.print("\t"+rs.getInt("회원번호"));
        System.out.print("\t"+rs.getString("회원명"));
```

```
                    System.out.print("\t\t"+rs.getString("등급"));
                    System.out.println("\t"+rs.getString("주소"));
            }


            // SQL Server 연결 해제하기
            if(rs != null) rs.close();
            if(stmt != null) stmt.close();
            if(conn != null) conn.close();

        } catch(SQLException e) {
            e.printStackTrace();
        }
    }
}
```

자바 프로그램은 대소문자를 구분하므로 입력할 때 주의해야 한다. 또한 메모장에서 작성한 자바 프로그램 코드를 저장할 때는 파일 확장자까지 포함된 파일 이름을 입력해야 한다.

윈도우 시작을 클릭하고 검색창에서 cmd를 입력하고 Enter 키를 누른다.

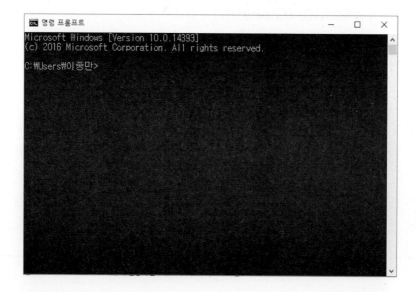

명령 프롬프트 창에서 showMember.java 파일이 저장된 폴더로 이동한 후, 해당 파일을 컴파일하고 실행한다. 컴파일 명령어는 javac고 실행 명령어는 java다.

명령어 프롬프트에서 showMember 자바 프로그램을 실행한 결과가 SQL Server Management Studio의 쿼리 결과창에 나타난 결과와 동일한지를 확인한다.

■ 자바 프로그램 실행 결과

회원번호	회원명	등급	주소
1	송중기	평생회원	서울 강남
2	서현	정회원	서울 용산
3	송혜교	비회원	서울 구로
4	보아	정회원	경기 용인
5	김연경	비회원	null

■ SQL 실행 결과

	회원번호	회원명	등급	주소
1	1	송중기	평생회원	서울 강남
2	2	서현	정회원	서울 용산
3	3	송혜교	비회원	서울 구로
4	4	보아	정회원	경기 용인
5	5	김연경	비회원	NULL

SQL Server 연동 JSP 프로그램 개발

응용 프로그램을 개발하는데 사용되는 프로그래밍 언어의 종류는 다양하다. 그래서 저자는 현재 웹과 모바일 응용 프로그램 개발에서 많이 사용되는 웹 프로그래밍 언어인 JSP를 이용하여 JSP 프로그램에서 SQL Server DBMS와 어떻게 연동하는지를 설명하고자 한다.

3.1 JSP 프로그램 개발 환경 구축

JSP 응용 프로그램을 개발하기 위해서는 JDK(Java Development Kit)가 필요하고, Java 응용 프로그램에서 DBMS를 연동하기 위해서는 JDBC(Java Database Connectivity)가 필요하며, 웹브라우저에서 JSP 페이지의 요청을 처리하고 그 결과를 전송하기 위해서는 아파치 톰캣(Apache Tomcat)이 필요하다.

도구	내용
JDK	컴파일러, 디버거, 자바가상머신 등을 포함하고 있는 자바 소프트웨어 개발 환경
JDBC	자바에서 데이터베이스에 접속하여 SQL을 실행할 수 있도록 하는 자바 API(Application Programming Interface)
아파치 톰캣	웹 서버와 연동하여 JSP를 실행할 수 있는 환경

3.1.1 아파치 톰캣 웹서버

(1) 아파치 톰캣 설치 파일 다운로드

❹ http://tomcat.apache.org/에 접속하면 나타나는 다음과 같은 화면 왼쪽에 있는 Download 메뉴 중에서 Tomcat 9를 클릭한다.

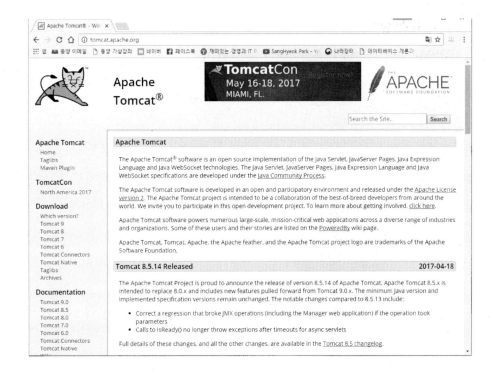

❹ 파일 중에서 '32-bit/64-bit Windows Service Installer'를 클릭한다.

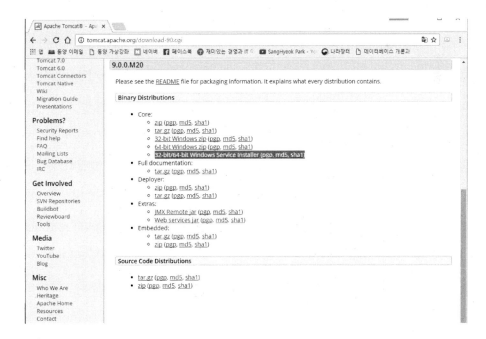

(2) 아파치 톰캣 설치

❶ 다운로드 받은 파일을 더블클릭하여 실행시킨다.

apache-tomcat-9.0.0.M20

❷ Next 버튼을 클릭한다.

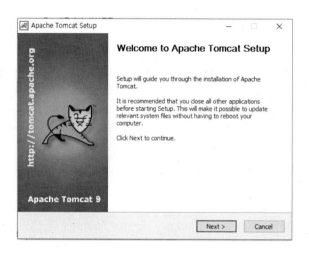

❸ I Agree 버튼을 클릭한다.

❹ 설치 세부사항은 기본값으로 두고 Next 버튼을 클릭한다.

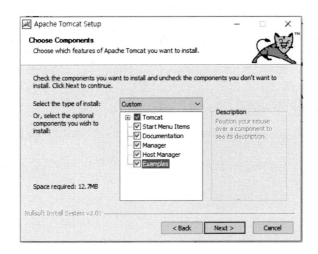

❺ 포트 번호 등을 기본값으로 두고 Next 버튼을 클릭한다.

❻ 폴더를 변경하고 Next 버튼을 클릭한다. 여기서 저자는 폴더를 'C:₩Program Files₩Java₩jdk1.8.0_131₩jre'로 변경하였다. jdk가 아니라 jre임에 주의하자.

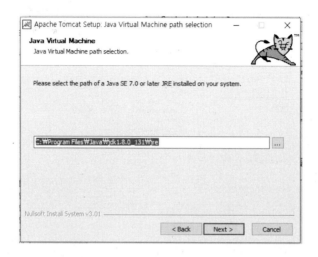

❼ 톰캣 설치 위치는 기본값을 두고 Install 버튼을 클릭한다.

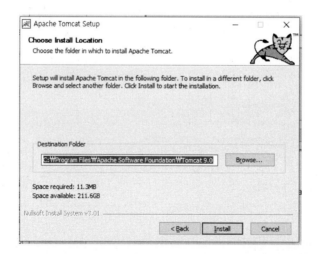

❽   설치가 끝나면 Finish 버튼을 클릭한다.

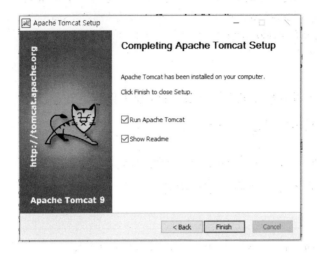

(3) 아파치 톰캣 작동 확인

웹 브라우저를 이용하여 http://localhost:8080/ 주소로 접속해 본다. 다음과 같은 화면이 나타나는지 확인한다.

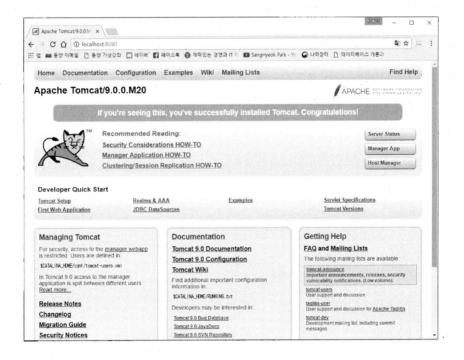

만약 위와 같은 화면이 나타나지 않으면 아파치 톰캣 서버 서비스를 시작하는 C:\Program Files\Apache Software Foundation\Tomcat 9.0\bin폴더의 startup.bat파일을 더블클릭해 본다. 참고로 shutdown.bat는 아파치 톰캣 서버 서비스를 종료한다.

아파치 톰캣의 작동여부를 확인하는 또 다른 방법은 다음과 같이 간단한 JSP프로그램을 작성하여 실행시켜 보는 것이다.

메모장을 열어서 다음과 같은 자바 프로그램 코드를 작성한다. JSP 프로그램은 대소문자를 구분하므로 입력할 때 주의해야 한다.

```
<%@ page language="java" contentType="text/html;charset=EUC-KR"%>
<html>
<body>
<%=new java.util.Date() %>
</body>
</html>
```

작성된 JSP 프로그램 코드는 C:₩Program Files₩Apache Software Foundation₩ Tomcat 9.0₩webapps₩ROOT폴더에 showNow.jsp라는 이름으로 저장한다. 메모장에서 작성한 JSP 프로그램 코드를 저장할 때는 파일 확장자까지 포함된 파일 이름을 입력해야 한다.

웹 브라우저를 실행시키고 주소 입력란에 http://localhost:8080/showNow.jsp라고 입력한 후 접속한다.

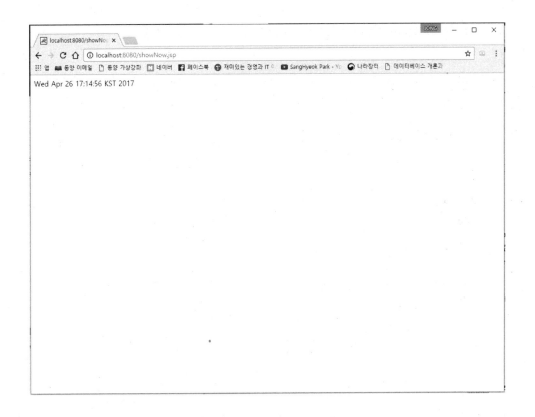

웹 브라우저 화면에 오늘의 날짜가 출력되면 아파치 톰캣이 잘 작동하는 것이다.

3.2 JSP 프로그램 작성 및 실행 방법

3.2.1 SQL Server에서 SQL 문장 확인

JSP 웹 프로그램에서도 자바 윈도우 프로그램 실습에서 사용한 SQL 문장 'SELECT 회원번호, 회원명, 등급, 주소 FROM 회원;'을 그대로 사용한다.

3.2.2 SQL Server 연동 JSP 프로그램 코드 작성 및 실행

메모장을 열어서 다음과 같은 JSP 프로그램 코드를 작성한다. JSP 프로그램은 대소문
자를 구분하므로 입력할 때 주의해야 한다.

```jsp
<%@ page import="java.sql.*" contentType="text/html;charset=EUC-KR"%>
<%
  Connection conn = null;
  Statement stmt = null;
  ResultSet rs = null;

  String url = "jdbc:sqlserver://localhost:1433;databaseName=bookstore";
  String user = "big";
  String password = "hit";
  String query="SELECT 회원번호, 회원명, 등급, 주소 FROM 회원";

  String no = null;
  String name = null;
  String grade = null;
  String address = null;

  // JDBC 드라이버 로딩하기
  Class.forName("com.microsoft.sqlserver.jdbc.SQLServerDriver");

  // SQL Server 연결하기
  conn = DriverManager.getConnection(url, user, password);

  // SQL문 준비하기
  stmt = conn.createStatement();

  // SQL문 실행하기
  rs=stmt.executeQuery(query);
%>
```

```html
<html>

<head>
<meta http-equiv="content-type" content="text/html; charset=euc-kr">
</head>

<body>
<table border="1">
<tr>
<td>회원번호</td>
<td>회원명</td>
<td>등급</td>
<td>주소</td>
</tr>

<%
    // SQL문 실행결과 가져오기
    if(rs!=null){
      while(rs.next()){
        no = rs.getString("회원번호");
        name = rs.getString("회원명");
        grade = rs.getString("등급");
        address = rs.getString("주소");
  %>

<tr>
<td><%=no%></td>
<td><%=name%></td>
<td><%=grade%></td>
<td><%=address%></td>
</tr>

<%
```

```
    }
  }

  // SQL Server 연결 해제하기
  if(rs != null) rs.close();
  if(stmt != null) stmt.close();
  if(conn != null) conn.close();
%>
</table>


</body>
</html>
```

작성된 JSP 프로그램 코드를 아파치 톰캣 기본 폴더(C:₩Program Files₩Apache Soft-
ware Foundation₩Tomcat 9.0₩webapps₩ROOT) 안에 showMember.jsp라는 이름
으로 저장한다. 메모장에서 작성한 JSP 프로그램 코드를 저장할 때는 파일 확장자까지
포함된 파일 이름을 입력해야 한다.

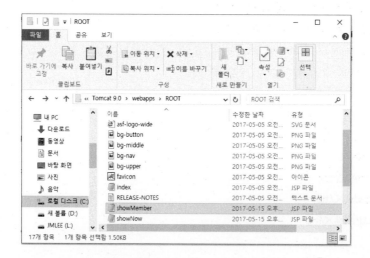

다음은 웹 브라우저를 이용하여 http://localhost:8080/showMember.jsp주소에 접속한 화면이다.

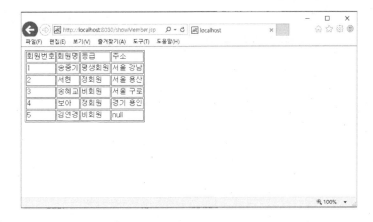

summary ▼

1. 데이터베이스 프로그래밍(database programming)은 DBMS와 연동하여 응용 프로그램을 작성하는 것을 의미한다. 이때 응용 프로그램은 필요할 때마다 DBMS를 통하여 SQL 명령을 보내고 DBMS로부터 그 결과를 전달받아 사용한다.

2. SQL Server와 연동하는 Java 프로그램을 개발하기 위해서는 JDK(Java Development Kit)와 JDBC(Java Database Connectivity)가 필요하다. 전자는 컴파일러, 디버거, 자바가상머신 등을 포함하고 있는 자바 소프트웨어 개발 환경이고, 후자는 자바에서 데이터베이스에 접속하여 SQL을 실행할 수 있도록 하는 자바 API(Application Programming Interface)다.

3. SQL Server와 연동하는 JSP 프로그램을 개발하기 위해서는 JDK(Java Development Kit)와 JDBC(Java Database Connectivity) 뿐만 아니라 추가적으로 웹서버가 필요하다. 웹브라우저에서 JSP 페이지의 요청을 처리하고 그 결과를 전송할 수 있는 아파치 톰캣(Apache Tomcat) 등을 웹서버라고 한다.

1. 다음과 같이 자신의 이름을 출력하는 JAVA 프로그램 ShowName.java를 작성하라.

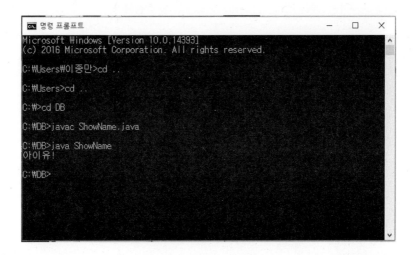

확인문제

2   다음과 같이 bookstore 데이터베이스의 도서 테이블에 저장되어 있는 도서번호, 도서명, 평점
    데이터를 출력하는 JAVA 프로그램 ShowBook.java를 작성하라.

3. 다음과 같이 bookstore 데이터베이스의 도서 테이블에 저장되어 있는 도서번호, 도서명, 저자, 가격, 평점 데이터를 출력하는 JSP프로그램 ShowBook.jsp를 작성하라.

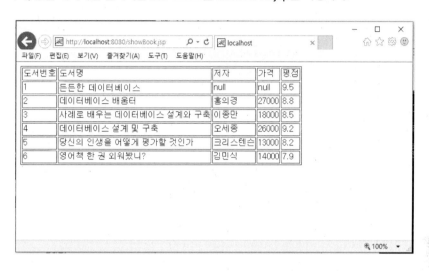

ER 모델

학습목표

- 개체의 의미를 설명할 수 있고, ERD 표기법으로 개체를 표현할 수 있다.
- 속성의 의미를 설명할 수 있고, ERD 표기법으로 속성을 표현할 수 있다.
- 관계의 의미를 설명할 수 있고, ERD 표기법으로 관계를 표현할 수 있다.
- 데이터베이스 실무에서 사용되는 주요 ERD 표기법을 사용할 수 있다.

ER 모델의 개념

개념적 데이터 모델은 현실 세계의 상황과 조건을 개체 집합, 속성 집합, 그리고 개체 집합 간의 관계 집합을 이용하여 추상적으로 표현한 것이다. 일련의 작업은 복잡한 현실의 단순화를 통하여 최종 사용자와 데이터베이스 설계자 간 의사소통에 도움을 주기도 한다. ER 모델(Entity-Relationship model)은 개념적 데이터 모델에서 대표적인 것이다.

ER 모델은 개체 집합, 속성 집합, 그리고 개체 집합 간의 관계 집합을 표현한 것이다. 따라서 ER 모델이 무엇인지 알려면 우선 집합(set)이 무엇인지 정확하게 이해하여야 한다.

1.1 집합과 원소

어떤 주어진 조건에 의하여 그 대상을 분명히 알 수 있는 것들의 모임을 집합(set)이라 하고, 집합을 구성하는 대상 하나 하나를 그 집합의 원소(element)라고 한다. 예를 들어 우리 반에서 키가 180cm이상인 학생들의 모임은 집합이라고 할 수 있으나 우리 반에서 데이터베이스를 잘하는 학생들의 모임은 대상을 명확하게 찾을 수 없기 때문에 집합이 아니다.

집합을 나타내는 방법에는 원소나열법과 조건제시법이 있다. 예를 들어 10이하인 소수의 집합을 A라고 하면,

원소나열법 : A = {2, 3, 5, 7}
조건제시법 : A = { x | x는 10이하인 소수}

로 나타낸다.

또 집합 사이의 관계를 생각할 때에는 벤 다이어그램(Venn diagram)을 이용하면 편리하다. 벤 다이어그램은 추상적인 집합 사이의 관계를 원이나 직사각형 등 직관적인 그림으로 구체화시켜서 표현하기 때문에 집합관계를 알기 쉽게 해 주는 장점이 있다. 예를 들어 10이하인 소수의 집합을 A라고 하면 벤 다이어그램은 다음과 같이 나타낸다.

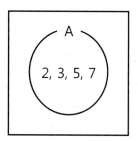

그림 1 벤과 벤다이어그램의 예

1.2 ER 모델

피터 첸(Peter Chen) 박사는 1976년 3월에 'The Entity-Relationship Model-Toward a Unified View of Data'라는 제목의 논문을 통하여 ER 모델(Entity-Relationship Model)을 제안하였다. ER 모델은 개체(entity)와 그들 간의 관계(relationship)를 이용하여 현실세계를 개념적 구조로 표현하는 방법이다. 개체는 독립적인 의미를 지니는 유형의 사람과 사물 물론 무형의 개념과 사건을 나타낸다. 그리고 개체의 특성을 나타내는 속성(attribute)을 가진다. 그래서 ER 모델에서는 현실세계에서 꼭 필요한 정보를 개체와 속성 그리고 관계로 규명하는 것이 중요하다. 다음 그림은 세상에서의 만남을 예로 들어 ER 모델을 설명하고 있다. 여기서 미혼 남성과 미혼 여성은 각각 사람 개체이며, 만남이라는 관계를 가지고 있다.

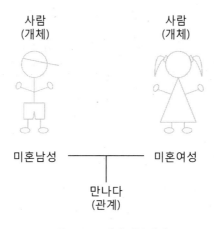

그림 2 ER 모델의 기본 개념

ER 모델은 개체와 개체 간의 관계를 ERD(ER Diagram; Entity-Relationship Diagram)로 나타낸다. ERD는 직사각형, 타원, 마름모 딱 세 개의 도형만으로 현실세계의 의미 정보(semantic information)를 직관적인 그림(diagram)으로 표현한다. 그래서 ERD는 쉽게 배울 수 있고, 전문 지식이 없는 사람도 이해하기 쉽다. 덕분에 데이터베이스 설계자와 최종 사용자 간의 의사소통 수단으로 많이 사용한다. 다음 그림은 연락정보 개체와 취미 개체 간의 관계를 ERD로 나타낸 것이다. 여기서 직사각형은 개체를, 타원은 속성을, 마름모는 관계를 표현하고 있다. 연락정보 개체는 취미 개체와 일대다(one-to-many)의 관계를 맺고 있다. 그리고 각각의 개체는 고유한 특성을 나타내는 속성을 가지고 있다.

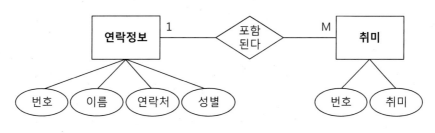

그림 3 ERD의 예

한편, ER 모델을 기반으로 만들어진 CASE 도구는 ERWin, DataArchitect 등이 있다. 전문적인 데이터베이스 설계자는 10개 이상의 개체 집합을 포함하는 데이터베이스 설계에는 CASE 도구를 사용한다. CASE 도구들은 ER 설계를 자동적으로 특정 DBMS의 데이터 정의어로 변환하므로 유용하다. 다만 CASE 도구에서 제공하는 표기법은 이 책에서 사용한 표기법과 다르다.

그러나 ER 모델은 네트워크형 모델, 계층형 모델, 관계형 모델과 같은 특정 데이터 모델이나 Oracle, MS SQL Server, MySQL과 같은 특정 데이터베이스 관리 시스템(DBMS)을 고려하지 않는다. ER 모델은 사람들이 현실세계를 보다 잘 이해할 수 있도록 표현한 개념적 구조이다.

ER 모델의 구성요소

2.1 개체

개체(entity)라는 것은 사람과 사물 같이 유형의 정보를 가지고 현실세계에 물리적으로 존재하는 실체 혹은 개념, 사건 등과 같이 무형의 정보를 가지고 추상적/개념적으로 존재하는 실체를 말한다. 예를 들어, 서점을 운영하는데 꼭 필요한 회원과도서는 물리적으로 존재하는 개체에 해당되며, 대학운영에 중요 데이터를 가지고 있는 강의, 과목, 수강 등은 추상적으로 존재하는 개체라고 할 수 있다.

| 회원 | 도서 | 강의 |

그림 4 개체의 예

개체는 독립적으로 존재하면서 서로 구별되는 특성을 가지고 있다. 그래서 개체는 다른 개체와 구별되는 이름을 가지고 있고, 각 개체만의 고유한 특성을 나타내는 속성을 하나 이상 가지고 있다. 이러한 고유 이름과 속성들로 정의한 개체를 개체 타입(entity type)이라고 부른다. 예를 들어 서점의 회원 개체는 회원이라는 고유한 이름과 함께 이름, 등급, 적립금등과 같은 속성들로 구성된다고 정의할 수 있다.

개체 인스턴스(entity instance) 또는 개체 어커런스(entity occurrence)란 개체를 구성하고 있는 속성들이 실제 값 또는 데이터를 가짐으로써 실체화된 형태의 개체를 말한다. 예를 들어, (송중기, 평생회원, 12300), (서현, 정회원, 6100), (백지은, 비회원, 500)은 회원 데이터 타입에 해당하는 개체 인스턴스들인데, 이렇게 하나의 개체 타입에는 여러 개의 개체 인스턴스가 존재할 수 있다. 또한, 특정한 개체 타입에 여러 개의 개체 인스턴스를 모아 놓은 것을 개체 집합(entity set)이라고 부른다.

다음은 지금까지 설명한 개체 타입, 개체 인스턴스, 개체 집합을 요약한 표이다.

표 1 개체 타입, 개체 집합, 개체 인스턴스

용어	의미	관계 모델
개체 타입	동일한 속성들을 가진 개체 인스턴스들의 틀	릴레이션의 내포
개체 집합	동일한 속성들을 가진 개체 인스턴스들의 모음	릴레이션의 외연
개체 인스턴스	개체 타입을 구성하는 속성들이 실제 값을 가진 것	데이터

다음은 서점의 회원 예를 통하여 개체 타입, 개체 인스턴스, 개체 집합을 표현한 것이다.

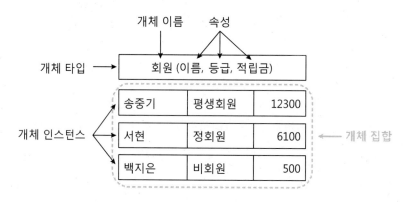

그림 5 개체 타입, 개체 인스턴스, 개체 집합의 예

한편 개체는 발생시점에 따라 다음과 같이 기본 개체, 중심 개체, 행위 개체로 구분할 수 있다.

첫째, 기본 개체는 원래 업무에 존재하는 정보이다. 기본 개체는 다른 개체와의 관계에 의하지 않고 독립적으로 생성되며 자신은 다른 개체의 부모 역할을 한다. 예를 들어, 회원, 도서, 출판사 등은 기본 개체라고 할 수 있다.

둘째, 중심 개체는 기본 개체에서 발생하고, 데이터 양이 많다. 중심 개체는 해당 업무에서 중심적인 역할을 하며, 다른 개체와의 관계를 통하여 행위 개체를 생성하기도 한다. 예를 들어, 주문, 배송 등은 중심 개체라고 할 수 있다.

셋째, 행위 개체는 두 개 이상의 부모 개체에서 발생되고, 내용이 빈번하게 변경되거나 데이터 양이 증가한다. 분석 초기에는 잘 나타나지 않을 수 있으며, 그래서 상세 설계 단계를 거치면서 찾아내곤 한다. 예를 들어, 주문 내역 등은 행위 개체라고 할 수 있다.

데이터베이스를 설계할 때 개체를 일부러 구분할 필요는 없지만, 개체 분류를 명확하게 하면 업무 분석에 효과적이다. 예를 들어, 발생시점에 따라 분류된 개체는 데이터베이스 설계 팀 내부 인원과 대화할 때나 현업과 대화할 때 많은 도움이 된다.

ERD에서 개체 타입은 직사각형으로 나타낸다. 개체 타입의 이름은 직사각형의 중앙에 표기하며, 일반적으로 개체 타입의 의미를 잘 나타내는 단수형 명사를 사용한다.

표 2 개체 타입 표기법과 사용 예

개체 타입 표기법	개체 타입 사용 예
이름	회원

개체의 이름을 적절하게 부여하는 것은 쉬운 일이 아니다. 데이터베이스 실무에서 한 개체의 이름 때문에 한달 정도를 계속 논의하는 경우도 있다. 심지어는 의견 조율이 안 되어 얼굴을 붉히는 사례도 빈번하다. 필자에게는 아들 한 명과 딸 한 명이 있는데 이 아이들의 이름을 아내와 상의하여 결정하는데 일주일을 넘기지 않았다. 결론만 놓고 보자면 어떤 경우에는 한 개의 개체 이름을 명명하는 것이 사람 이름을 짓는 것보다 더 많은 시간과 노력이 필요한 경우도 있다. 따라서 다음과 같은 일반적인 개체 명명 규칙을 따르는 것이 효과적이다.

첫째, 가능하면 현업 업무에서 사용하는 용어를 사용한다. 둘째, 약어는 가능하면 사용하지 않는다. 셋째, 단수 명사를 사용한다. 넷째, 모든 개체의 이름은 유일해야 한다. 다섯째, 개체 생성 의미대로 이름을 부여한다.

⊞ 약한 개체 타입

한편, 개체 타입에는 강한 개체 타입(strong entity type) 과 약한 개체 타입(weak entity type) 두 가지 종류가 있다. 강한 개체 타입은 다른 개체의 도움 없이 독자적으로 존재하며, 개체 타입 내에서 자신의 존재를 결정하는 속성을 가진다. 하지만 약한 개체 타입은 독자적으로 존재할 수 없고, 반드시 상위 개체 타입을 가진다. 그래서 하나 또는 그 이상의 부모 개체(parent entity set)로부터 물려받은 속성으로 자신의 존재 여부를 결정한다. 예를 들어, 조직에서 부양가족은 직원의 존재에 의존하므로 약한 개체 타입이라 할 수 있다. ERD에서 약한 개체 타입은 두 줄로 이루어진 직사각형으로 표시한다.

표 3 약한 개체 타입 표기법과 사용 예

약한 개체 타입 표기법	약한 개체 타입 사용 예
개체_이름	부양가족

2.2 속성

속성(attribute)은 개체의 특성이나 상태를 구체적으로 기술하고, 속성값(attribute value)은 개체의 특성이나 상태가 현실화된 값이다. 예를 들어, 이름, 등급, 적립금 등은 회원이라는 개체의 특성이나 상태를 설명할 수 있으므로 속성이라 할 수 있다. 송중기, 평생회원, 12300 등은 회원 속성이 현실화된 값이므로 속성값이라 할 수 있다.

ERD에서 속성은 기본적으로 타원으로 나타내고, 그 속성이 소속된 개체 타입에 실선으로 연결한다. 속성의 이름은 타원의 중앙에 표기하며, 일반적으로 속성의 의미를 잘 나타내는 단수형명사를 사용한다.

표 4 속성 표기법과 사용 예

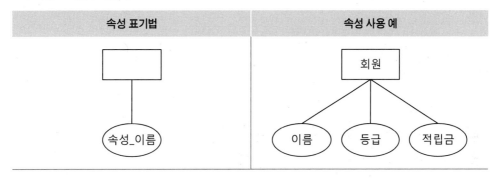

속성 표기법	속성 사용 예

✿ 식별자와 설명자

개체 인스턴스를 다른 개체 인스턴스들과 구별할 수 있게 하는 하나 또는 그 이상의 속성을 식별자(identifier)라고 하고, 개체를 설명하기 위해서만 존재하는 속성을 설명자(descriptor)라 한다. 예를 들어, 회원 개체의 번호 속성은 회원 인스턴스를 다른 인스턴스들과 구별할 수 있게 하는 하나의 속성이며, 도서 개체의 번호도 마찬가지다. 이러한 경우를 식별자라고 부른다.

ERD에서 식별자는 속성 이름에 밑줄을 그려 줌으로서 표시한다. 반면, 설명자는 속성 표시와 동일하다.

표 5 식별자 표기법과 사용 예

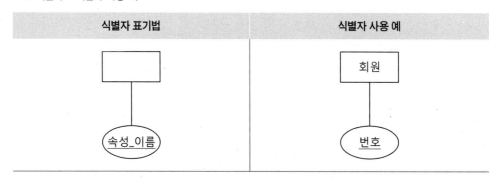

식별자 표기법	식별자 사용 예

❀ 복합 속성

복합 속성(composite attribute)은 독립적인 의미를 가진 몇 개의 기본적인 단순 속성으로 분해할 수 있는 속성이다. 예를 들어 성명은 성과 이름으로 다시 분해할 수 있는데 이를 복합 속성이라고 한다. 다음과 같은 회원 개체의 주소 속성도 우편번호, 기본주소, 상세주소로 다시 세분화할 수 있고, 생년월일도 년, 월, 일로 분해할 수 있는 복합 속성이다.

ERD에서 복합 속성은 다음과 같이 속성에 속성이 연결된 모습으로 표시한다

표 6 복합 속성 표기법과 사용 예

복합 속성 표기법	복합 속성 사용 예

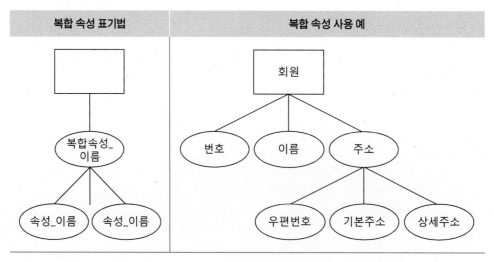

⊞ 다중값 속성

다중값 속성(multi-valued attribute)은 하나의 속성이 여러 개의 속성값을 가지는 속성이다. 예를 들어, 연락처는 집 전화번호, 휴대폰 번호 등과 같이한 사람이 여러 개를 가질 수 있기 때문에 다중값 속성이다. 취미 역시 컴퓨터 게임, 다이어트 댄스 등의 값을 가질 수 있고, 자격증도 정보처리산업기사, 컴퓨터활용능력 등의 값을 가질 수 있으므로 다중값 속성이다. 또한, 학위도 한 사람이 전문 학사를 취득한 후 학사를 취득하고 석사를 취득하는 등 여러 개의 학위를 가질 수 있으므로 다중값 속성이다

ERD에서 다중값 속성은 두 줄로 이루어진 타원(이중선)으로 표시한다.

표 7 다중값 속성 표기법과 사용 예

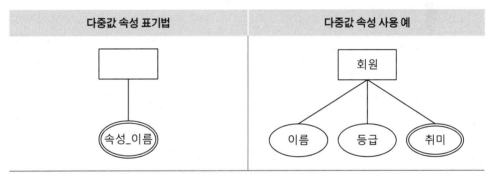

다중값 속성 표기법	다중값 속성 사용 예

⊞ 유도 속성

유도 속성(derived attribute)은 다른 속성이나 개체가 가지고 있는 값으로부터 유도되어 결정되는 속성 값이다. 이때 유도 속성을 생성하는데 사용된 속성을 저장 속성(stored attribute)이라 부른다. 예를 들어 나이는 생년월일에서 현재 날짜를 빼면 구할 수 있는 유도 속성이다. 이때 생년월일은 저장 속성이 된다.

ERD에서 유도 속성은 점선으로 표시한다.

표 8 유도 속성 표기법과 사용 예

유도 속성 표기법	유도 속성 사용 예
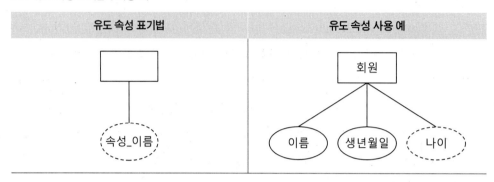	

2.3 관계

현실세계를 표현하는 또 다른 중요한 개념 중 하나인 **관계(relationship)는 개체와 개체가 맺고 있는 의미 있는 연관성**을 나타낸다. 그리고 관계는 개체와 개체가 존재의 행태나 행위로서 서로에게 영향을 준다. 예를 들어 서점에서 '출판사가 도서를 공급한다'라고 할 때, '출판사' 개체 타입과 '도서' 개체 타입은 '공급한다'라는 개념으로 연결된다. 이러한 개체 간의 연관성을 관계라고 한다.

도서는 속해 있는 출판사가 존재하므로 개체가 존재하는 형태로서 관계가 형성되어 있는 경우에 해당되고, 주문은 회원이 수행한다라는 행위가 발생되었기 때문에 관계가 형성되어 있는 경우에 해당된다. 여기서 존재에 의한 관계는 기본 개체 사이에 형성되는 경우가 많이 있다. 반면에 행위에 의한 관계는 중심, 행위 개체로부터 이벤트가 발생함에 따라 형성되는 경우가 많이 있다.

ERD에서 관계는 기본적으로 마름모로 나타낸 후 그 관계 타입이 관련된 개체 타입에 실선으로 연결한다. 관계의 이름은 마름모의 중앙에 표기하며, 일반적으로 관계의 의미를 잘 나타내는 단수형 동사를 사용한다. 지금까지 설명한 관계의 예를 ERD로 표기하면 다음과 같다.

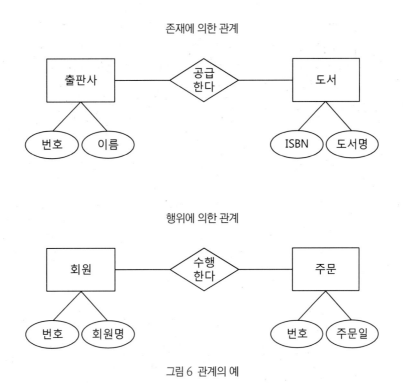

그림 6 관계의 예

이제 관계 타입, 관계 인스턴스, 그리고 관계 집합에 대해 살펴보자.

관계 타입(relationship type)은 개체 타입과 개체 타입 간의 연결 가능한 관계를 정의한 것이다. 관계 인스턴스(relationship instance)는 관계가 현실화된 형태를 말한다. 하나의 관계 타입에는 여러 개의 관계 인스턴스가 존재할 수 있다. 특정한 관계 타입에 여러 개의 관계 인스턴스를 모아 놓은 것을 관계 집합(relationship set)이라고 부른다. 다음 그림은 '출판사' 개체와 '도서' 개체 사이의 '공급한다' 관계를 예를 들어 관계 타입과 관계 인스턴스, 그리고 관계 집합을 설명하고 있다.

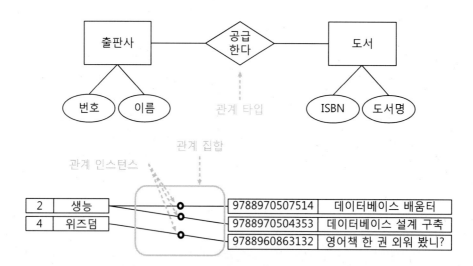

그림 7 관계 타입, 관계 인스턴스, 관계 집합의 예

위 그림에서는 '생능' 출판사는 '데이터베이스 배움터', '데이터베이스 설계 구축' 도서를 공급하는 관계로 표현되어 있고, '위즈덤' 출판사는 '영어책 한 권 외워 봤니?'라는 이름의 도서를 공급하고 있다.

관계의 차수 특성

관계의 차수(degree)는 특정한 관계에 연결된 개체의 개수를 의미한다. 따라서 차수에는 1차, 2차, 3차, … n차가 있다. 즉, 개체가 자기 자신과 관계를 갖는 1차, 두 개의 개체를 연결하는 2차, 세 개의 개체를 연결하는 3차 등이 있다. 하지만 현실 세계에서 가장 흔한 차수는 2차이다. 다음 그림은 1차, 2차, 3차 관계의 ERD 표기법을 보여준다.

표 9 ERD에서 관계 차수의 표기법

관계의 차수	ERD 표기법
1차	

관계의 차수	ERD 표기법
2차	
3차	

한편 3차 이상의 관계는 향후 데이터베이스 구축 과정의 수월성을 위하여 2차 관계로 변환하는 것이 일반적이지만, 주의를 기울여야 한다.

관계의 카디낼리티(대응수) 특성

관계 카디낼리티(cardinality) 또는 대응수(mapping cardinality)는 하나의 관계에 실제로 참여할 수 있는 인스턴스의 수를 의미한다. 카디낼리티는 모델링하려는 현실세계의 시나리오로부터 유도된다. 카디낼리티는 또한 관계에 참여하는 인스턴스들의 가능한 조합을 제한한다. 가장 일반적인 카디낼리티 표현 방법은 일대일(1 : 1), 일 대 다(1 : M), 다 대 다(M : N)가 있다. 여기서 다는 많음(many)을 의미하는 값이고, 2, 3, 4, ….를 말한다. 이러한 관계 유형을 집합 개념으로 표현하면 다음과 같다.

표 10 집합 개념으로 표현한 관계 유형

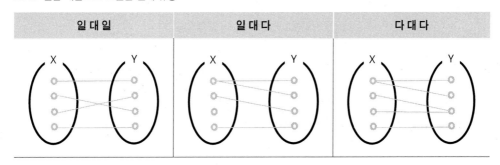

다음 그림은 일 대 일, 일 대 다, 다 대 다 관계 카디낼리티의 ERD 표기법을 보여준다.

표 11 ERD에서 관계 카디낼리티의 표기법

관계의 카디낼리티	ERD 표기법	설명
일 대 일	1 ◇ 1	하나의 개체가 하나의 개체에 대응
일 대 다	1 ◇ M	하나의 개체가 여러 개의 개체에 대응
다 대 다	M ◇ N	여러 개의 개체가 여러 개의 개체에 대응

❸ 일 대 일(1 : 1; One To One) 관계

집합 X에 포함된 각 원소가 집합 Y의 원소 하나와 관계를 맺을 수 있고, 집합 Y의 각 원소도 집합 X의 원소 하나와 관계를 맺을 수 있다면, 두 집합 간의 관계는 일 대 일 관계다.

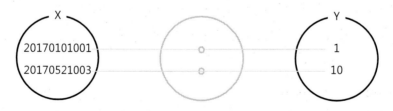

그림 8 집합 X와 집합 Y 간의 일 대 일 관계

이것을 ER 모델에 적용해 보면, **일 대 일 관계란 관계에 참여하는 각각의 인스턴스가 관계를 맺는 다른 인스턴스에 대해 단지 하나의 관계만을 가지는 것을** 의미한다. 예를 들어, '주문' 개체 집합과 '배송' 개체 집합 사이에는 '포함한다'라는 관계가 존재한다. 그런데 '주문 한 건은 배송 한 건만 포함하고, 배송 한 건도 주문 한 건에만 포함한다'라면, 두 개체 집합의 포함 관계는 일 대 일 관계가 된다.

그림 9 주문 개체 집합과 배송 개체 집합간의 일 대 일 관계

이와 같은 일 대 일 관계를 ERD로 표현하면 다음과 같다.

그림 10 주문 개체 타입과 배송 개체 타입의 일 대 일 관계 ERD

일 대 다(1 : M; One to Many) 관계

집합 X에 포함된 각 원소는 집합 Y의 원소 여러 개와 관계를 맺을 수 있지만, 집합 Y의 각 원소는 집합 X의 원소 하나와만 관계를 맺을 수 있다면, 두 집합 간의 관계는 일 대 다 관계다.

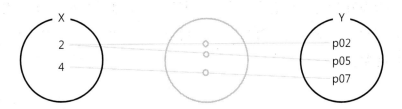

그림 11 집합 X와 집합 Y 간의 일 대 다 관계

일 대 다 관계는 일상 생활에서 자주 볼 수 있는 관계이다. 집합 개념을 ER 모델에 적용해 보면, 일 대 다 관계란 관계에 참여하는 각각의 인스턴스는 관계를 맺는 다른 개체

의 인스턴스에 대해 하나 이상의 수와 관계를 가지지만, 반대 방향은 단지 하나의 관계만 가지는 것을 의미한다. 예를 들어, 서점에서는 '출판사' 개체 집합과 '도서' 개체 집합 사이에는 '공급한다'라는 관계가 존재한다. '한 출판사는 여러 권의 도서를 공급할 수 있지만, 도서는 한 권은 한 곳의 출판사에서만 공급된다'라면, 두 개체 집합의 공급 관계는 일 대 다 관계가 된다.

그림 12 출판사 개체 집합과 도서 개체 집합간의 일 대 다 관계

이와 같은 일 대 다 관계를 ERD로 표현하면 다음과 같다.

그림 13 출판사 개체 타입과 도서 개체 타입의 일 대 다 관계 ERD

⌗ 다 대 다(M : N; Many to Numerous) 관계

집합 X에 포함된 각 원소가 집합 Y의 원소 여러 개와 관계를 맺을 수 있고, 집합 Y의 각 원소도 역시 집합 X의 원소 여러 개와 관계를 맺을 수 있다면, 두 집합 간의 관계는 다 대 다 관계다.

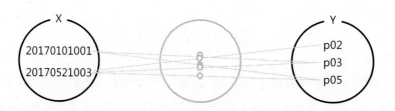

그림 14 집합 X와 집합 Y 간의 다 대 다 관계

이것을 ER 모델에 적용해 보면, 다 대 다 관계란 관계에 참여하는 각각의 인스턴스는 관계를 맺는 다른 개체의 인스턴스에 대해 하나 이상의 수와 관계를 가지며, 반대 방향도 동일하게 관계에 참여하는 각각의 인스턴스가 다른 개체의 인스턴스에 대해 하나 이상의 수와 관계를 가지는 것을 의미한다. 예를 들어, '주문' 개체 집합과 '도서' 개체 집합 사이에는 '포함된다'라는 관계가 존재한다. 그런데 '주문 한 건에는 여러 권의 책이 포함될 수 있고, 책 한 권도 여러 주문에 포함될 수 있다'라면, 두 개체 집합의 포함 관계는 다 대 다 관계가 된다.

그림 15 주문 개체 집합과 도서 개체 집합간의 다 대 다 관계

이와 같은 다 대 다 관계를 ERD로 표현하면 다음과 같다.

그림 16 주문 개체 타입과 도서 개체 타입의 다 대 다 관계 ERD

❀ 관계의 참여 제약 조건 특성

관계의 존재성(existence)이라고 부르기도 하는 참여 제약 조건은 개체 집합에 포함된 모든 개체 인스턴스가 관계에 필수적으로 참여하는 관계(mandatory)를 의미하는 전체 참여와 일부만 선택적으로 참여하는 관계(optional)를 의미하는 부분 참여로 구분할 수 있다. 전자는 ERD에서 두줄 실선으로 표현하고, 후자는 단일 실선으로 표현한다.

표 12 관계의 참여 제약 조건 표기법

관계의 참여 제약 조건	ERD 표기법
전체 참여	
부분 참여	

서점의 예에서 '회원'의 경우 휴먼 회원 등의 이유로 주문을 수행하지 않는 회원도 있으므로 '주문'과의 '수행하다' 관계는 부분 참여를 맺는다. 하지만 '주문'의 경우 주문을 수행하는 회원은 반드시 있다고 가정하므로 회원에 의해 '수행되다' 관계는 전체 참여를 맺는다. 이것을 ERD로 표현하면 다음과 같다.

그림 17 회원 개체 타입과 주문 개체 타입 간의 참여 제약 조건 ERD

다양한 ER 모델 표기법

지금까지 본 장에서 사용한 ERD 표현은 피터 첸(Peter Chen)이 제안한 표기법이다. 이 표기법은 비교적 간단한 현실세계를 수작업으로 표현하는데 유용하다.

하지만 실제 조직의 데이터베이스는 수십 개에서 200개 정도의 속성을 갖는 개체도 발견되곤 한다. 첸이 제안한 ERD 표기법은 이렇게 수십 개 이상의 속성이 연결된 개체를 다이어그램으로 나타내는데 불편할 수 있다. 그래서 데이터베이스 실무에서나 ERWin 등의 CASE 도구에서 많이 사용하는 표기법들을 소개한다.

표 13 다양한 ERD 표기법

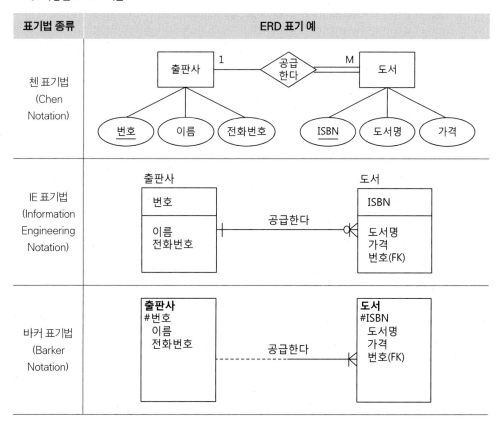

표기법 종류	ERD 표기 예
첸 표기법 (Chen Notation)	출판사 — 1 — 공급한다 — M — 도서 / 번호, 이름, 전화번호 / ISBN, 도서명, 가격
IE 표기법 (Information Engineering Notation)	출판사: 번호 / 이름, 전화번호 — 공급한다 — 도서: ISBN / 도서명, 가격, 번호(FK)
바커 표기법 (Barker Notation)	출판사: #번호, 이름, 전화번호 — 공급한다 — 도서: #ISBN, 도서명, 가격, 번호(FK)

summary ▼▼▼

1. ER 모델은 개체와 그들 간의 관계를 이용하여 현실세계를 개념적 구조로 표현하는 방법이다. ER 모델은 특정 데이터 모델이나 특정 데이터베이스 관리 시스템을 고려하지 않는다. 그래서 ER 모델은 사람들이 현실세계를 잘 이해할 수 있도록 돕는다.

2. 개체(entity)라는 것은 사람과 사물 같이 유형의 정보를 가지고 현실세계에 물리적으로 존재하는 실체 혹은 개념, 사건 등과 같이 무형의 정보를 가지고 추상적/개념적으로 존재하는 실체를 말한다. 개체는 독립적으로 존재하면서 서로 구별되는 특성을 가지고 있다. 그래서 개체는 다른 개체와 구별되는 이름을 가지고 있고, 각 개체만의 고유한 특성을 나타내는 속성을 하나 이상 가지고 있다. 이러한 고유 이름과 속성들로 정의한 개체를 개체 타입(entity type)이라고 부른다. 개체 인스턴스(entity instance) 또는 개체 어커런스(entity occurrence)란 개체를 구성하고 있는 속성들이 실제 값 또는 데이터를 가짐으로써 실체화된 형태의 개체를 말한다.

3. ERD에서 개체 타입은 직사각형으로 나타낸다. 개체 타입의 이름은 직사각형의 중앙에 표기하며, 일반적으로 개체 타입의 의미를 잘 나타내는 단수형 명사를 사용한다. ERD에서 약한 개체 타입은 두 줄로 이루어진 직사각형으로 표시한다.

4. 속성(attribute)은 개체의 특성이나 상태를 구체적으로 기술하고, 속성값(attribute value)은 개체의 특성이나 상태가 현실화된 값이다. ERD에서 속성은 기본적으로 타원으로 나타내고, 그 속성이 소속된 개체 타입에 실선으로 연결한다. 속성의 이름은 타원의 중앙에 표기하며, 일반적으로 속성의 의미를 잘 나타내는 단수형 명사를 사용한다.

5. 개체 인스턴스를 다른 개체 인스턴스들과 구별할 수 있게 하는 하나 또는 그 이상의 속성을 식별자(identifier)라고 하고, 개체를 설명하기 위해서만 존재하는 속성을 설명자(descriptor)라 한다.ERD에서 식별자는 속성 이름에 밑줄을 그려 줌으로서 표시한다. 반면, 설명자는 속성 표시와 동일하다.

6. 복합 속성(composite attribute)은 독립적인 의미를 가진 속성으로 분해할 수 있는 속성이다. ERD에서 복합 속성은 속성에 속성이 연결된 모습으로 표시한다.

summary ▼

7. 다중값 속성(multi-valued attribute)은 하나의 속성이 여러 개의 속성값을 가지는 속성이다. ERD에서 다중값 속성은 두 줄로 이루어진 타원으로 표시한다.

8. 관계(relationship set)란 개체와 개체 사이의 의미 있는 연관, 즉 개체와 개체가 존재의 행태나 행위로서 서로에게 영향을 주는 형태이다. ERD에서 관계 타입은 기본적으로 마름모로 나타낸 후 그 관계 타입이 관련된 개체 타입에 실선으로 연결한다. 관계 타입의 이름은 마름모의 중앙에 표기하며, 일반적으로 관계 타입의 의미를 잘 나타내는 단수형 동사를 사용한다.

9. 관계의 특성 중 하나인 관계의 차수(degree)는 특정한 관계에 연결된 개체의 개수를 의미한다. 따라서 차수에는 1차, 2차, 3차, … n차가 있다. 즉, 개체가 자기 자신과 관계를 갖는 1차, 두 개의 개체를 연결하는 2차, 세 개의 개체를 연결하는 3차 등이 있다.

10. 관계의 카디낼리티(cardinality)는 하나의 관계에 실제로 참여할 수 있는 인스턴스의 수를 의미한다. 가장 일반적인 카디낼리티 표현 방법은 일 대 일(1 : 1), 일 대 다(1 : M), 다 대 다(M : N)가 있다. 여기서 다는 많음(many)을 의미하는 값이고, 2, 3, 4, ….를 말한다.

11. 관계의 존재성(existence)은 필수적인 참여 관계(mandatory)인지, 아니면 선택적인 참여 관계(optional)인지 여부이다. ERD에서 존재성은 개체와 관계를 연결하는 선과 직교하는 ㅣ 또는 o를 사용하여 반드시 존재 또는 임의 존재를 표시한다.

1. (　　　) 박사는 1976년 3월에 논문 지를 통하여 ER 모델(Entity-Relationship Model)을 제안하였다.

2. 개체는 발생시점에 따라 (　　　) 개체, (　　　) 개체, (　　　) 개체로 구분할 수 있다.

3. ERD에서 개체는 (　　　)으로 표시한다.

4. ERD에서 속성은 (　　　)으로 표시한다.

5. ERD에서 관계는 (　　　)으로 표시한다.

6. 관계의 (　　　)는 특정한 관계에 연결된 개체의 개수를 의미한다.

7. 관계의 (　　　)는 하나의 관계에 실제로 참여할 수 있는 인스턴스의 수를 의미한다.

8. 개체타입, 개체 집합, 개체 인스턴스를 예를 들어 설명하시오.

9. ER 모델의 구성요소를 열거하고 설명하시오.

10. ERD에서 관계 카디낼리티를 표시하는 3가지 방법을 예를 들어 설명하시오.

CHAPTER **12**

정규화

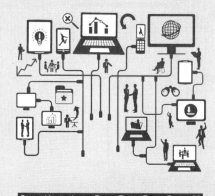

정규화

학습목표

- 삽입 이상을 예를 들어 설명할 수 있다.

- 삭제 이상을 예를 들어 설명할 수 있다.

- 수정 이상을 예를 들어 설명할 수 있다.

- 제 1 정규화 과정을 예를 들어 설명할 수 있다.

- 제 2 정규화 과정을 예를 들어 설명할 수 있다.

- 제 3 정규화 과정을 예를 들어 설명할 수 있다.

이상 현상

이상 현상(anomaly)은 테이블에 데이터를 삽입할 때 불필요한 NULL이 삽입되거나, 삭제 시 연쇄 삭제 현상이 발생하거나 혹은 수정 시 데이터의 일관성이 깨지는 현상을 말한다. 이 절에서는 잘못 설계된 데이터베이스가 어떤 이상 현상을 발생시키는지를 회원정보와 주문정보를 저장하는 다음 그림과 같은 회원주문 테이블을 예로 들어 살펴보겠다.

회원주문

도서번호	회원명	주소	주문번호	주문일자	도서명
1	송중기	강남	20170116001	2017-01-16	인생평가
2	서현	용산	20170521001	2017-05-10	DB설계와 구축
1	송중기	강남	20170521003	2017-05-21	DB배움터

그림 1 회원주문 테이블

회원주문 테이블에서 필요한 정보를 검색할 때는 문제가 발생하지 않지만, 테이블에 저장된 데이터를 조작할 때는 다음과 같이 삽입 이상, 삭제 이상, 수정 이상 문제가 발생한다.

1.1 삽입 이상

삽입 이상(insertion anomaly)은 데이터 삽입 시 특정 열에 해당하는 값이 없어서 필요하지 않은 NULL을 강제로 입력해야 하는 현상을 의미한다. 예를 들어, 김연경이 신규 회원으로 가입을 신청하였다. 그래서 회원번호, 회원명, 주소 열 값을 입력하였다. 그러나 김연경 회원은 아직 어떤 주문도 하지 않은 상태라서 주문번호, 주문일자, 도서명은 NULL을 입력하였다. 그러나 NULL은 특별하게 처리되므로 문제가 발생할 수 있기 때문에 가능한 한 테이블에 없어야 한다. 이와 같이 필요하지 않으며 원하지도 않는 데이터를 삽입해야만 하는 현상을 삽입 이상이라고 부른다.

도서번호	회원명	주소	주문번호	주문일자	도서명
1	송중기	강남	20170116001	2017-01-16	인생평가
2	서현	용산	20170521001	2017-05-10	DB설계와 구축
1	송중기	강남	20170521003	2017-05-21	DB배움터
5	김연경	페루	?	?	?

그림 2 삽입 이상 예

1.2 삭제 이상

삭제 이상(deletion anomaly)은 데이터 삭제 시 유용한 다른 데이터까지 함께 삭제되는 현상을 의미한다. 예를 들어, 서현 회원이 주문을 취소하여 DELETE 명령문으로 두 번째 행을 삭제하였다. 그런데 삭제 후 서현 회원의 회원번호, 회원명, 주소 데이터도 함께 없어져버렸다. 서현 회원의 주문만을 취소하려고 했지만 의도와는 달리 서현 회원의 기본 정보도 함께 삭제된 것이다. 이와 같이 하나의 행을 삭제할 때 유지되어야 할 데이터까지도 함께 삭제되는 연쇄 삭제(triggered deletion) 문제가 발생하여 데이터 손실이 발생하는 현상을 삭제 이상이라고 부른다.

도서번호	회원명	주소	주문번호	주문일자	도서명
1	송중기	강남	20170116001	2017-01-16	인생평가
2	서현	용산	20170521001	2017-05-10	DB설계와 구축
1	송중기	강남	20170521003	2017-05-21	DB배움터

그림 3 삭제 이상 예

1.3 수정 이상

수정 이상(update anomaly)은 중복 데이터 중에서 일부만 수정되어 데이터의 불일치 (inconsistency) 문제가 발생하는 현상을 의미한다. 예를 들어, 만약 송중기 회원이 이사를 해서 강남이 아닌 구로로 주소가 변경되었다. 그런데 만약 송중기 회원의 최근 주문 데이터인 2017년 5월 21일 행에 대해서만 주소를 강남에서 구로로 수정한다면, 첫 번째 행에는 송중기 회원의 주소가 여전히 강남으로 남아 있기 때문에 SELECT 문으로 검색을 했을 때 주소가 두 군데서 조회되어 데이터의 일관성이 깨지는 불일치 문제가 발생한다. 이와 같이 중복된 행 중에서 일부 열의 값만 수정시켜서 데이터의 킴으로써 수정 이상(update anomaly)은 중복 데이터 중에서 일부만 수정되어 데이터의 불일치가 발생하는 것을 수정 이상이라고 부른다.

도서번호	회원명	주소	주문번호	주문일자	도서명
1	송중기	강남	20170116001	2017-01-16	인생평가
2	서현	용산	20170521001	2017-05-10	DB설계와 구축
1	송중기	강남구로	20170521003	2017-05-21	DB배움터

그림 4 수정 이상 예

정규화

정규화(normalization)란 이상 현상(anomaly)이 발생하는 테이블의 설계를 수정하여 정상으로 만드는 과정을 말한다. 좀 더 현학적으로 설명하면, 정규화는 관계형 데이터베이스에 저장될 데이터의 구조를 중복을 최소화할 수 있는 구조로 만드는 프로세스다. 그래서 정규화는 이상 현상이 있는 관계를 재구성하여 작고 잘 조직되고 서로 독립적인 관계를 갖는 별개의 테이블로 표현하는 것을 목표로 삼는다. 이렇게 표현된 테이블이 어떤 특정의 제약 조건을 만족하면 그 제약조건으로 정의된 정규형(NF; Normal Form)에 속하게 된다.

데이터베이스 실무에서는 보통 관계형 데이터베이스 테이블이 1970년에 도입된 제 1 정규형(1NF), 1971년에 정의된 제 2 정규형(2NF)와 제 3 정규형(3NF)가 되었으면 정규화가 되었다고 본다. 하지만 이론적으로는 그 이후에 정의된 보이스-코드 정규형(Boyce/Codd Normal Form,BCNF), 제 4정규형(4NF), 제 5정규형(5NF)및 비교적 최근인 2002년에 소개된 제 6 정규형(6NF)가 되어야 완전하게 정규화가 되었다고 본다. 여기서 차수가 높아지면 만족시켜야 하는 제약조건도 많아진다고 생각하면 된다.

2.1 제 1 정규형

관계형 데이터베이스 테이블에서 **하나의 셀에는 하나의 값만 저장할 수 있다**는 제약조건이 있다. 어떤 테이블의 모든 셀이 단일 값만으로 구성되어 있으면 제 1 정규형이라고 부른다. 반면에 한 셀에 여러 값이 들어가 있으면 제 1 정규형 제약조건을 위배했다고 볼 수 있다. 예를 들어, 그림 5에서 주문항목 열 값에는 한 셀에 여러 값들이 들어가 있다. 그러므로 제 1 정규형 조건을 위배한 것이다.

주문번호	주문일자	회원번호	회원명	주소	주문항목
20170510001	2017-05-10	2	서현	서울 용산	3 DB설계와 구축 1권
20170521003	2017-05-21	1	송중기	서울 강남	3 DB설계와 구축 6권, 5 인생평가 4권, 2DB배움터 1권
20170525001	2017-05-25	1	송중기	서울 강남	5 인생평가 1권

그림 5 정규화가 되지 않은 테이블

한 셀에 들어가 있는 여러 값들을 분리하면 제 1 정규형이 될 수 있다. 분리하는 방법은 주문항목 열 값 중에서 반복되는 데이터를 그림 6에서 보는 바와 같이 행 방향인 세로로 늘리면 한 셀에 하나의 데이터만 나타나게 된다.

주문번호	주문일자	회원번호	회원명	주소	도서번호	도서명	주문수량
20170521001	2017-05-10	2	서현	서울 용산	3	DB설계와 구축	1
20170521003	2017-05-21	1	송중기	서울 강남	3	DB설계와 구축	6
20170521003	2017-05-21	1	송중기	서울 강남	5	인생평가	4
20170521003	2017-05-21	1	송중기	서울 강남	2	DB배움터	1
20170525001	2017-05-25	1	송중기	서울 강남	5	인생평가	1

그림 6 1차 정규화가 끝난 테이블

이렇게 제 1 정규형이 된 상태에서는 주문번호 열이 더 이상 유일한 값을 갖지 못하므로 주문번호와 도서번호를 연결한 복합 키가 제 1 정규형 상태의 새로운 기본 키가 된다.

2.2 제 2 정규형

어떤 테이블이 제 1 정규형이고 키에 속하지 않는 속성 모두가 기본 키에 완전 함수 종속이면, 제 2 정규형에 속한다. 즉, 1차 정규화가 끝난 상태에서 기본 키 열과 기본 키가 아닌 열 간의 종속관계가 있을 경우 이를 별도의 테이블로 분리한 것이다.

2차 정규화 단계부터는 데이터의 중복을 제거하게 된다. 그림 6에서 중복된 데이터를 찾아보자. 도서번호 3과 도서명 DB설계와 구축이라는 정보가 두 번 중복되어 나타나고 있음을 볼 수 있다. 도서명은 도서번호 열에 종속되어 있기 때문에 도서번호가 정해지면 그 도서명도 정해진다. 따라서 그림 7처럼 종속 관계에 있는 도서번호와 도서명 열을 별도의 과목 테이블로 분리하고, 원래의 테이블에 도서번호 열만 남겨두면, 도서번호 3과 도서명 DB설계와 구축이라는 정보가 두 번 중복되는 것을 피할 수 있다.

주문번호	주문일자	회원번호	회원명	주소	도서번호	주문수량
20170521001	2017-05-10	2	서현	서울 용산	3	1
20170521003	2017-05-21	1	송중기	서울 강남	3	6
20170521003	2017-05-21	1	송중기	서울 강남	5	4
20170521003	2017-05-21	1	송중기	서울 강남	2	1
20170525001	2017-05-25	1	송중기	서울 강남	5	1

과목

도서번호	도서명
3	DB설계와 구축
5	인생평가
2	DB배움터

그림 7 2차 정규화 과정 1

또 다른 중복 정보는 없을까? 회원번호 1에 종속되는 주문번호, 주문일자, 회원번호, 회원명, 주소가 세 번 중복해서 나타났다. 마찬가지 방법으로 그림 8처럼 주문번호, 주문일자, 회원번호, 회원명, 주소를 주문회원 테이블로 분리하고, 원래의 테이블에는 주문번호 열만 남겨두면 특정 회원번호에 대한 주문번호, 주문일자, 회원번호, 회원명, 주소 데이터가 세 번씩 중복되는 것을 피할 수 있다.

주문번호	도서번호	주문수량
20170521001	3	1
20170521003	3	6
20170521003	5	4
20170521003	2	1
20170525001	5	1

주문번호	주문일자	회원번호	회원명	주소
20170521001	2017-05-10	2	서현	서울 용산
20170521003	2017-05-21	1	송중기	서울 강남
20170525001	2017-05-25	1	송중기	서울 강남

그림 8 2차 정규화 과정 2

기본 키의 일부분에만 종속된 상태를 부분 종속이라고 하는데, 부분 종속을 갖는 열을 별도의 테이블로 분리한 그림 9의 상태가 제 2 정규형이다. 따라서 제 1 정규형 상태의 기본 키가 하나의 열뿐이라면 2차 정규화는 건너뛰고 바로 3차 정규화를 하면 된다. 그러나 그림 6처럼 제 1 정규형의 기본 키가 둘 이상의 열을 가지고 있을 경우에는 2차 정규화 작업이 필요하다.

과목

도서번호	도서명
3	DB설계와 구축
5	인생평가
2	DB배움터

주문도서

주문번호	도서번호	주문수량
20170521001	3	1
20170521003	3	6
20170521003	5	4
20170521003	2	1
20170525001	5	1

주문회원

주문번호	주문일자	회원번호	회원명	주소
20170521001	2017-05-10	2	서현	서울 용산
20170521003	2017-05-21	1	송중기	서울 강남
20170525001	2017-05-25	1	송중기	서울 강남

그림 9 2차 정규화가 끝난 테이블

2.3 제 3 정규형

어떤 테이블이 제 2 정규형이고 키에 속하지 않는 모든 속성들이 기본 키에 이행적 함수 종속이 아닐 때 제 3 정규형에 속한다. 즉, 2차 정규화가 끝난 상태에서 기본 키가 아닌 열끼리 종속 관계가 있을 경우 이를 별도의 테이블로 분리한 것이다.

그림 9는 2차 정규화가 끝난 상태이기 때문에 기본 키가 아닌 열끼리 중복되는 정보가

있는지를 살펴보면 된다. 앞에서 얘기한대로 그림 9에서 주문회원 테이블을 보면 회원
번호 1의 회원명 송중기, 주소 서울 강남이라는 정보가 두 번 중복해서 나타나고 있다.
2차 정규화와 마찬가지 방법으로 회원번호와 회원명, 주소를 별도의 회원 테이블로 분
리하고 원래의 주문회원 테이블에는 회원번호 열만 남겨두면 3차 정규형이 된다. 그림
10은 3차 정규화가 끝난 상태의 최종 테이블이다.

과목

도서번호	도서명
3	DB설계와 구축
5	인생평가
2	DB배움터

주문도서

주문번호	도서번호	주문수량
20170521001	3	1
20170521003	3	6
20170521003	5	4
20170521003	2	1
20170525001	5	1

주문회원

주문번호	주문일자	회원번호
20170521001	2017-05-10	2
20170521003	2017-05-21	1
20170525001	2017-05-25	1

회원

회원번호	회원명	주소
2	서현	서울 용산
1	송중기	서울 강남

그림 10 3차 정규화가 끝난 테이블

2.4 정규형 요약

지금까지 설명한 내용은 데이터베이스 실무에서 많이 활용하는 정규형들이다. 여기에 데이터베이스 이론으로 제시된 정규형들을 포함하면 다음과 같다.

① 어떤 릴레이션의 모든 속성 값이 도메인의 원자값이면, 그 릴레이션은 제 1 정규형에 속한다.

② 제 1 정규형에서 부분 함수 종속 관계를 제거하면, 그 릴레이션은 제 2 정규형에 속한다.

③ 제 2 정규형에서 이행 함수 종속 관계를 제거하면, 그 릴레이션은 제 3 정규형에 속한다.

④ 제 3 정규형에서 결정자가 그 릴레이션의 후보 키이면 BCNF에 속한다.

⑤ BCNF에서 다치 종속 관계를 제거하면, 그 릴레이션은 제 4 정규형에 속한다.

⑥ 제 4 정규형에서 조인 종속이 있을 때 이를 제거하기 위해 프로젝션을 수행한 결과가 제 5 정규형에 속한다.

다음 그림은 정규형 간의 관계를 나타낸 것이다.

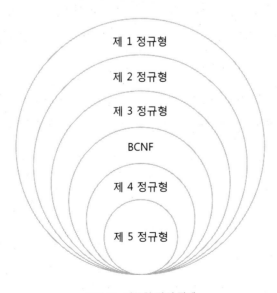

그림 11 정규화 간의 관계

지금까지 본 장에서 사용한 정규화 이론은 다음 그림과 같이 요약할 수 있다.

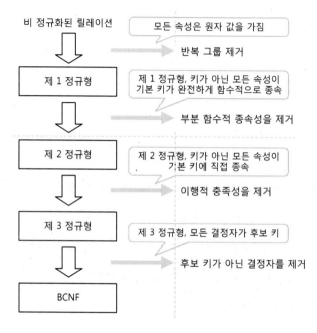

그림 12 정규화 과정의 요약

일반적으로 정규화의 정도가 높은 경우는 유연한 데이터를 구축할 수 있고, 데이터의 정확성이 높아지는 장점이 있다. 반면에 물리적 접근이 복잡해질 수 있으며 길이가 짧은 데이터가 발생할 수 있다.

한편 정규화의 정도가 낮은 경우는 데이터의 결합 처리가 감소되고, 물리적 접근이 단순할 수 있는 장점이 있다. 하지만 데이터에 많은 Lock이 발생하거나 길이가 긴 데이터가 발생하는 단점도 존재한다.

2.5 비정규화

정규화를 하는 것은 데이터베이스에 저장되는 데이터의 중복을 최소화하여 성능 향상에 도움을 주기 위해서다. 그러나 경우에 따라서는 분리해 놓은 테이블을 성능 향상의 목적으로 다시 합쳐야 할 경우도 발생한다. 즉, 분리해 놓은 테이블들을 연결하여 사용하려면 조인(JOIN)이라는 방법을 사용하는데 이 방법은 어느 정도 부하가 발생한다. 따라서 지나치게 자주 발생하는 조인 대상 테이블은 차라리 다시 합치는 것을 신중하게 고려할 필요가 있다. 이것을 비정규화(denormalization)라고 한다. 이 비정규화 과정은 정규화 이후에 수행하는 작업이다.

특히 데이터웨어하우스에서 비정규화는 시스템 품질을 좌우한다. 왜냐하면 데이터웨어하우스는 의사결정에 도움이 되는 데이터를 빨리 보여주기 위한 시스템이다. 그리고 데이터에 대한 입력, 수정, 삭제는 발생하지 않고 단지 검색만 수행하기 때문에 데이터 무결성을 해칠 수 없는 환경이다. 이미 트랜잭션 처리 시스템에서 관리되는 데이터를 이용하여 빠른 검색을 위한 테이블을 재구성하므로, 단순한 SQL 문장 구성과 성능향상을 위하여 반정규화를 수행한다.

summary ▼

1. 삽입 이상(insertion anomaly)은 데이터 삽입 시 특정 열에 해당하는 값이 없어서 필요하지 않은 NULL을 강제로 입력해야 하는 현상을 의미한다

2. 삭제 이상(deletion anomaly)은 데이터 삭제 시 유용한 다른 데이터까지 함께 삭제되는 현상을 의미한다.

3. 수정 이상(update anomaly)은 중복 데이터 중에서 일부만 수정되어 데이터의 불일치(inconsistency) 문제가 발생하는 현상을 의미한다.

4. 정규화(normalization)는 데이터를 관계형 데이터베이스에 저장할 때 중복을 최소화할 수 있는 데이터 구조를 만드는 프로세스를 의미한다. 그래서 정규화의 목적은 이상 현상(anomaly)이 있는 관계를 재구성하여 작고 잘 조직된 관계로 만드는 것이다.

5. 어떤 릴레이션의 모든 속성 값이 도메인의 원자값이면, 그 릴레이션은 제 1 정규형에 속한다.

6. 제 1 정규형에서 부분 함수 종속 관계를 제거하면, 그 릴레이션은 제 2 정규형에 속한다.

7. 제 2 정규형에서 이행 함수 종속 관계를 제거하면, 그 릴레이션은 제 3 정규형에 속한다.

8. 데이터베이스실무에서는 관계형 데이터베이스 테이블이 제 1 정규형(1NF), 제 2 정규형(2NF), 제 3 정규형(3NF)의 조건을 충족시키면 정규화가 되었다고 본다. 여기서 차수가 높아지면 만족시켜야 하는 제약조건도 많아지는 것이 일반적이다.

1. 삽입이상을 예를 들어 설명하시오.

2. 삭제 이상을 예를 들어 설명하시오.

3. 수정 이상을 예를 들어 설명하시오.

4. 제 1 정규형 규칙을 예를 들어 설명하시오.

5. 제 2 정규형 규칙을 예를 들어 설명하시오.

6. 제 3 정규형 규칙을 예를 들어 설명하시오.

CHAPTER **13**

데이터베이스 설계 실습

데이터베이스 설계 실습

(학습목표)

• 데이터베이스 설계 과정을 설명할 수 있다.

• 요구사항 명세서를 분석하여 주어진 조건과 상황을 만족하는 ERD를 작성할 수 있다.

• ERD를 테이블 명세서를 변환할 수 있다.

• 데이터 모델링 도구를 이용하여 ERD 작성하고 해당 테이블 생성 SQL 문을 생성할 수 있다.

데이터베이스 설계의 단계

데이터베이스 설계의 단계는 다음과 같은 문제들에 대한 해결책을 찾아가는 과정이다.

- 중요한 데이터는 무엇인가?
- 데이터를 어떻게 표현할 것인가?
- 데이터를 어디에 저장할 것인가?

일반적으로 데이터베이스 실무에서는 데이터베이스 설계 과정에 다음 그림과 같이 개념적 데이터베이스 설계, 논리적 데이터베이스 설계, 물리적 데이터베이스 설계를 포함해서 해결책을 찾아가고 있다.

한편, 데이터베이스 설계 과정은 조직의 업무를 효과적으로 지원할 수 있는 포괄적인 데이터베이스의 설계와 구축을 전제로 한다.

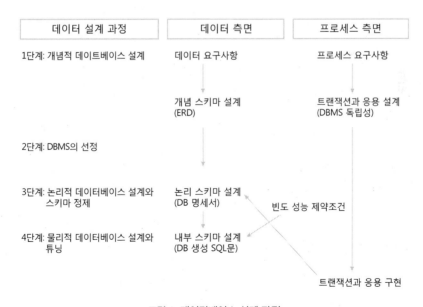

그림 1 데이터베이스 설계 과정

일반적으로 정보 시스템에 대한 특성과 성능 목적을 이해하는 것도 꼭 필요하다. 그리고 데이터베이스 설계의 완성도를 높이기 위하여 앞뒤로 왔다갔다할 필요도 발생한다. 또한 한 작업에 대한 결정은 다른 작업에 대한 선택에 영향을 미친다는 점은 반드시 명시해야 한다.

1.1   개념적 데이터베이스 설계

데이터베이스 설계 과정의 첫 번째 단계는 새로운 시스템에 대한 조직과 사용자의 요구사항을 찾고 분석하는 데서 시작한다. 요구사항은 기존의 문서를 조사하고, 인터뷰나 설문조사 등을 실시하여 수집할 수 있다. 현실세계에서 관심 있는 부분의 정보 구조 요구는 수집된 요구사항을 분석함으로써 파악할 수 있다.

이제 요구사항 명세로부터 개념적 스키마를 만들어서 시스템의 범위와 요구사항을 정리해야 한다. 현재 개념적 스키마는 ERD를 작성하여 표현하는 것이 일반적이다.

완성된 ERD는 사용자와 함께 검토해서 어떠한 데이터가 중요하며 또 어떤 데이터를 관리해야 할지를 결정하는데 사용해야 한다.

한편, 개념적 데이터베이스 설계의 산출물은 논리적 데이터베이스 설계 단계의 입력으로 사용된다.

1.2   DBMS의 선정

데이터베이스 설계 과정의 두 번째 단계에서는 여러 가지 요인들을 검토한 후 DBMS를 선정한다. 즉, DBMS가 제공하는 데이터 모델, 저장구조 등 기술적인 요인도 있고, 고수준의 전략적 결정 등 정치적인 요인도 있으며, DBMS 구입비용, 하드웨어 구입비용 등 경제적인 요인 등을 고려해야 한다.

1.3 논리적 데이터베이스 설계

데이터베이스 설계 과정의 세 번째 단계에서는 선택한 DBMS의 데이터 모델을 사용하여 논리적 스키마를 설계하는 것을 다룬다. 논리적 스키마를 나타내기 위해 관계 데이터 모델을 사용하는 경우에는 ER 모델로 표현된 개념적 스키마를 관계 데이터베이스 스키마로 변환해야 한다.

또한 이 단계에서는 데이터 사전을 구축해야 한다. 데이터 사전은 모든 데이터 항목과 그 형식 및 다른 데이터 항목 간 연관관계를 포함하는 데이터의 특성으로 이루어진 카탈로그를 의미한다.

한편, 관계 데이터베이스 스키마를 더 좋은 관계 데이터베이스 스키마로 변환하기 위해서는 정규화 과정을 적용해야 한다. 정규화 과정에서는 관계 스키마에 중복과 갱신 이상이 발생하는지 검사한다.

1.4 물리적 데이터베이스 설계

데이터베이스 설계 과정의 네 번째 단계에서는 논리적 모델과 데이터 저장소가 어떻게 컴퓨터 하드웨어에 표현될 것인가를 다룬다. 데이터가 컴퓨터에 어떻게 저장될 것인가에 대한 설명을 물리적 스키마라고 한다. 이 단계에서 결정되는 것은 사용될 저장 장치, 자료를 추출하기 위해 사용되는 접근 방법, 최적의 시스템 성능을 나타내는 튜닝 문제 등이다.

그러나 SQL Server, Oracle 등 관계 DBMS 소프트웨어에서는 물리적 데이터베이스 설계와 관련된 처리 기능들을 상당수 제공하고 있다.

데이터베이스의 ERD 작성 절차

2.1 데이터 요구사항 수집과 분석

데이터 요구사항을 수집하는 것은 ERD 작성의 출발점일 뿐 아니라 데이터 모델링의 출발점이라고 해도 과언이 아닐 정도로 중요한 단계이다. 그러면 현업 업무에 대한 지식이 일천한 프로젝트 초기 단계에 어떻게 사용자 요구사항을 도출할 것인가? 프로젝트 초기에 요구사항을 선정하기 위해서는 다음과 같은 자료나 방법을 활용할 수 있다.

첫째, 업무와 관련해서 설명한 **업무 기술서**를 검토한다. 업무 기술서는 해당 업무에 대해서 자세하게 기술되어 있기 때문에 가장 좋은 자료이다.

둘째, 현업의 **장표**를 검토한다. 서술형으로 되어 있는 업무 기술서보다 서식으로 만들어진 장표가 요구사항을 더 쉽게 도출할 수도 있다.

셋째, 현업 업무 전문가와 면담을 실시한다. **면담**을 하기 전에는 반드시 사전에 업무별로 질문을 준비하여 활용하는 것이 효과적이다.

넷째, **기 구축되어 있는 시스템**이 존재한다면, 그 산출물을 검토한다. 그러나 데이터 모델링을 하는 이유는 기존 시스템을 개선하는 것이기 때문에 단지 기존 시스템의 산출물은 참조만 해야 한다. 절대로 따라 해서는 안된다.

여러분은 이상의 방법으로 다음과 같은 요구사항들을 수집했다고 가정한다.

---

1. 빅히트 인터넷서점에서는 도서, 회원, 주문, 배송 등을 관리하는 공간을 제공한다.

[도서 관리]
2. 출판사정보에는 출판사명, 담당자, 전화번호가 있으며, 출판사번호로 관리한다.
3. 도서에는 도서명, 저자, 가격, 평점이 있으며, 도서번호로 관리한다.
4. 하나의 출판사는 여러 권의 도서를 공급할 수 있다.

> **[회원 관리]**
> 5. 인터넷서점에서 도서를 구매하기 위해서는 반드시 회원으로 등록해야 한다.
> 6. 인터넷서점에 등록하는 회원정보로는 회원명, 주민번호, 주소, 취미, 키, 몸무게, 등급, 적립금이 있으며, 회원번호로 관리한다.
> 7. 한 회원은 여러 개의 취미를 가질 수 있다.
>
> **[주문 관리]**
> 8. 한 회원은 여러 권의 도서를 주문할 수 있다.
> 9. 회원이 도서를 주문할 때는 주문정보와 주문항목을 관리한다.
> 10. 하나의 주문정보에는 여러 개의 주문항목을 포함할 수 있다.
> 11. 주문정보로는 주문일자, 배송지, 결제방법이 있으며, 주문번호로 관리한다.
> 12. 배송지는 우편번호, 기본주소, 상세주소로 구성된다.
> 13. 주문항목에는 일련번호와 주문수량이 있다.
>
> **[배송 관리]**
> 14. 하나의 주문정보에는 하나의 배송정보가 포함된다.
> 15. 배송정보에는 번호, 업체명, 상태가 있다.

2.2 엔터티와 속성의 식별

엔터티를 선정하는 작업은 추상적이고 구체적으로 드러나지 않는 작업이기 때문에 초보자는 자신이 선정한 엔터티에 대하여 확신하지 못하는 경우도 많다. 이런 경우 다음과 같은 과정을 따르는 것이 엔터티를 식별하는데 도움이 된다.

❶ 업무 기술서, 장표, 면담 자료 등에서 **명사를 주목하여 엔터티를 식별**한다.
엔터티는 명사로 되어 있다. 일단 자료의 문장이나 장표에서 명사만 분리한 다음, 동사에 해당하는 명사만 제외하고 정리한다. 예를 들어, 빅히트 서점 사용자 요구사항에서 이에 해당되는 단어는 다음과 같이 밑줄을 그어서 표시하였다.

1. 빅히트 인터넷서점에서는 도서, 회원, 주문, 배송 등을 관리하는 공간을 제공한다.

[도서 관리]

2. 출판사정보에는 출판사명, 담당자, 전화번호가 있으며, 출판사번호로 관리한다.
3. 도서에는 도서명, 저자, 가격, 평점이 있으며, 도서번호로 관리한다.
4. 하나의 출판사는 여러 권의 도서를 공급할 수 있다.

[회원 관리]

5. 인터넷서점에서 도서를 구매하기 위해서는 반드시 회원으로 등록해야 한다.
6. 인터넷서점에 등록하는 회원정보로는 회원명, 주민번호, 주소, 취미, 키, 몸무게, 등급, 적립금이 있으며, 회원번호로 관리한다.
7. 한 회원은 여러 개의 취미를 가질 수 있다.

[주문 관리]

8. 한 회원은 여러 권의 도서를 주문할 수 있다.
9. 회원이 도서를 주문할 때는 주문정보와 주문항목을 관리한다.
10. 하나의 주문정보에는 여러 개의 주문항목을 포함할 수 있다.
11. 주문정보로는 주문일자, 배송지, 결제방법이 있으며, 주문번호로 관리한다.
12. 배송지는 우편번호, 기본주소, 상세주소로 구성된다.
13. 주문항목에는 일련번호와 주문수량이 있다.

[배송 관리]

14. 하나의 주문정보에는 하나의 배송정보가 포함된다.
15. 배송정보에는 번호, 업체명, 상태가 있다.

❷ 개념이 명확하지 않거나 광범위한 명사는 제거한다. 예를 들어, 사용자 요구사항에 기술된 "빅히트", "인터넷서점", "공간", "정보", "포함", "구성" 등은 개발하기 위한 시스템 전체를 포괄하므로 너무 광범위하다. 그래서 제거해야 한다.

❸ 포괄적인 업무 프로세스에 해당되는 명사는 제거한다. 예를 들어, "관리", "제공", "공급", "등록", "구매", "주문" 등의 단어가 이에 해당된다.

❹ 누락된 엔터티가 없는지 생각해 본다.

이제 남아있는 명사들은 엔터티와 엔터티의 특성을 나타내는 속성들로 구분한다. 예를 들어, 빅히트 서점 사례는 아래 표와 같이 정리할 수 있다.

표 1 엔터티 정의서

엔터티	엔터티 설명	관련 속성	동의어	비고
출판사	도서의 공급업체 정보	출판사번호 출판사명 담당자 전화번호	출판사정보	
도서	인터넷을 통해 판매하고자 하는 도서 정보	도서번호 도서명 저자 가격 평점	도서정보	
회원	인터넷 서점 웹사이트를 통해 회원으로 가입한 사람의 정보	회원번호 회원명 주민번호 주소 취미 키 몸무게 등급 적립금	회원정보	한 회원의 취미는 여러 개를 등록할 수 있도록 관리함
주문	회원이 인터넷 서점 웹사이트를 통해 주문한 기본 정보	주문번호 주문일자 배송지 결제방법	주문정보	배송지는 우편번호, 기본주소, 상세주소로 구성되도록 관리함
주문항목	회원이 인터넷 서점 웹사이트를 통해 주문한 도서의 내용	일련번호 수량	주문도서, 주문내역	
배송	주문 도서를 회원에게 배송한 정보	번호 업체명 상태	배송정보	

❺ ERD를 그린다.

엔터티는 직사각형으로 나타내고, 엔터티를 설명하는 필요한 속성들은 타원으로 표시한 후 엔터티에 실선으로 연결한다. 예를 들어 출판사 엔터티에는 출판사번호, 출판사명, 담당자, 전화번호 등 네 개의 속성이 필요하다. 이 중에서 출판사 번호가 식별자이므로 ERD에서 속성 이름에 밑줄을 그어 표시한다. 다음 그림은 출판사 엔터티의 다이어그램을 보여준다.

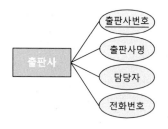

그림 2 출판사 엔터티

도서 엔터티에는 도서번호, 도서명, 저자, 가격, 평점 등 다섯 개의 속성이 필요하다. 이 중에서 도서번호가 식별자이므로 ERD에서 속성이름에 밑줄을 그어 표시한다. 다음 그림은 도서 엔터티의 다이어그램을 보여준다.

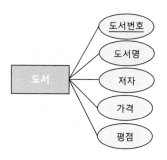

그림 3 도서 엔터티

회원 엔터티에는 회원번호, 회원명, 주민번호, 주소, 취미, 키, 몸무게, 등급, 적립금 등 아홉 개의 속성이 필요하다. 이 중에서 회원번호가 식별자이므로 ERD에서 속성이름에 밑줄을 그어 표시한다.

여기서 취미는 **다중값 속성**이므로 두 줄로 이루어진 **타원**으로 표시한다. 다음 그림은 회원 엔터티의 다이어그램을 보여준다.

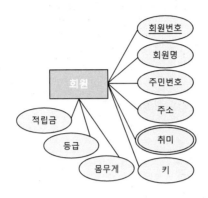

그림 4 회원 엔터티

주문 엔터티에는 주문번호, 주문일자, 배송지, 결제방법 등 네 개의 속성이 필요하다. 이 중에서 주문번호가 식별자이므로 ERD에서 속성이름에 밑줄을 그어 표시한다.

여기서 배송지는 **복합속성**이므로 이 속성을 구성하는 **우편번호, 기본주소, 상세주소 속성들로 분해**하여 나타낸다. 다음 그림은 주문 엔터티의 다이어그램을 보여준다.

그림 5 주문 엔터티

배송 엔터티에는 번호, 업체명, 상태 등 세 개의 속성이 필요하다. 이 중에서 번호가 식별자이므로 ERD에서 속성이름에 밑줄을 그어 표시한다. 다음 그림은 배송 엔터티의 다이어그램을 보여준다.

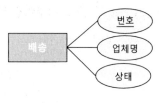

그림 6 배송 엔터티

❻ 고객과 협의 과정을 통하여 검증한다.

2.3 관계와 속성의 식별

어떻게 관계를 도출할 것인가? 관계를 도출할 수 있는 원천은 엔터티를 선정하기 위해서 사용하는 방법과 동일하다. 다만, 관계는 엔터티가 선정된 다음에 도출될 수 있기 때문에, 그 이후에 작업을 해야 한다. 관계는 업무 기술서나 장표 등에 정확하게 기술되어 있는 경우는 많지 않다. 따라서 엔터티 간의 내용을 보고 유추해 나가야 한다. 따라서 이 작업은 고객과 충분한 회의를 통하여 엔터티 간의 관계를 설정해 나가는 것이 아주 중요하다. 다음은 관계를 식별하는 과정이다.

❶ 업무 기술서, 장표, 회의 자료 등에서 **동사를 주목하여 엔터티들을 연결하는 관계를 식별한다.**
엔터티는 명사로 식별하듯이 관계는 동사로 식별할 수 있다. 예를 들어, 소속된다, 등록한다, 강의한다 등과 같은 동사를 찾는다.

❷ 도출된 관계를 이용하여 관계의 카디널리티와 존재성을 기술한다.
하나의 엔터티를 기준으로 관련된 모든 엔터티에 대해 관계의 카디널리티와 존재성을 명시한다. 명시하는 방법은 문장으로 작성하여 ERD로 표현하면 되는데, 이 과정에서 고객과의 협의는 매우 중요하다. 고객과 협의할 때는 ERWin 등 데이터 모델링 도구를 사용하는 것보다는 칠판이나 포스트잇을 사용하는 것이 더 효과적일 수 있다. 예를 들어, 전지나 칠판에 포스트잇을 붙여가며 토론하는 방법은 의사소통도 잘 되고 엔터티 배치도 수월하며 설정된 관계도 쉽게 고칠 수 있다.

이상의 절차에 따르면, 빅히트 서점 사례는 아래 표와 같이 정리할 수 있다.

표 2 관계 정의서

기준 엔터티	관계 형태	존재성	관련 엔터티
출판사	• 하나의 출판사는 여러 권의 도서를 공급할 수 있다. • 하나의 도서는 하나의 출판사에만 관련이 있다.	선택 필수	도서
회원	• 한 회원은 여러 번 주문을 수행할 수 있다. • 하나의 주문은 한 명의 회원에만 관련이 있다.	선택 필수	주문
주문	• 하나의 주문은 하나의 배송을 포함할 수 있다. • 하나의 배송은 하나의 주문에만 관련이 있다.	선택 필수	배송
주문	• 하나의 주문은 여러 권의 도서를 포함할 수 있다. • 하나의 도서는 여러 개의 주문에 포함될 수 있다.	선택 선택	도서

❸ 데이터 모델링 도구를 이용하여 ERD를 작성한다.

ERD를 그리기 이전에는 관계를 정리하고 도출하기 위하여 고객과 대화의 시간을 가졌다면, ERD를 그린 다음에는 전체 그림을 보면서 관계가 정확하게 설정되었는지 확인하기 위하여 고객과 이야기를 나눠야 한다. 그러나 이때 현업의 업무 전문가 의견을 모두 반영할 필요는 없다. 업무 전문가는 현재 업무에 익숙해져 있으며 또한 자신이 담당했던 업무 이외 부분에 대해서는 잘못된 이야기를 할 수도 있다. 이러한 경우 업무 개선 효과에 악영향을 미칠 수 있기 때문에 주의해야 한다. 한편, **최종 확정된 ERD를 ERWin과 같은 데이터 모델링 도구로 작성하면, 다음 단계의 작업들을 어느 정도 자동화할 수 있어서 효과적이다.**

이제 위에 있는 관계 정의 표에 정리된, 기준 엔터티와 관련 엔터티 간 관계 형태를 보고 다이어그램으로 표시해 보자. 존재성도 함께 표시해야 하지만 관계의 차수와 카디낼리티를 이해하는 것이 더 중요하다고 판단되어 생략한다.

예를 들어, 출판사 엔터티와 도서 엔터티는 공급관계로 연결된다. 한 출판사는 여러 권의 도서를 공급할 수 있지만, 하나의 도서는 한 출판사에만 관련되므로, 출판사 엔터티와 도서 엔터티는 일대다 관계를 갖는다. 다음 그림은 출판사 엔터티와 도서 엔터티의 공급 관계를 보여준다.

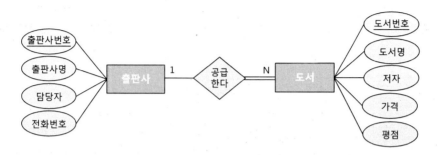

그림 7 출판사 엔터티와 도서 엔터티의 공급 관계

회원 엔터티와 주문 엔터티는 수행 관계로 연결된다. 한 회원은 여러 번 주문을 수행할 수 있지만, 하나의 주문은 한 명의 회원에만 관련되므로, 회원 엔터티와 주문 엔터티도 일대다 관계를 갖는다. 다음 그림은 회원 엔터티와 주문 엔터티의 수행 관계를 보여준다.

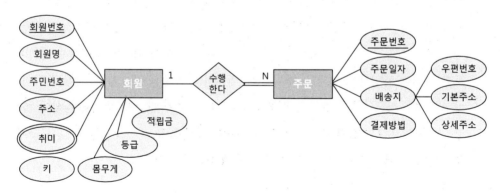

그림 8 회원 엔터티와 주문 엔터티의 수행 관계

그러나 주문 엔터티와 배송엔터티는 포함 관계로 연결된다. 하나의 주문은 하나의 배송을 포함할 수 있고, 하나의 배송도 하나의 주문에만 관련되므로, 주문 엔터티와 배송 엔터티는 일대일 관계를 갖는다. 다음 그림은 주문 엔터티와 배송 엔터티의 포함 관계를 보여준다.

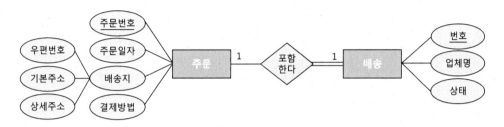

그림 9 주문 엔터티와 배송 엔터티의 포함 관계

한편, 주문 엔터티와 도서 엔터티는 포함 관계로 연결된다. 하나의 주문에는 여러 권의 도서를 포함할 수 있고, 하나의 도서도 여러 개의 주문에 포함될 수 있으므로, 주문 엔터티와 도서 엔터티는 다대다 관계를 갖는다. 그리고 포함관계도 일련번호와 수량 속성이 필요하다. 다음 그림은 주문 엔터티와 도서 엔터티의 포함 관계를 보여준다.

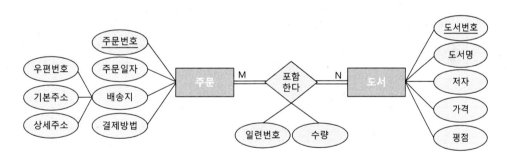

그림 10 주문 엔터티와 도서 엔터티의 포함 관계

지금까지 작성한 다이어그램들을 하나로 합치면 다음 그림과 같이 빅히트 서점의 전체적인 ERD가 그려진다.

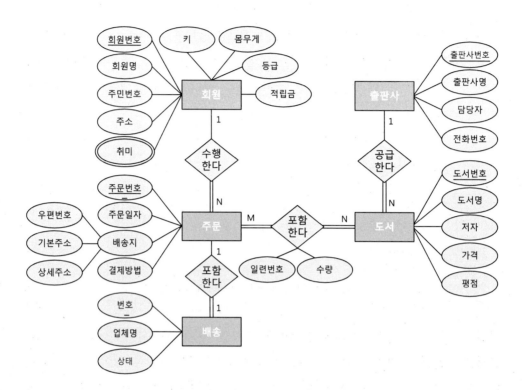

그림 11 빅히트 서점의 ERD

데이터베이스의 테이블 명세서 작성 절차

논리적 설계 단계는 개념적 데이터 설계 단계에서 만들어진 DBMS 독립적인 ERD를 목표 DBMS에 맞는 데이터베이스 명세서(Database Specification, 데이터베이스 정의서라고도 부름)로 변환하는 것이다. 이 데이터베이스 명세서는 요구 조건 명세를 만족해야할 뿐 아니라 무결성 제약조건도 만족하여야 한다. 이 논리적 설계는 다음과 같은 네 단계를 거쳐 수행된다.

3.1 엔터티와 단순 속성 변환

ERD에서 직사각형으로 표시된 하나의 엔터티는 하나의 테이블로 변환한다. 그 엔터티에 소속되어 타원으로 표시된 단순 속성은 그 테이블에 소속된 열로 변환하되, 속성 이름에 밑줄이 그어진 식별자는 기본 키로 변환한다.

예를 들어, 빅히트 서점 ERD에서 이에 해당되는 엔터티와 단순속성을 표시하면 다음과 같다.

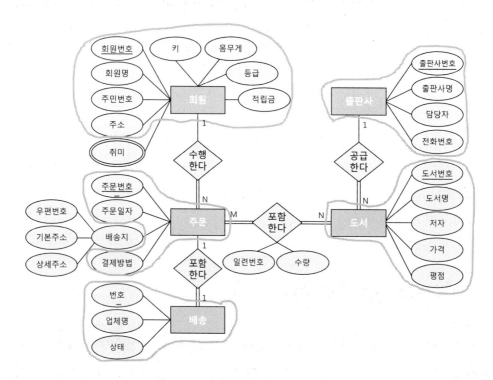

그림 12 ERD에서 엔터티와 단순 속성 변환 대상

예를 들어, 다음 그림과 같이 ERD에서 도서 엔터티 이름은 테이블 구조에서 테이블 이름으로 변환하고, 도서 엔터티에 소속되어 있는 단순 속성들은 열 이름들로 변환하고, 식별자는 기본 키로 변환한다.

테이블 이름	열 이름	데이터 형식	NULL 유무	기본키	외래키	FK 테이블 이름	FK 열이름	비고
출판사	출판사 번호	INT	NOT NULL	PK				
	출판사명	VARCHAR(30)	NOT NULL					
	담당자	VARCHAR(30)						
	전화번호	VARCHAR(15)						

그림 13 출판사 엔터티를 도서 테이블로 변환

테이블 이름	열 이름	데이터 형식	NULL 유무	기본키	외래키	FK 테이블 이름	FK 열이름	비고
도서	도서번호	INT	NOT NULL	PK				
	도서명	VARCHAR(50)	NOT NULL					
	저자	VARCHAR(30)						
	가격	INT						
	평점	DECIMAL(4.1)						

그림 14 도서 엔터티를 도서 테이블로 변환

테이블 이름	열 이름	데이터 형식	NULL 유무	기본키	외래키	FK 테이블 이름	FK 열이름	비고
회원	회원번호	INT	NOT NULL	PK				
	회원명	VARCHAR(30)	NOT NULL					
	주민번호	CHAR(14)						
	주소	VARCHAR(100)						
	키	INT						
	몸무게	INT						
	등급	CHAR(10)						
	적립금	INT						

그림 15 회원 엔터티를 회원 테이블로 변환

테이블 이름	열 이름	데이터 형식	NULL 유무	기본키	외래키	FK 테이블 이름	FK 열이름	비고
주문	주문번호	CHAR(11)	NOT NULL	PK				
	주문일자	DATE	NOT NULL					
	결제방법	VARCHAR(10)						

그림 16 주문 엔터티를 주문 테이블로 변환

테이블 이름	열 이름	데이터 형식	NULL 유무	기본키	외래키	FK 테이블 이름	FK 열이름	비고
배송	번호	INT	NOT NULL					
	업체명	VARCHAR(30)	NOT NULL					
	상태	VARCHAR(10)						

그림 17 배송 엔터티를 장바구니 테이블로 변환

3.2 복합 속성 변환

하나의 엔터티에 소속된 **복합 속성**은 그 복합 속성을 구성하는 단순 속성들만 해당 테이블의 **열로 변환**한다. 빅히트 서점 ERD에서 이에 해당되는 복합속성을 표시하면 다음과 같다.

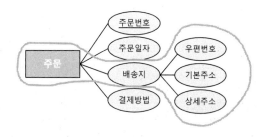

그림 18 ERD에서 복합속성 변환 대상

예를 들어, 다음 그림과 같이 ERD에서 주문 엔터티에 소속된 복합 속성인 배송지는 테이블 구조에서 열 이름으로 변환하지 않고, 그 복합 속성을 구성하는 우편번호,기본주소,상세주소 속성만 열 이름으로 변환한다. 아래 그림의 주문 테이블에서 회색 부분이 복합속성을 열로 변환한 부분이다.

테이블 이름	열 이름	데이터 형식	NULL 유무	기본키	외래키	FK 테이블 이름	FK 열이름	비고
주문	주문번호	INT	NOT NULL	PK				
	주문일자	VARCHAR(30)	NOT NULL					
	결제방법	CHAR(14)						
	배송지우편번호	VARCHAR(100)						
	배송지기본주소	INT						
	배송지상세주소	INT						

그림 19 복합 속성을 열로 변환

3.3 관계 변환

일반적으로 ERD에서 관계는 테이블 구조에서 외래 키로 변환한다. 하지만 관계의 카디널리티에 따라 변환 방법이 다르므로 주의해야 한다. 관계 변환 규칙은 다음과 같다.

첫째, 일 대 다 관계인 경우는 ERD에서 일측의 엔터티에 대응하는 테이블의 기본 키를 다측의 엔터티에 대응하는 테이블의 속성으로 복사한 다음에 이 속성을 외래 키로 지정한다. 그이유는 모든 다측의 인스턴스가 최대 한 개의 일측 인스턴스와 관계를 갖기 때문이다.

예를 들어, 다음 그림과 같이 ERD에서 출판사 엔터티는 도서 엔터티와 일대다 관계로연결되어 있다. 그래서 출판사 테이블의 기본 키를 도서 테이블의 열 이름에 복사하고외래 키로 지정한다. 이때 복사된 열에 대해 이름은 변경 가능 하지만 데이터 형식은 변경할 수 없다는 점을 주의해야 한다.

테이블 이름	열 이름	데이터 형식	NULL 유무	기본키	외래키	FK 테이블 이름	FK 열이름	비고
도서	도서번호	INT	NOT NULL	PK				
	도서명	VARCHAR(50)	NOT NULL					
	저자	VARCHAR(30)						
	가격	INT						
	평점	DECIMAL(4,1)						
	출판사번호	INT			FK	출판사	출판사번호	

그리고 ERD에서 회원 엔터티는 주문 엔터티와 일대다 관계로 연결되어 있다. 그래서회원 테이블의 기본 키를 주문 테이블의 열 이름에 복사하고 외래 키로 지정한다.

테이블 이름	열 이름	데이터 형식	NULL 유무	기본키	외래키	FK 테이블 이름	FK 열이름	비고
주문	주문번호	CHAR(11)	NOT NULL	PK				
	주문일자	DATE	NOT NULL					
	결제방법	VARCHAR(10)						
	배송지우편번호	VARCHAR(10)						
	배송지기본주소	VARCHAR(100)						
	배송지상세주소	VARCHAR(100)						
	회원번호				FK	회원	회원번호	

그림 20 일 대 다 관계의 변환

둘째, 일 대 일 관계인 경우는 두 엔터티 중에서 부모 역할을 하는 한 엔터티를 선택하는 것이 중요하다. 만약 부모 역할을 하는 엔터티를 선택했으면, 이후 과정은 일 대 다 변환 규칙을 따르면 된다. 데이터베이스 실무에서는 두 엔터티를 하나의 엔터티로 합치기도 한다.

ERD에서 주문 엔터티는 배송 엔터티와 일대일 관계로 연결되어 있으며, 주문 엔터티가 부모 역할을 수행한다고 할 수 있으므로, 다음과 같이 주문 테이블의 기본 키인 주문번호를 배송 테이블의 열 이름에 복사하고 외래 키로 지정한다.

테이블 이름	열 이름	데이터 형식	NULL 유무	기본키	외래키	FK 테이블 이름	FK 열이름	비고
배송	번호	INT	NOT NULL	PK				
	업체명	VARCHAR(30)	NOT NULL					
	상태	VARCHAR(10)						
	주문번호	CHAR(11)			FK	주문	주문번호	

그림 21 일 대 일 관계의 변환

셋째, 다 대 다 관계인 경우는 ERD상의 관계를 교차 엔터티로 생성한 후, 생성된 교차 엔터티를 테이블로 변환한다. 또한 참여 엔터티들의 식별자들을 교차 엔터티에 대응하는 테이블에 포함시키고 외래 키로 지정한다. 이 외래 키들의 조합은 생성된 테이블의 기본 키가 될 수 있다. 여기서 주의할 점은 한 테이블에 소속되는 열 이름은 서로 달라야 한다는 것이다. 그래서 포함시키는 외래 키의 이름이 동일할 경우 한 이름을 변경해야 한다. 이 이름은 기본 키나 외래 키 특성에 영향을 주지 않는다.

예를 들어, 다음과 같이 주문과 도서 간 다 대 다 관계를 주문항목 테이블로 변환한다. 그리고 이 테이블에 주문과 도서의 식별자들을 복사하여 외래 키로 지정한다.

테이블 이름	열 이름	데이터 형식	NULL 유무	기본키	외래키	FK 테이블 이름	FK 열이름	비고
주문항목	주문번호	CHAR(11)	NOT NULL		FK	주문	주문번호	
	도서번호	INT	NOT NULL		FK	도서	도서번호	
	일련번호	INT						
	수량	INT						

그림 22 다 대 다 관계 주문도서의 변환

3.4 다중값 속성 변환

다중값 속성에 대해서는 새로운 테이블을 생성한다. 이때 신규 테이블에는 다중값 속성에 해당하는 속성을 포함시키고, 식별자를 신규 테이블에 복사하여 외래 키로 지정한다. 그리고 신규 테이블의 기본 키는 외래 키와 다중값 속성의 조합으로 한다. 빅히트 서점 ERD에서 이에 해당되는 다중값 속성을 표시하면 다음과 같다.

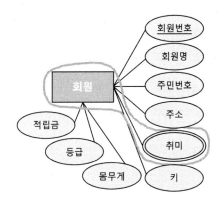

그림 23 ERD에서 다중값 속성 변환 대상

예를 들어, 다음 그림과 같이 다중값 속성 이름인 취미는 테이블 이름인 회원취미로 변환한다. 그리고 다중값 속성을 가지고 있는 회원 테이블의 기본 키인 회원번호를 회원취미 테이블의 열 이름에 복사하여 외래 키로 지정한다.

테이블 이름	열 이름	데이터 형식	NULL 유무	기본키	외래키	FK 테이블 이름	FK 열이름	비고
회원취미	회원번호	INT	NOT NULL		FK	회원	회원번호	
	취미	VARCHAR(50)	NOT NULL					

그림 24 다중값 속성 취미의 변환

지금까지 변환한 것을 하나로 합치면 다음 그림과 같이 전체적인 테이블 명세서가 만들어진다.

표 3 출판사 테이블 명세서

열 이름	데이터 형식	NULL유무	기본키	외래키	FK 테이블 이름	FK 열이름
출판사번호	INT	NOT NULL	PK			
출판사명	VARCHAR(30)	NOT NULL				
담당자	VARCHAR(30)					
전화번호	VARCHAR(15)					

표 4 도서 테이블 명세서

열 이름	데이터 형식	NULL유무	기본키	외래키	FK 테이블 이름	FK 열이름
도서번호	INT	NOT NULL	PK			
도서명	VARCHAR(50)	NOT NULL				
저자	VARCHAR(30)					
가격	INT					
평점	DECIMAL(4,1)					
출판사번호	INT			FK	출판사	출판사번호

표 5 회원 테이블 명세서

열 이름	데이터 형식	NULL유무	기본키	외래키	FK 테이블 이름	FK 열이름
회원번호	INT	NOT NULL	PK			
회원명	VARCHAR(30)	NOT NULL				
주민번호	CHAR(14)					
주소	VARCHAR(100)					
키	INT					
몸무게	INT					
등급	CHAR(10)					
적립금	INT					

표 6 회원취미 테이블 명세서

열 이름	데이터 형식	NULL유무	기본키	외래키	FK 테이블 이름	FK 열이름
회원번호	INT	NOT NULL		FK	회원	회원번호
취미	VARCHAR(50)	NOT NULL				

표 7 주문 테이블 명세서

열 이름	데이터 형식	NULL유무	기본키	외래키	FK 테이블 이름	FK 열이름
주문번호	CHAR(11)	NOT NULL	PK			
주문일자	DATE	NOT NULL				
결제방법	VARCHAR(10)					
배송지우편번호	VARCHAR(10)					
배송지기본주소	VARCHAR(100)					
배송지상세주소	VARCHAR(100)					
회원번호				FK	회원	회원번호

표 8 배송 테이블 명세서

열 이름	데이터 형식	NULL유무	기본키	외래키	FK 테이블 이름	FK 열이름
번호	INT	NOT NULL				
업체명	VARCHAR(30)	NOT NULL				
상태	VARCHAR(10)					
주문번호	CHAR(11)			FK	주문	주문번호

표 9 주문항목 테이블 명세서

열 이름	데이터 형식	NULL유무	기본키	외래키	FK 테이블 이름	FK 열이름
주문번호	CHAR(11)	NOT NULL		FK	주문	주문번호
도서번호	INT	NOT NULL		FK	도서	도서번호
일련번호	INT					
수량	INT					

데이터베이스 설계 도구 활용

데이터 모델링 도구는 제품에 따라 차이는 있지만 논리적 모델링, 물리적 모델링, 그리고 DBMS 제품과 연동하여 데이터베이스를 구축해 주는 기능 정도를 제공한다. 현재 데이터베이스 실무에서는 ERWin을 가장 많이 사용하지만 본서에서는 프리웨어 버전에도 대부분의 기능을 제공하는 토드 데이터 모델러 프리웨어(Toad Data Modeler Freeware)를 사용하도록 하겠다.

4.1 토드 데이터 모델러 설치 파일 다운로드 및 설치

❶ http://www.quest.com/products/toad-data-modeler/에 접속한다. 그리고 우측 하단에 위치한 [Download Free Trial] 버튼을 클릭한다.

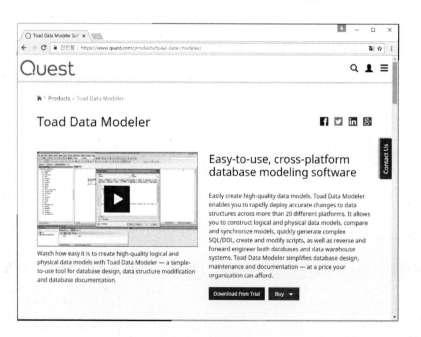

❷ 우측에 성명, 이메일 등과 같은 개인정보를 입력한다. 그리고 'I have read and accepted the license agreement' 앞에 체크(V표시)한 후 [Download Trial] 버튼을 클릭한다.

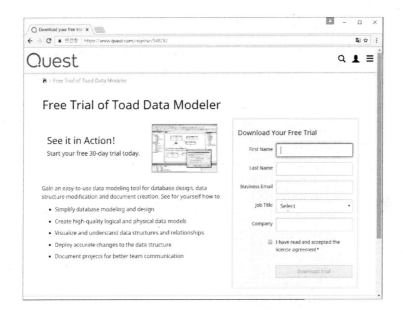

❸ 파일 이름 'Toad Data Modeler (32 Bit)' 우측에 있는 다운로드 아이콘을 클릭한다

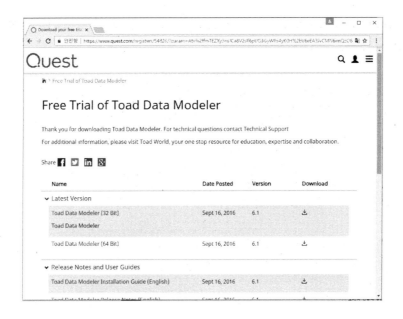

웹브라우저 좌측 하단에 나타나는 다음과 같은 화면에서 다운로드 과정을 확인할 수 있다.

❹ 다운로드 받은 파일을 더블 클릭하면 나타나는 다음과 같은 화면에서 [Next] 버튼을 클릭한다.

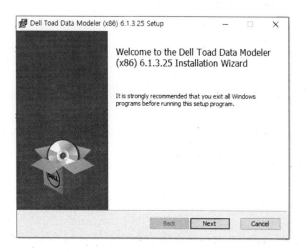

❺ 'I accept the terms in the License Agreement' 앞에 체크(V표시)한 후, [Next] 버튼을 클릭한다.

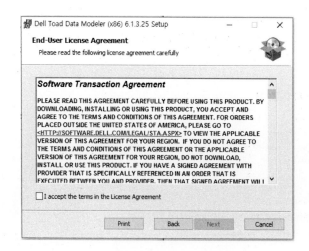

❻ 토드 데이터 모델러 프로그램 설치 위치를 확인한 후 [Next] 버튼을 클릭한다.

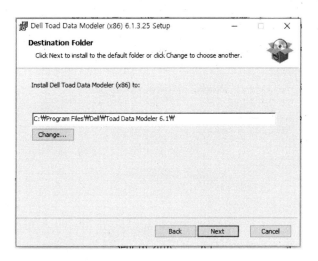

❼ [Install] 버튼을 클릭한다.

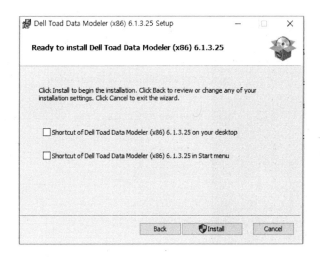

이제 다음과 같이 본격적으로 설치가 진행된다.

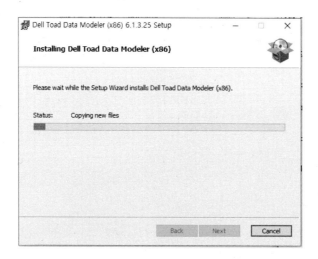

❽ 설치가 완료되어 다음과 같은 화면이 나타나면, [Finish] 버튼을 클릭하여 설치를
종료한다.

4.2 토드 데이터 모델러 실행 및 ERD 작성

❶ 토드 데이터 모델러 프리웨어 프로그램을 실행한다. 그러면 다음과 같은 화면이
나타난다.

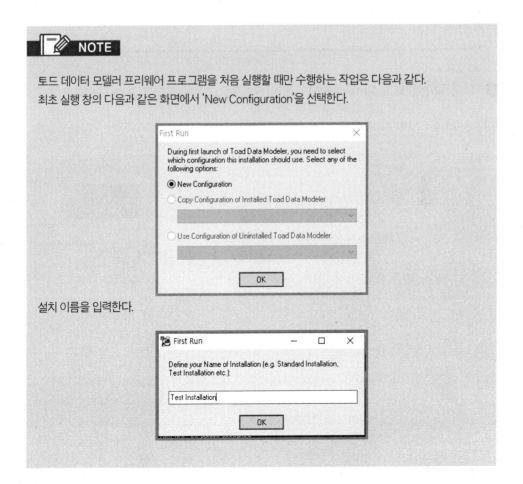

❷ 토드 데이터 모델러는 한 달 동안 무료로 사용할 수 있으며, 25개까지 엔터티를 사용할 수 있음을 확인하고 'Continue Evaluation' 버튼을 클릭한다.

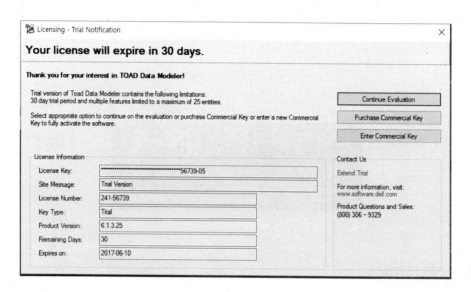

❸ 다음 화면은 토드 데이터 모델러 프리웨어 프로그램이 실행된 후 모습이다.

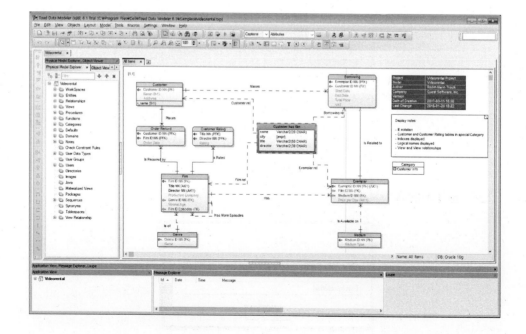

❹ 토드 데이터 모델러 메뉴에서 [File]→ [New]→[Model]을 차례대로 선택하면 다음
과 같은 목표 데이터베이스 선택창이 나타난다.

❺ 목표 데이터베이스 선택 창에서 앞으로 사용할 DBMS 제품을 선택한 다음에 [OK]
버튼을 클릭한다. 여기서는 마이크로소프트 SQL Server 2012 DBMS를 사용하기
때문에 'Microsoft SQL Server 2012'를 선택하고 [OK] 버튼을 클릭한다.

목표 데이터베이스를 선택해야 하는 이유는 DBMS 제품에서 제공하는 데이터 형
식이나 제약조건 등을 물리 데이터 모델에 반영해야 하기 때문이다.

❻ 정상적으로 따라 했으면 다음과 같이 ERD를 작성할 수 있는 창이 나타난다. 여기서 오른쪽 부분은 ERD 작업 영역이다.

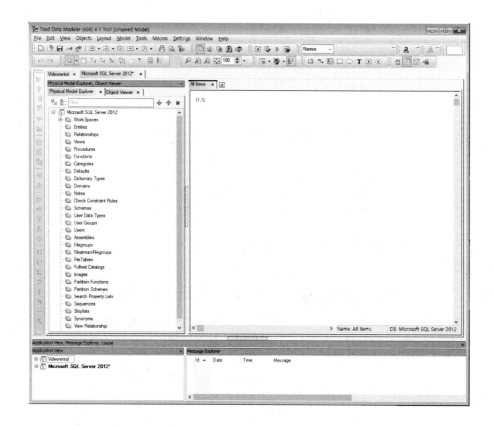

아래 ERD를 보면 엔터티가 두 개 있다. 먼저 두 개의 엔터티를 생성하고 나서 각 엔터티에 포함된 속성들을 추가해 보자.

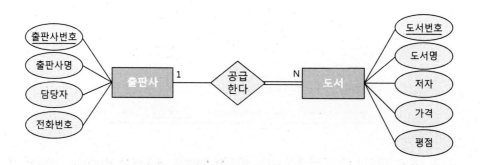

❼ Entity 아이콘( )을 한번 클릭한 다음에 마우스를 오른쪽에 위치하고 있는 Model 창으로 이동하여 적당한 위치에서 한번 클릭한다. 그러면 다음과 같이 Entity1이 표현된다.

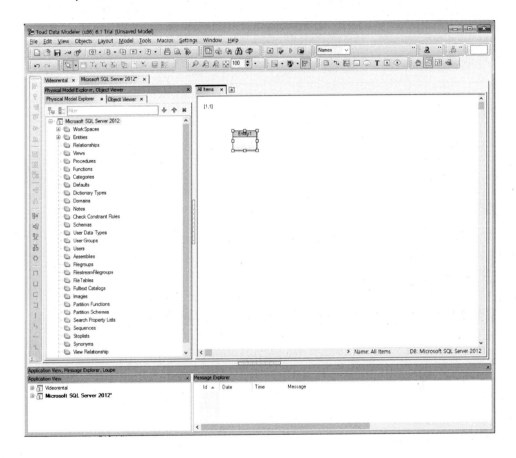

❽ 같은 요령으로 Entity2도 생성한다.

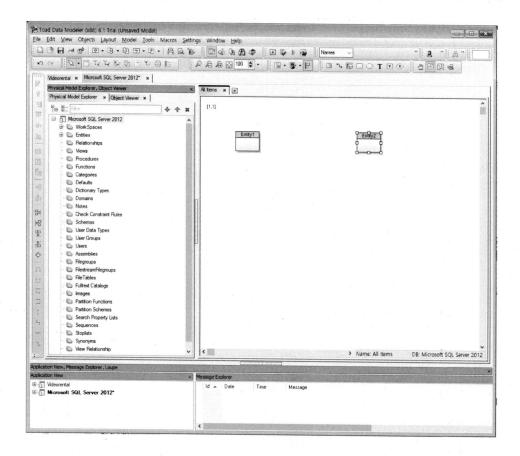

❾ 이제 생성된 엔터티에 이름을 부여할 차례이다. 마우스를 Entity1 위로 옮긴 다음
마우스 오른쪽 버튼을 클릭하면 나타나는 메뉴에서 [Edit⋯]를 클릭한다. (Entity1
을 나타내는 도형을 더블 클릭해도 된다.) 그러면 Entity Properties창이 나타나게
된다.

❿ Entity Properties 창에서 Caption 입력란에는 '출판사'라고 입력하고, Name에는 'pubs'라고 입력한다. 여기서 Caption은 ERD에서 볼 수 있는 엔터티 이름에 해당되고, Name은 다음과 같은 테이블 명세서에서 볼 수 있는 테이블 이름에 해당된다.

엔터티형	테이블명	속성 이름	열 이름	데이터 형식	NULL 유무	기본키	외래키	FK 테이블 이름	FK 열이름	비고
출판사	pubs	출판사번호	pubno	INTEGER	NOT NULL	PK	FK			
		출판사명	pubname	VARCHAR(30)	NOT NULL					
		담당자	staffname	VARCHAR(30)						
		전화번호	phoneno	VARCHAR(15)						

테이블 이름	테이블명	열 이름	열 이름	데이터 형식	NULL 유무	기본키	외래키	FK 테이블 이름	FK 열이름	비고
도서	books	도서번호	bookno	INTEGER	NOT NULL	PK				
		도서명	bookname	VARCHAR(50)	NOT NULL					
		저자	author	VARCHAR(30)						
		가격	price	INTEGER						
		평점	grade	DECIMAL(4,1)						
		출판사번호	pubno	INT			FK	출판사	출판사번호	

일반적으로 데이터베이스 실무에서는 현업과의 원활한 의사소통 등을 위하여 엔터티와 속성 이름은 한글로 작성하고, 효율적인 SQL문 작성 등을 위하여 테이블과 열 이름은 영어로 작성한다.

⑪ 이제 ERD를 보고 출판사 엔터티에 포함된 속성들을 입력해 보자. 속성은 Entity Properties 창의 Attributes 탭을 클릭하면 나타나는 다음과 같은 화면에서 속성 입력란을 이용하면 된다.

⑫ 속성 입력란에 '출판사번호'라고 입력한 후 [Add] 버튼을 클릭한다.

⓭ 다음은 출판사 엔터티에 출판사번호 속성이 추가된 화면을 보여주고 있다.

⓮ 같은 요령으로 출판사명, 담당자, 전화번호를 추가해 나간다.

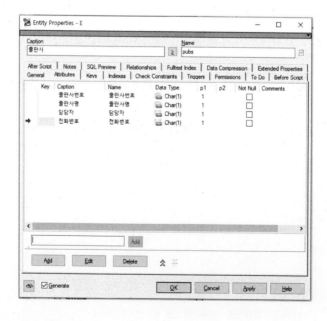

⑮ 이제 ERD를 보고 기본 키를 지정할 차례이다. ERD를 보면 출판사 엔터티의 기본 키는 출판사번호임을 알 수 있다. 출판사번호 속성에 대한 기본 키 설정은 출판사번호 속성을 더블클릭하면 나타나는 다음과 같은 Attribute Properties 창에서 할 수 있다.

⑯ Attribute Properties 창에서 Primary Key의 체크란에 V 표시를 한다. (PrimaryKey 가 체크되면 Not Null도 자동으로 체크된다.) 그리고 나서 [OK] 버튼을 클릭하면 코드 속성명 앞에 기본 키를 표시하는 열쇠 그림이 나타나는 것을 확인할 수 있다.

⓱ 이제 테이블 명세서를 보면서 엔터티가 가지고 있는 각 속성에 대한 제약조건을 설정하여야 한다. 속성에 대한 제약조건은 특정한 속성명을 더블클릭하면 나타나는 Attribute Properties창에서 할 수 있다. 다음은 출판사번호 속성에 대한 제약조건 설정의 예이다. Name 입력란에는 'pubno'라고 입력하고, Data Type은 Integer를 선택한다. 그리고 [OK] 버튼을 클릭한다.

⑱ 다음은 출판사명 속성에 대한 제약조건 설정의 예이다. Name 입력란에는
'pubname'이라고 입력하고, Data Type은 VarChar(x)를 선택하고, Length 입력란
에는 30을 입력하고, Not Null에 V표시한다. 그리고 [OK] 버튼을 클릭한다.

⑲ 같은 요령으로 담당자, 전화번호 속성에 대한 제약조건을 설정한다.

⑳ 지금까지의 작업이 성공적이었다면 Entity Properties 창과 Model 창의 ERD는 아래와 같다.

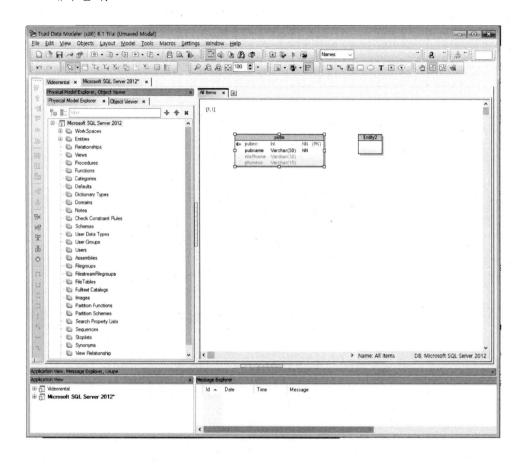

㉑ 이제 같은 요령으로 ERD와 테이블 명세서를 보고도서 엔터티와 그 속성인 도서번호, 도서명, 저자, 가격, 평점에 대해서도 작성해 보자. ERD에서는 보이지 않지만 테이블 명세서에서는 볼 수 있는 출판사번호(pubno)는 현재 단계에서 입력하지 않는다. 왜냐하면 토드 데이터 모델러 프리웨어에서는 엔터티 사이에 관계를 설정하는 순간에 자식 엔터티에 외래키가 자동으로 추가되기 때문이다.

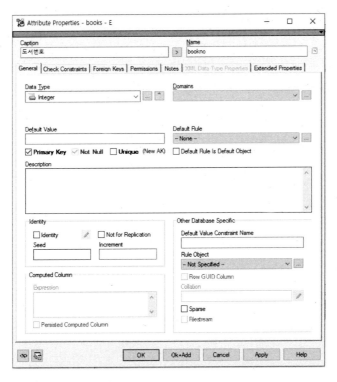

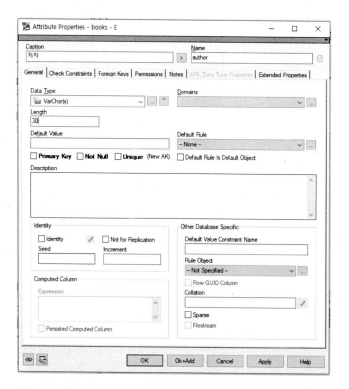

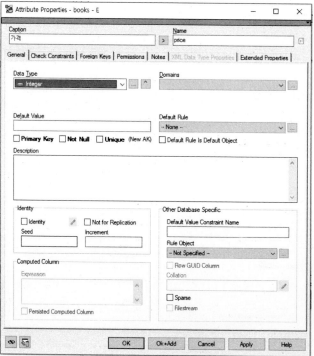

❷❷ 아래 그림은 도서 엔터티에 대한 작업이 성공적이었을 때 볼 수 있는 Entity Properties 창의 ERD 모습이다.

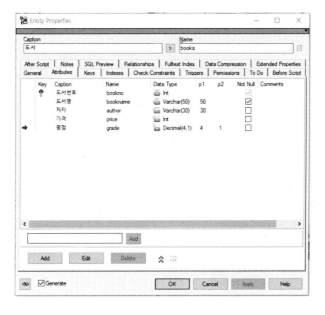

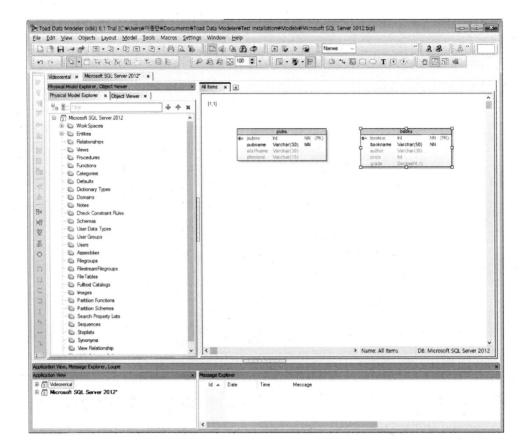

㉓ 이제 두 엔터티 사이에 관계를 설정할 차례이다.

메뉴에서 Non-identifying Relationship 아이콘(　)을 클릭한 뒤, 부모인 pubs 엔터티의 적당한 곳을 클릭한다. 이후 마우스 오른쪽 버튼이 눌려진 상태를 유지하면서 자식인 books엔터티까지 드래그한다. books엔터티에서 마우스의 눌려진 상태를 해제하면 다음과 같은 관계가 설정되면서 자식인 books엔터티에 외래키인 pubno가 초록색 글씨로 추가된 것을 확인할 수 있다.

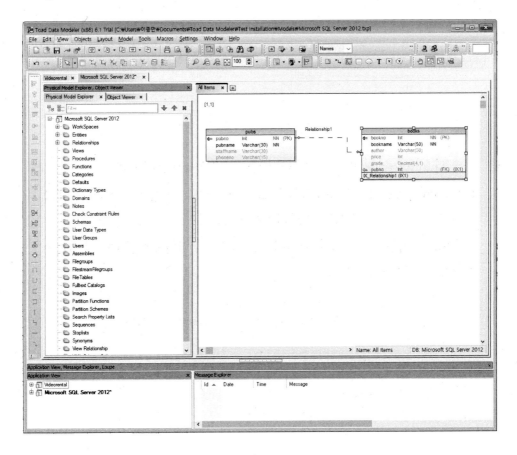

테이블 명세서에서 외래키가 기본키의 일부로 포함된 경우 관계는 Identifying Relationship 아이콘을 선택하여 지정하며, 외래키와 기본키가 별개로 존재하면 Non-identifying Relationship 아이콘을 선택하여 지정한다.

아래 그림은 books 엔터티를 더블클릭하여 나타난 Entity Properties 창이다. Entity Properties 창에서 외래키는 마지막에 위치한다.

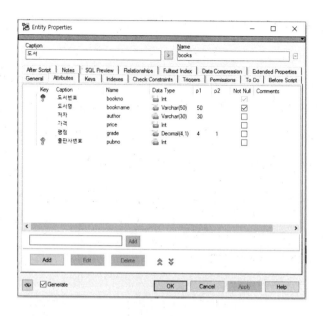

❷❹ 이제 외래키인 출판사번호의 위치를 기본키 다음으로 이동해 보자.

Entity Properties창 하단부에서 있는 초록색 화살표 아이콘(≽ ✿)을 한번 클릭하
면 속성 위치가 한칸씩 이동한다. 외래키인 출판사번호 속성을 선택한 다음 위 방
향으로 이동하는 초록색 화살표 아이콘을 원하는 위치에 도달할 때까지 클릭한 다
음 [OK] 버튼을 클릭한다.

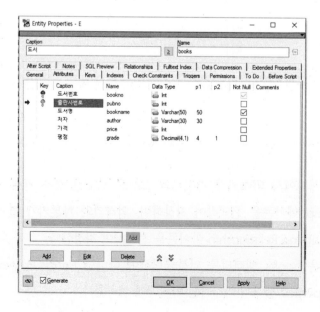

㉕ 관계를 나타내는 점선을 더블클릭하면 다음과 같이 Relationship Properties 창이
나타난다. General 탭을 클릭한다.

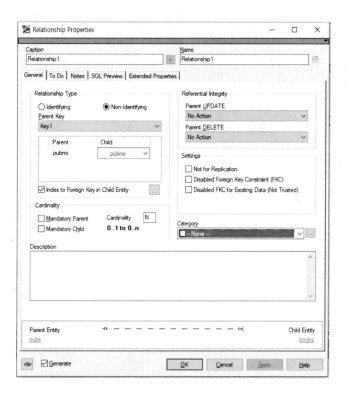

❷❻ Relationship Properties 창의 General 탭에서 Name 입력란에 '공급한다' 를 입력
하고 [OK] 버튼을 클릭한다.

그러면 아래와 같이 관계명이 포함된 ERD를 볼 수 있다.

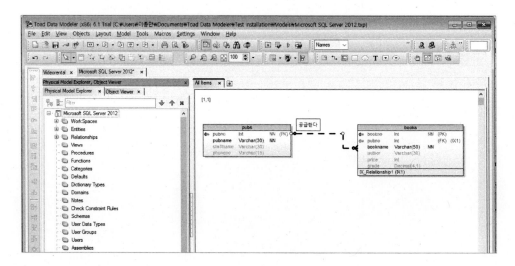

㉗ 메뉴에서 [File]–[SaveModel as…]를 선택하면 지금까지 작업한 ERD 내용을 저장할 수 있다. 저장 위치를 선택하고 파일 이름을 지정하고 [저장] 버튼을 클릭한다. 여기서는 파일 이름을 BighitBookstore라고 지정하였다.

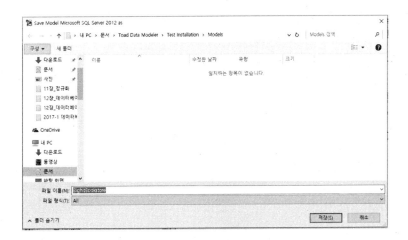

상단 중앙에 위치한 메뉴에서 Options 아이콘( )을 클릭한다. 아래 그림과 같은 Options 창이 나타나면, Physical Model을 'Microsoft SQL Server 2012'로 지정하고 [OK] 버튼을 클릭한다.

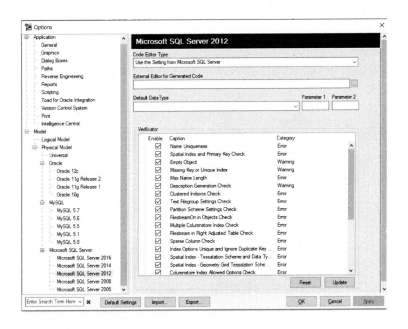

㉘ Generate DDL Script 아이콘(▷)을 클릭한다. 아래 그림과 같은 DDL Script Generation of Microsoft SQL Server 2012 창의 What to generate 탭 화면에서 [Generate] 버튼을 클릭한다.

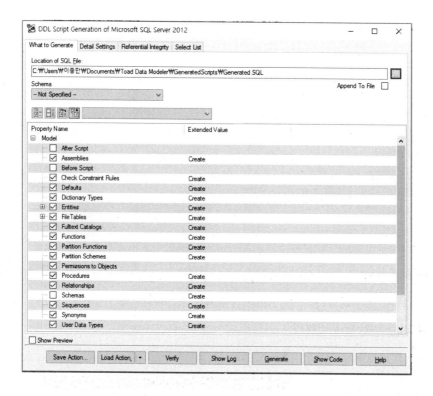

㉙ [Show Code] 버튼을 클릭하면 아래와 같이 생성된 SQL 스크립트 결과를 볼 수 있다.

summary

1. 데이터 요구사항은 서술형으로 되어 있는 업무 기술서 검토, 서식으로 만들어진 장표 검토, 혹은 기 구축된 시스템의 산출물 검토 또는 현업 업무 전문가와 면담을 실시하여 수집할 수 있다.

2. 정리된 요구사항 중에서 명사는 주로 엔터티와 속성의 대상에 해당된다. ERD에서 엔터티는 직사각형으로 나타내고, 엔터티를 설명하는 필요한 속성들은 타원으로 표시한 후 엔터티에 실선으로 연결한다. 다중값 속성은 두 줄로 이루어진 타원으로 표시한다. 복합속성은 이 속성을 구성하는 속성들로 분해하여 나타낸다

3. 정리된 요구사항 중에서 동사는 주로 엔터티들을 연결하는 관계의 대상이 된다.

4. 고객과 협의할 때는 ERWin 등 데이터 모델링 도구를 사용하는 것보다는 칠판이나 포스트잇을 사용하는 것이 더 효과적일 수 있다. 예를 들어, 전지나 칠판에 포스트잇을 붙여가며 토론하는 방법은 의사소통도 잘 되고 엔터티 배치도 수월하며 설정된 관계도 쉽게 고칠 수 있다. 그러나 최종 확정된 ERD를 ERWin과 같은 데이터 모델링 도구로 작성하면, 다음 단계의 작업들을 어느 정도 자동화할 수 있어서 효과적이다.

5. 개념적 데이터 설계 단계의 결과물인 ERD는 목표 DBMS에 맞는 데이터베이스 명세서 (Database Specification)로 변환한다.

6. ERD에서 직사각형으로 표시된 하나의 엔터티는 하나의 테이블로 변환한다. 타원으로 표시된 단순 속성은 그 테이블에 소속된 열로 변환한다. 식별자는 기본 키로 변환한다. 복합 속성은 그 복합 속성을 구성하는 단순 속성들만 해당 테이블의 열로 변환한다. 다중값 속성에 대해서는 새로운 테이블을 생성한다.

7. 일 대 다 관계인 경우는 ERD에서 일측의 엔터티에 대응하는 테이블의 기본 키를 다측의 엔터티에 대응하는 테이블의 속성으로 복사한 다음에 이 속성을 외래 키로 지정한다. 이때 복사된 열에 대해 이름은 변경 가능하지만 데이터 형식은 변경할 수 없다는 점을 주의해야 한다.

summary ▼

8. 일 대 일 관계인 경우는 두 엔터티 중에서 부모 역할을 하는 한 엔터티를 선택한 후, 이후 과정은 일 대 다 변환 규칙을 따른다. 데이터베이스 실무에서는 두 엔터티를 하나의 엔터티로 합치기도 한다.

9. 다 대 다 관계인 경우는 ERD상의 관계를 교차 엔터티로 생성한 후, 생성된 교차 엔터티를 테이블로 변환한다. 또한 참여 엔터티들의 식별자들을 교차 엔터티에 대응하는 테이블에 포함시키고 외래 키로 지정한다.

1. ERD를 작성하는 첫번째 단계는 엔터티를 식별하는 것이다. 엔터티를 식별하는 네가지 소스에 대하여 설명하시오.

2. ERD를 작성할 때 언제 칠판이나 포스트잇을 사용하는가? 또 언제 ERWin과 같은 데이터 모델링 도구를 사용하는가? 간단히 설명하시오.

3. ERD에서 엔터티와 단순 속성은 논리적 설계 단계에서 어떻게 변환하는가 설명하시오.

4. ERD에서 복합 속성은 논리적 설계 단계에서 어떻게 변환하는가 설명하시오.

5. ERD에서 일 대 다 관계는 논리적 설계 단계에서 어떻게 변환하는가 설명하시오.

6. ERD에서 일 대 일 관계는 논리적 설계 단계에서 어떻게 변환하는가 설명하시오.

7. ERD에서 다 대 다 관계는 논리적 설계 단계에서 어떻게 변환하는가 설명하시오.

8. ERD에서 다중값 속성은 논리적 설계 단계에서 어떻게 변환하는가 설명하시오.

9. 국가 정보 ERD

국가 정보 관리를 위한 요구사항은 다음과 같다.

> 국가 정보에는 이름,지역, 면적,인구, GDP 데이터를 관리해야 한다.

요구사항에서 명사에 주목하여 엔터티를 식별하고, 엔터티의 특성을 나타내는 관련 속성을 구별하여 작성한 엔터티 정의서는 다음과 같다.

엔터티	엔터티 설명	관련 속성
국가	국가에 관한 데이터를 관리하기 위한 엔터티	이름 지역 면적 인구 GDP

9-1. 요구사항을 기준으로 엔터티 정의서를 참고하여 ERD를 작성하라항을 기준으로 엔터티 정의서를 참고하여 ERD를 작성하라

9-2. ERD를 기준으로 테이블명세서를 작성하라.

10. 앨범 정보 ERD

앨범 정보 관리를 위한 요구사항은 다음과 같다.

> 1. 앨범의 앨범 번호, 타이틀, 아티스트, 가격,발매일, 배급, 별점 데이터를 관리해야 한다.
>
> 2. 하나의 앨범에는 여러 개의 곡이 수록되어 있다.하나의 곡은 하나의 앨범에만 수록되어
>   야 한다.
>
> 3. 앨범에 수록된 곡의 디스크, 곡번호, 곡명을 관리해야 한다.

10-1. 요구사항에서 명사에 주목하여 엔터티를 식별하고, 엔터티의 특성을 나타내는 관련 속성
을 구별한 후, 다음과 같은 엔터티 정의서를 작성하라.

엔터티	엔터티 설명	관련 속성
앨범	앨범에 관한 데이터를 관리하기 위한 엔터티	앨범번호 타이틀 아티스트 가격 발매일 배급 별점
곡	곡에 관한 데이터를 관리하기 위한 엔터티	디스크 곡번호 곡명

10-2. 요구사항에서 동사에 주목하여 엔터티들을 연결하는 관계를 식별하고 존재성을 구별한
후,다음과 같은 관계 정의서를 작성하라.

기준 엔터티	관계 형태	존재성	관련 엔터티
앨범	• 하나의 앨범에는 여러 개의 곡이 수록되어 있다. • 하나의 곡은 하나의 앨범에만 수록되어야 한다.	필수 필수	곡

10-3. 요구사항을 기준으로 엔터티 정의서와 관계 정의서를 참조하여 ERD를 작성하라

10-4. ERD를 기준으로 테이블명세서를 작성하라.

10-5. 데이터모델링 도구를 사용하여 테이블 생성 SQL 문을 작성하라.

11. 영화 정보 ERD

앨범 정보 관리를 위한 요구사항은 다음과 같다.

> 1. 영화의 번호, 이름, 개봉연도, 매출액, 관객수, 평점 데이터를 관리해야 한다.
>
> 2. 배우의 번호, 이름, 출생, 키, 몸무게,배우자 데이터를 관리해야 한다.
>
> 3. 하나의 영화에는 여러 명의 배우가 출연할 수 있다.한 배우는 여러 개의 영화에 출현할 수 있다.
>
> 4. 영화에 출연한 배우의 역할 데이터는 관리되어야 한다.

11-1. 요구사항에서 명사에 주목하여 엔터티를 식별하고, 엔터티의 특성을 나타내는 관련 속성을 구별한 후, 다음과 같은 엔터티 정의서를 작성하라.

엔터티	엔터티 설명	관련 속성
영화	영화에 관한 데이터를 관리하기 위한 엔터티	번호 이름 개봉연도 매출액 관객수 평점
배우	배우에 관한 데이터를 관리하기 위한 엔터티	번호 이름 출생 키 몸무게 배우자
출연	영화에 출연한 배우에 관한 데이터를 관리하기 위한 엔터티	역할

11-2. 요구사항에서 동사에 주목하여 엔터티들을 연결하는 관계를 식별하고 존재성을 구별한 후,다음과 같은 관계 정의서를 작성하라.

기준 엔터티	관계 형태	존재성	관련 엔터티
영화	• 하나의 영화에는 여러 명의 배우가 출연할 수 있다. • 한 배우는 여러 개의 영화에 출현할 수 있다.	선택 선택	배우

11-3. 요구사항을 기준으로 엔터티 정의서와 관계 정의서를 참조하여 ERD를 작성하라

11-4. ERD를 기준으로 테이블명세서를 작성하라.

11-5. 데이터모델링 도구를 사용하여 테이블 생성 SQL 문을 작성하라.

12. 학사 관리 ERD

학사관리를 위한 요구사항 수집 결과는 다음과 같다.

---

1. 학과의 번호, 이름 데이터를 관리해야 한다.

2. 한 학과에는 여러 명의 교수들이 소속된다. 한 교수는 하나의 학과에만 소속되어야 한다.

3. 한 학과에는 여러 명의 학생들이 소속된다. 한 학생은 하나의 학과에만 소속되어야 한다.

4. 교수의 번호, 이름 데이터를 관리해야 한다.

5. 한 교수는 여러 개의 과목을 운영할 수 있다.한 과목은 한 명의 교수에 의해서 운영되어야 한다.

6. 한 학생은 여러 개의 과목을 수강할 수 있다. 한 과목은 여러 명의 학생들에 의해서 수강 될 수 있다.

7. 학생의 번호, 이름, 주소, 학년, 키, 몸무게, 상태,입력일자 데이터를 관리해야 한다.

8. 과목의 번호, 이름, 학점 데이터를 관리해야 한다.

9. 과목을 수강한 학생의 점수와 등급 데이터는 관리되어야 한다.

12-1. 요구사항에서 명사에 주목하여 엔터티를 식별하고, 엔터티의 특성을 나타내는 관련 속성을 구별한 후, 다음과 같은 엔터티 정의서를 작성하라.

엔터티	엔터티 설명	관련 속성
학과	학과에 관한 데이터를 관리하기 위한 엔터티	번호 이름
교수	교수에 관한 데이터를 관리하기 위한 엔터티	번호 이름

엔터티	엔터티 설명	관련 속성
학생	학생에 관한 데이터를 관리하기 위한 엔터티	번호 이름 주소 학년 키 몸무게 상태 입력일자
과목	과목에 관한 데이터를 관리하기 위한 엔터티	번호 이름 학점
수강	과목을 수강한 학생에 관한 데이터를 관리하기 위한 엔터티	점수 등급

12-2. 요구사항에서 동사에 주목하여 엔터티들을 연결하는 관계를 식별하고 존재성을 구별한 후, 다음과 같은 관계 정의서를 작성하라.

기준 엔터티	관계 형태	존재성	관련 엔터티
학과	• 한 학과에는 여러 명의 교수들이 소속된다. • 한 교수는 하나의 학과에만 소속되어야 한다.	필수 필수	교수
학과	• 한 학과에는 여러 명의 학생들이 소속된다. • 한 학생은 하나의 학과에만 소속되어야 한다.	필수 필수	학생
교수	• 한 교수는 여러 개의 과목을 운영할 수 있다. • 한 과목은 한 명의 교수에 의해서 운영되어야 한다.	선택 필수	과목
학생	• 한 학생은 여러 개의 과목을 수강할 수 있다. • 한 과목은 여러 명의 학생들에 의해서 수강 될 수 있다.	선택 선택	과목

12-3. 요구사항을 기준으로 엔터티 정의서와 관계 정의서를 참조하여 ERD를 작성하라

12-4. ERD를 기준으로 테이블명세서를 작성하라.

12-5. 데이터모델링 도구를 사용하여 테이블 생성 SQL 문을 작성하라.

CHAPTER **14**

트랜잭션

트랜잭션

학습목표

- 트랜잭션 개념을 예를 들어 설명할 수 있다.
- 트랜잭션의 ACID 특성을 나열할 수 있다.
- 트랜잭션의 특성을 예를 들어 설명할 수 있다.
- 트랜잭션의 원자성을 제공하기 위한 두 가지 연산을 예를 들어 설명할 수 있다.
- 트랜잭션의 상태 흐름을 도식화하여 설명할 수 있다.
- 트랜잭션 특성과 DBMS 기능과의 관계를 간단하게 설명할 수 있다.

트랜잭션 개념

영어단어 transaction은 거래를 뜻한다. 예를 들어, 돈을 줬는데 물건을 받지 못한다면, 그 거래는 이루어지지 못하고 원상태로 복구되어야 한다. 이와 같이 쪼갤 수 없는 하나의 처리 행위를 원자적 행위라고 한다. 여기서 쪼갤 수 없다는 말은 실제로 쪼갤 수 없다기보다는 만일 쪼개질 경우 시스템에 심각한 오류를 초래할 수 있다는 것을 의미한다. 이러한 개념의 기능을 데이터베이스 시스템에서 제공하는 것이 바로 트랜잭션이다.

여러분은 이미 앞 장에서 INSERT/UPDATE/DELETE를 사용하여 테이블 데이터의 갱신을 수행하였다. 그런데 여기서 갱신은 단일 쿼리만으로 수행할 수도 있지만, 복수 쿼리를 연속적으로 수행하는 경우가 대부분이다. 또한, 갱신 전의 데이터로 SELECT를 사용할 때는 이를 포함한 복수 쿼리를 한 덩어리로 다루어야 한다. **트랜잭션(transaction) 이란 데이터베이스 내에서 하나의 논리적 기능을 수행하기 위해 행해지는 한꺼번에 사용되는 하나 이상의 쿼리를 모아 놓은 쪼갤 수 없는 작업의 논리적인 단위(logical unit of work)**를 의미한다.

예를 들어, 여러분이 지금 ATM 앞에서 어제 저녁에 친구에게 빌린 밥값 만원을 이체해야 하는 상황을 생각해 보자. 아마 다음과 같은 순서를 밟아야 할 것이다.

① 여러분 계좌의 잔액과 친구 계좌의 잔액을 검색한다.

② 여러분 계좌에서 10,000원을 출금한다.

③ 친구 계좌에 10,000원을 입금한다.

④ 여러분 계좌의 잔액과 친구 계좌의 잔액을 검색한다.

또한, 이러한 이체 상황은 다음과 같은 네 개의 SQL 문장으로 정의된 하나의 트랜잭션으로 정리할 수 있다.

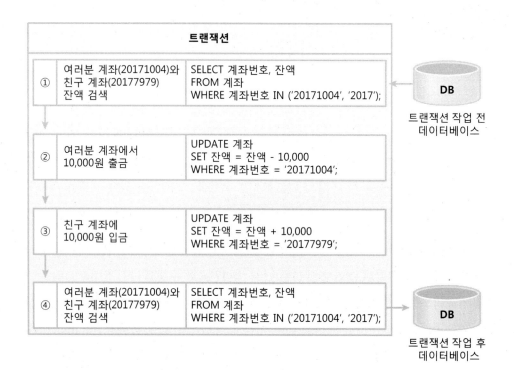

그림 1 트랜잭션 개념

트랜잭션의 ACID 특성

1970년대 말에 미국의 컴퓨터 과학자인 짐 그레이(Jim Gray)는 트랜잭션이 안전하게 수행된다는 것을 보장하기 위한 특성들을 정의하였으며 자동으로 이들을 수행하는 기술을 개발하였다. 그는 1998년에 데이터베이스와 트랜잭션 처리 연구 및 시스템 구현에 기여한 점을 인정받아 튜링상을 수상하였다. 1983년에 앤드리스 류터(Andreas Reuter)와 테오 하더(Theo Härder)는 원자성, 일관성, 고립성, 지속성의 영문 단어의 첫 글자를 따서 ACID라는 용어를 만들어 이를 기술하였다. 이후 트랜잭션의 특성은 다음과 같이 네 가지 특성으로 정의되는데, 영어 단어 첫 글자를 따서 **ACID 특성**이라고 부른다.

- Atomicity(원자성)
- Consistency(일관성)
- Isolation(고립성 또는 격리성)
- Durability(지속성 또는 영속성)

2.1 원자성(Atomicity)

트랜잭션이 원자성(Atomicity)을 가진다는 것은 트랜잭션은 분해가 불가능한 최소의 단위인 하나의 원자처럼 동작한다는 의미이다. 즉, 트랜잭션 작업은 수행을 시작하면, 트랜잭션 내의 모든 연산들은 반드시 한꺼번에 완전하게 전체가 정상적으로 수행이 완료되거나 아니면 어떠한 연산도 수행되지 않는 All or Nothing 방식이어야 한다.

예를 들어, 여러분이 ATM에서 친구에게 만원을 이체한다고 하자. 만약 다음 그림과 같은 이체 트랜잭션 절차 ①~④가 순서대로 모두 잘 처리되고 그 결과가 데이터베이스에 반영되면 이 이체 트랜잭션은 원자성을 가진다고 할 수 있다.

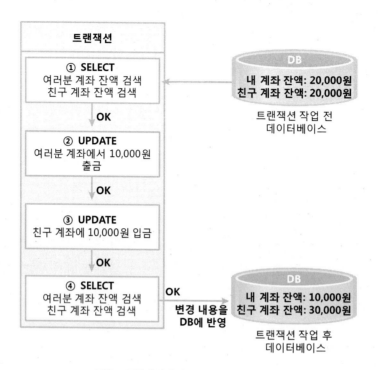

그림 2 트랜잭션의 성공적인 종료 처리 방식

하지만, 트랜잭션 수행 도중에 하드웨어가 고장 나거나 통신이 끊기거나 소프트웨어가 중단되는 등 시스템이 비정상적으로 동작하는 상황뿐만 아니라 여러분 계좌에 남아있는 잔액의 부족 등 시스템이 정상 동작하는 상황이라도 오류가 발생할 수 있다.

예를 들어, 다음 그림과 같이 ① SQL 문장과 ② SQL 문장은 성공적으로 수행되었지만 ③ SQL 문장 수행 중 장애가 발생하였다면, 지금까지 성공적으로 수행됐던 ① 작업 결과와 ② 작업 결과는 모두 취소되고 처음 상태인 ① 직전 상태로 되돌아가야만 한다.

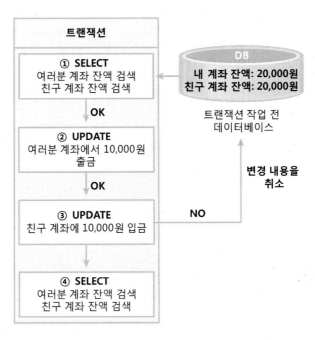

그림 3 트랜잭션의 비정상적인 종료 처리 방식

이체 트랜잭션은 성공할 수도 실패할 수도 있지만 보내는 쪽에서 돈을 빼 오는 작업만 성공하고 받는 쪽에 돈을 넣는 작업을 실패해서는 안된다. 원자성은 이와 같이 중간 단계까지 실행되고 실패하는 일이 없도록 하는 것이다.

2.2 일관성(Consistency)

트랜잭션이 일관성(Consistency)을 가진다는 것은 트랜잭션 작업이 시작되기 전에 데이터베이스 상태가 일관된 상태였다면, 트랜잭션 작업이 종료된 후에도 일관성 있는 데이터베이스 상태를 유지해야 한다는 것을 의미한다.

예를 들어, 여러분이 ATM에서 친구에게 만원을 이체한다고 하자. 만약 이 이체 트랜잭션이 일관성을 가지려면, 다음 그림과 같이 이체 트랜잭션 수행 전에 여러분 계좌 잔액과 친구 계좌 잔액을 합한 금액이 이체 트랜잭션 수행 후에 여러분 계좌 잔액과 친구 계좌 잔액을 합한 금액이 동일하여야 한다.

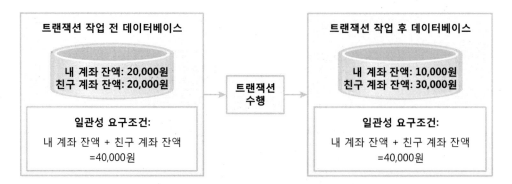

그림 4 트랜잭션의 일관성 개념

2.3 고립성 또는 격리성(Isolation)

트랜잭션이 고립성(Isolation)을 가진다는 것은 트랜잭션 작업 수행 중에는 다른 트랜잭션에 영향을 주어서도 안되고, 다른 트랜잭션들에 의해 간섭을 받아서도 안 된다는 것을 말한다. 말 그대로 다른 트랜잭션의 영향을 받게 되면 영향을 주는 트랜잭션에 의해 자신의 동작이 달라질 수 있기 때문에, 트랜잭션 자신은 고립된 상태에서 수행되어야 한다는 것을 의미한다. 즉, 트랜잭션이 고립성을 가진다는 것은 다수의 트랜잭션이 동시에 수행 중인 상황에서 하나의 트랜잭션이 완료될 때까지는 현재 실행 중인 트랜잭션의 중간 수행 결과를 다른 트랜잭션에서 보거나 참조할 수 없다는 것을 의미이다.

이를 위해서는 트랜잭션의 제어 모듈이나 DBMS의 무결성 제약조건이 동일한 데이터를 동시에 접근하려고 할 때에 트랜잭션마다 순서를 부여하여 결과적으로 트랜잭션들을 순차적으로 실행시키는 것이 필요하다.

예를 들어, 두 개의 이체 트랜잭션이 동일한 계좌 데이터를 동시에 접근하려고 할 때는 시스템 내에서 나름대로의 규칙을 정해서 처리 순서를 정하여 다음 그림과 같이 순차적으로 실행하면, 동시에 실행하는 트랜잭션으로 인해 발생하는 문제점을 피할 수 있다.

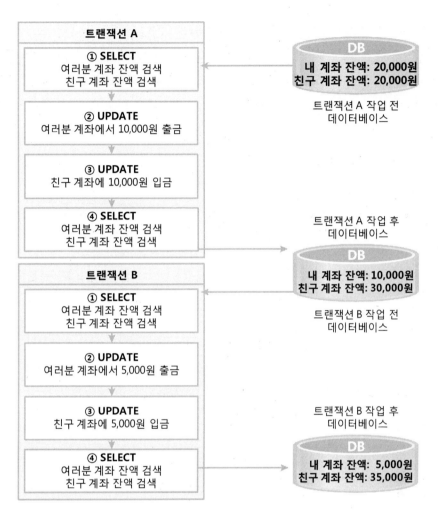

그림 5 트랜잭션의 고립성 개념

2.4 지속성 또는 영속성(Durability)

트랜잭션이 지속성(Durability)을 가진다는 것은 트랜잭션 작업이 성공적으로 수행되어 데이터베이스 내에 반영되었으면, 트랜잭션의 그 결과는 영구적으로 데이터베이스에 저장되어야 한다는 것을 말한다. 즉, 성공적으로 수행된 결과는 시스템 내에 어떤 장애가 발생하더라도 유지되어야 한다는 것을 의미한다.

예를 들어, 여러분이 ATM에서 친구에게 만원을 이체하는 트랜잭션 작업이 성공한 후, 여러분의 계좌 잔액은 만원이고 친구의 계좌 잔액은 삼 만원이라고 하자. 이후 시스템 내에 장애가 발생한 후에도 여러분과 친구의 계좌 잔액은 각 만원, 삼 만원으로 변함없이 동일하게 유지되고 있다면, 그 트랜잭션은 지속성을 가진다고 말할 수 있다.

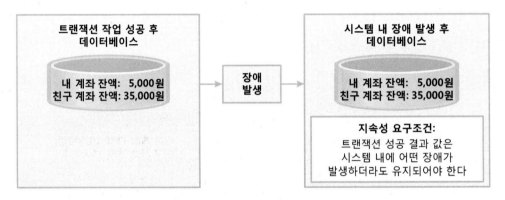

그림 6 트랜잭션의 지속성 개념

일반적으로 모든 트랜잭션은 로그로 남고 시스템 장애 발생 전 상태로 되돌릴 수 있다.

트랜잭션의 원자성을 제공하기 위한 연산

트랜잭션이 원자성(Atomicity)을 가진다는 것은 작업의 논리적 단위인 트랜잭션이 부분적으로 실행되다가 중단되지 않고 하나의 원자처럼 동작해야 한다는 것을 의미한다. 이것은 트랜잭션 내의 모든 연산이 반드시 한꺼번에 완료되어야 하며, 그렇지 못한 경우에는 한꺼번에 취소되어야 가능한 일인데, 트랜잭션의 원자성을 보장하는 연산에는 COMMIT과 ROLLBACK이 있다.

3.1 트랜잭션의 성공적인 종료, COMMIT

COMMIT은 한 작업의 논리적 단위인 트랜잭션이 성공적으로 종료하고, 데이터베이스는 새로운 일관된 상태를 가질 때, 트랜잭션이 수행한 갱신을 영속성이 보장되도록 데이터베이스에 반영하는 연산이다. 새로운 트랜잭션은 COMMIT 다음에 바로 시작 가능하다.

예를 들어, 여러분이 ATM에서 친구에게 만원을 이체하는 트랜잭션의 다음과 같은 절차가 순서대로 모두 잘 진행되면 트랜잭션에서는 ①~④를 처리한 후에 트랜잭션 연산 중 하나인 COMMIT을 실행해 처리를 확정한다. 이 경우 각 데이터 조작은 영구적으로 저장되어 결과가 손실되지 않는다.

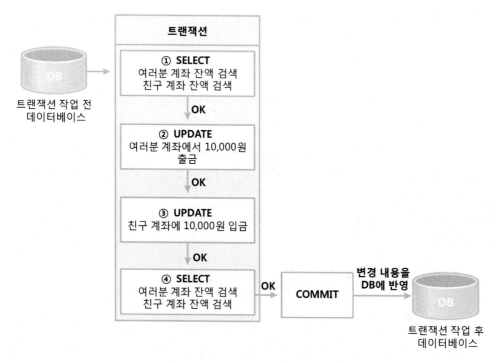

그림 7 트랜잭션 연산 COMMIT 개념

지금부터는 그림 7과 같은 트랜잭션 연산을 SQL로 실습한다. 이를 위해 다음과 같은 SQL 문을 이용하여 여러분 계좌(20171004)와 친구 계좌(20177979)에 이만원의 잔액이 있도록 환경을 설정한다.

```
-- 트랜잭션 실습을 위한 준비 작업

CREATE TABLE 계좌
(계좌번호    CHAR(8)
,잔액        INTEGER
,PRIMARY KEY(계좌번호)
);

INSERT INTO 계좌(계좌번호,잔액) VALUES('20171004',20000);
INSERT INTO 계좌(계좌번호,잔액) VALUES('20177979',20000);
```

이제 다음과 같은 SQL 문을 단계별로 실행한다.

```
-- 1단계:트랜잭션 작업 전 데이터베이스 상태
SELECT 잔액 FROM 계좌;
```

	잔액
1	20000
2	20000

```
-- 2단계:트랜잭션
BEGIN TRANSACTION;
-- ①
SELECT 계좌번호,잔액 FROM 계좌 WHERE 계좌번호 = '20171004';
SELECT 계좌번호,잔액 FROM 계좌 WHERE 계좌번호 = '20177979';
-- ②
UPDATE 계좌
SET 잔액 = 잔액 - 10000
WHERE 계좌번호 = '20171004';
-- ③
UPDATE 계좌
SET 잔액 = 잔액 + 10000
WHERE 계좌번호 = '20177979';
-- ④
SELECT 잔액 FROM 계좌 WHERE 계좌번호 = '20171004';
SELECT 잔액 FROM 계좌 WHERE 계좌번호 = '20177979';
COMMIT;


-- 3단계:트랜잭션 작업 후 데이터베이스 상태
SELECT 잔액 FROM 계좌;
```

	잔액
1	10000
2	30000

3.2 트랜잭션의 비정상적인 종료, ROLLBACK

ROLLBACK은 한 작업의 논리적 단위인 트랜잭션 중 일부를 성공적으로 종료하지 못했을 때, 데이터베이스가 일관되지 않은 불일치 상태에 있을 수 있으므로 트랜잭션이 수행한 모든 변경 연산을 복귀시키거나 취소하는 연산이다.

예를 들어, 트랜잭션 수행 도중에 하드웨어가 고장 나거나 통신이 끊기거나 소프트웨어가 중단되는 등 시스템이 비정상적으로 동작하는 상황뿐만 아니라 여러분 계좌에 남아있는 잔액의 부족 등 시스템이 정상 동작하는 상황이라도 오류가 발생하는 경우에는 트랜잭션 연산 중 하나인 ROLLBACK을 실행하여 ①~④의 처리 과정 중 ① 직전 상태까지 되돌아가야 한다.

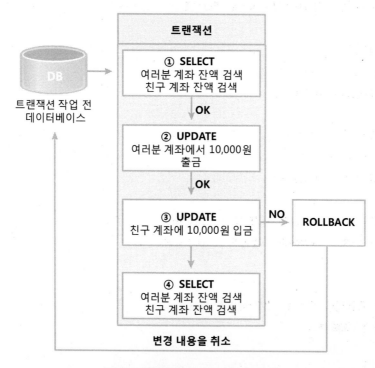

그림 8 트랜잭션 연산 ROLLBACK 개념

이제 그림 8과 같은 트랜잭션 연산을 SQL로 실습해 보자. 이를 위해 다음과 같은 SQL 문을 이용하여 여러분 계좌(20171004)와 친구 계좌(20177979)에 이만원의 잔액이 있도록 환경을 설정한다. 여기서는 그림 7 트랜잭션 연산 COMMIT 실습에 사용한 계좌 테이블을 제거하고 나서 그림 8 실습을 위한 계좌 테이블을 새로 만들었다.

```
-- 트랜잭션 실습을 위한 준비 작업
DROP TABLE 계좌;

CREATE TABLE 계좌
(계좌번호   CHAR(8)
,잔액       INTEGER
,PRIMARY KEY(계좌번호)
);

INSERT INTO 계좌(계좌번호,잔액) VALUES('20171004',20000);
INSERT INTO 계좌(계좌번호,잔액) VALUES('20177979',20000);
```

이제 다음과 같은 SQL문을 단계별로 실행한다.

```
-- 1단계:트랜잭션 작업 전 데이터베이스 상태
SELECT 잔액 FROM 계좌;

        잔액
   1    20000
   2    20000


-- 2단계:트랜잭션
BEGIN TRANSACTION;
-- ①
SELECT 계좌번호,잔액 FROM 계좌 WHERE 계좌번호 = '20171004';
SELECT 계좌번호,잔액 FROM 계좌 WHERE 계좌번호 = '20177979';
```

```
-- ②
UPDATE 계좌
SET 잔액 = 잔액 - 10000
WHERE 계좌번호 = '20171004';
-- ③
UPDATE 계좌
SET 잔액 = 잔액 + 10000
WHERE 계좌번호 = '20177979';


ROLLBACK;


-- 3단계:트랜잭션 작업 후 데이터베이스 상태
SELECT 잔액 FROM 계좌;
```

	잔액
1	20000
2	20000

트랜잭션 상태 및 DBMS와의 관계

4.1 트랜잭션 상태

트랜잭션 상태는 다음과 같은 다섯 가지 상태로 구분할 수 있으며, 트랜잭션은 반드시 다섯 가지 상태 중에서 어느 하나를 가져야 한다.

표 1 다섯 가지 트랜잭션상태

트랜잭션 상태	의미
활동(active)	트랜잭션이 실행을 시작하였거나 현재 실행 중인 상태를 의미
부분 완료(partially committed)	트랜잭션이 마지막 명령문을 실행시킨 직후의 상태를 의미
실패(failed)	트랜잭션 실행 중에 장애나 오류가 발생하여 더 이상 정상적인 실행을 할 수 없는 상태를 의미
완료(committed)	트랜잭션이 성공적으로 완료되어 COMMIT 연산을 수행한 상태를 의미
철회(aborted)	트랜잭션 실행이 실패하여 ROLLBACK 연산을 수행한 상태를 의미

트랜잭션은 성공적으로 완료되어야 하지만, 시스템 오류나 장애 등으로 인하여 모든 트랜잭션이 항상 성공적으로 완료되지는 않는다. 다음 그림은 다섯 가지 트랜잭션 상태에 대한 상호 관계를 나타낸 것이다.

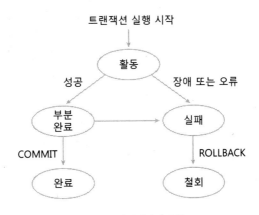

그림 9 트랜잭션상태 흐름도

4.2 트랜잭션 특성과 DBMS 기능과의 관계

DBMS은 트랜잭션의 ACID 특성을 지원하는 다음과 같은 기능을 지원한다.

표 2 트랜잭션특성과 DBMS 기능과의 관계

트랜잭션 특성	DBMS기능
원자성	회복
일관성	동시성 제어 또는 병행 제어, 무결성 제약조건
고립성 또는 격리성	동시성 제어 또는 병행 제어
지속성 또는 영속성	회복

summary ▼▼▼

1. 트랜잭션(transaction)은 데이터베이스 내에서 하나의 논리적 기능을 수행하기 위해 행해지는 한꺼번에 사용되는 하나 이상의 쿼리를 모아 놓은 쪼갤 수 없는 작업의 논리적인 단위(logical unit of work)이다.

2. 트랜잭션의 특성은 Atomicity(원자성), Consistency(일관성), Isolation(고립성 또는 격리성), Durability(지속성 또는 영속성)의 네 가지 특성으로 정의되는데, 영어 단어 첫 글자를 따서 ACID 특성이라고 부른다.

3. 트랜잭션이 원자성(Atomicity)을 가진다는 것은 트랜잭션 작업은 수행을 시작하면, 트랜잭션 내의 모든 연산들은 반드시 한꺼번에 완전하게 전체가 정상적으로 수행이 완료되거나 아니면 어떠한 연산도 수행되지 않는 All or Nothing 방식이어야 한다는 것을 의미한다.

4. 트랜잭션이 일관성(Consistency)을 가진다는 것은 트랜잭션 작업이 시작되기 전에 데이터베이스 상태가 일관된 상태였다면, 트랜잭션 작업이 종료된 후에도 일관성 있는 데이터베이스 상태를 유지해야 한다는 것을 의미한다.

5. 트랜잭션이 고립성(Isolation)을 가진다는 것은 트랜잭션 작업 수행 중에는 다른 트랜잭션에 영향을 주어서도 안되고, 다른 트랜잭션들에 의해 간섭을 받아서도 안 된다는 것을 의미한다.

6. 트랜잭션이 지속성(Durability)을 가진다는 것은 트랜잭션 작업이 성공적으로 수행되어 데이터베이스 내에 반영되었으면, 트랜잭션의 그 결과는 영구적으로 데이터베이스에 저장되어야 한다는 것을 의미한다.

7. 트랜잭션의 원자성을 보장하는 연산에는 트랜잭션이 성공적으로 종료되었을 때 수행하는 COMMIT과 트랜잭션의 비정상적으로 종료되었을 때 수행하는 ROLLBACK이 있다.

8. 트랜잭션 상태는 활동(active), 부분 완료(partially committed), 실패(failed), 완료(committed), 철회(aborted)와 같은 다섯 가지 상태로 구분할 수 있다. 트랜잭션은 반드시 다섯 가지 상태 중에서 어느 하나를 가져야 한다.

9. DBMS는 트랜잭션의 원자성과 지속성(영속성)을 보장하기 위하여 회복 기능을 지원하고, 일관성과 고립성(격리성)을 위한 동시성 제어(병행 제어) 기능을 제공한다. DBMS의 무결성 제약조건은 트랜잭션의 일관성을 보장을 돕는다.

확인문제

1. 다음 중 트랜잭션이 갖추어야 할 네 가지 조건에 해당되지 않는 것은 무엇인가?

① 원자성   ② 일관성

③ 독립성   ④ 지속성

2. 다음 괄호 안에 들어갈 트랜잭션의 특성을 바르게 나열한 것은 무엇인가?

> 트랜잭션 작업이 수행을 시작하면 트랜잭션 내의 모든 연산들이 반드시 한꺼번에 완전하게 정상적으로 수행이 완료되거나 아니면 어떠한 연산도 수행되지 않음을 보장해야 한다는 특성을 (　　　)이라고 하며, 여러 가지 트랜잭션이 동시에 수행되더라도 각기 개별로 수행되는 것과 동일해야 한다는 특성을 (　　　)이라고 한다.

① 원자성, 고립성   ② 원자성,지속성

③ 일관성, 고립성   ④ 일관성,지속성

3. 다음 중 COMMIT과 ROLLBACK 명령문에 의해서 보장받는 트랜잭션의 특성은 무엇인가?

① 원자성   ② 일관성

③ 고립성   ④ 지속성

C H A P T E R 1

~

- 데이터베이스를 활용한 포드사의 업무 재설계 사례를 설명할 수 있다.
- 데이터 웨어하우스의 정의와 네 가지 특징을 기술할 수 있다.
- 데이터 웨어하우스의 구성요소를 도식화하여 설명할 수 있다.
- 데이터 웨어하우스의 스키마를 예를 들어 설명할 수 있다.
- OLAP의 정의와 특징을 기술할 수 있다.
- OLAP의 주요 기능을 예를 들어 설명할 수 있다.
- OLAP의 종류를 기술할 수 있다.
- 데이터마이닝이란 무엇인가를 설명할 수 있다.
- 데이터마이닝 절차를 기술할 수 있다.
- 데이터마이닝 작업들을 예를 들어 설명할 수 있다.

데이터베이스를 활용한 업무 재설계

1.1 포드사의 외상매입금 처리 사례

데이터베이스는 **업무재설계**(Business Process Reengineering, BPR)에서 중요한 역할을 담당하고 있다. 예를 들어, 미국 자동차 회사인 포드사의 경우를 살펴보자. 포드사의 외상매입금 처리 업무 담당 직원은 1980년 초에 500명 이상이었다. 그들은 아래 그림과 같이 구매요청서, 인수증, 대금 청구서를 대조한 후 대금을 지급하는 일을 하였으나 대조작업이 잘못되는 경우가 빈번하게 발생하였다.

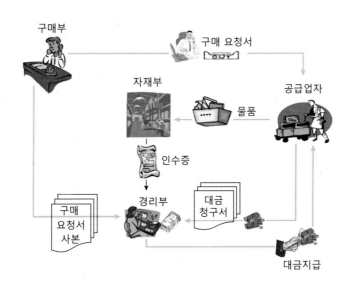

그림 1 포드사의 BPR 이전 외상매입금 처리 과정

그러나 경영진은 미국 자동차 산업이 침체기에 접어들자 이를 극복하기 위한 방안 중하나로서 외상매입금 처리 업무 관련 직원을 약 20% 감원하기로 결정하였다. 이를 위한 벤치마킹을 진행하던 포드사 경영진은 일본 자동차 회사인 마즈다사를 보고 큰 충격을 받았다. 마즈다사는 포드사가 400명으로 줄이려고 노력하는 외상매입금 처리 업무를 단 5명으로 수행하고 있었다. 경영진은 두 회사의 규모를 감안하더라도 이것은 놀

랄만한 차이라고 인식하였다. 그래서 포드사의 경영진은 외상매입금 처리 업무를 아래 그림과 같이 전면 재설계하기로 결정하였다.

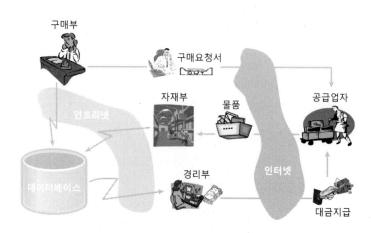

그림 2   포드사의 BPR 이후 외상매입금 처리 과정

포드사는 외상매입금 처리 업무 과정을 이와 같이 효과적으로 재설계함으로써 해당 업무 담당자를 70%이상 줄일 수 있었다. 여기서 데이터베이스는 서류 간의 불일치 가능성을 사전에 배제할 수 있을 뿐 아니라 구매요청서, 인수증 및 대금청구서 사본을 더 이상 사용하지 않아도 되는 등 경영혁신을 위한 중요한 도구로서 사용되었다.

데이터 웨어하우스의 이해

2.1 데이터 웨어하우스의 정의와 특징

줄여서 DW라고도 부르는 데이터 웨어하우스(Data Warehouse)는 사용자의 비즈니스 분석 활동과 의사 결정 지원을 위한 전사적인 대규모의 데이터 저장소이다. 데이터 웨어하우스는 구매, 생산, 판매, 고객 서비스와 같은 다양한 업무데이터베이스로부터 추출되고 변환되어 고객, 상품, 매출, 마케팅 캠페인과 같은 주제 중심적으로 통합된다. 데이터 웨어하우스는 여러 곳에 분산되어 운영되는 트랜잭션 위주의 기간 시스템들로부터 필요한 데이터를 추출한 후 공통의 표준화된 형식으로 변환하여 하나의 중앙 집중화된 저장소에 모아 놓고, 이를 여러 계층의 사용자들이 쉽게 이용할 수 있도록 만든 데이터 창고라고 말할 수 있다.

이러한 데이터 웨어하우스의 특징은 데이터의 주제 지향성, 데이터의 통합성, 데이터의 시계열성, 그리고 데이터의 비휘발성으로 요약할 수 있다. 데이터웨어 하우스의 각 특징을 조금 더 자세하게 살펴보면 다음과 같다.

데이터 웨어하우스의 첫 번째 특징은 데이터의 **주제 지향성**(subject orientation)이다. 전통적인 데이터베이스에서는 구매, 생산, 판매, 서비스 등과 같은 특정 부서 기능에 따라 의사결정에 필요하지 않아도 업무 처리에 필요한 데이터는 모두 저장, 관리한다. 반면 데이터 웨어하우스에서는 고객, 상품, 매출, 마케팅 캠페인 등과 같이 의사결정에 필요한 특정 주제에 따라 데이터를 분류, 저장, 관리한다.

데이터 웨어하우스의 두 번째 특징은 데이터의 **통합성**(integration)이다. 데이터 웨어하우스의 데이터는 전사적 차원에서 일관된 형식으로 정의된다는 특징이 있다. 예를 들어, 고객 주민등록번호가 동일한 데이터임에도 운영 데이터베이스별로 다른 형태의 데이터 형식으로 관리되고 있다면, 데이터 웨어하우스에서는 적절한 변환 및 통합 규칙을 통해 속성 이름, 데이터 형식, 단위 등에 일관성을 유지한 데이터를 통합하여 저장해야 한다.

데이터 웨어하우스의 세 번째 특징은 데이터의 **시계열성**(time variance)이다. 일반적인 운영 데이터베이스에서는 데이터에 접근하는 현재 시간을 기준으로 최신의 값을 유지한다. 반면 데이터 웨어하우스에서는 시간의 흐름에 따라 변화하는 값을 유지하는 특성을 갖는다. 즉, 운영 데이터베이스에서는 새로운 데이터가 이전 데이터를 필요할 때마다 갱신하는 반면, 데이터 웨어하우스에서는 새로운 데이터가 이전 데이터를 갱신하지 않고 계속 누적, 관리한다.

데이터 웨어하우스의 네 번째 특징은 데이터의 **비휘발성**(nonvolatilization)이다. 데이터 웨어하우스에 일단 데이터가 적재되면 일괄 처리(batch) 작업에 의한 갱신 이외에는 Insert나Delete등의 변경이 수행되지 않는다. 이러한 특징 때문에 데이터 웨어하우스는 사용자 측면에서 검색만 가능한 읽기 전용 데이터 저장소라고 부르기도 한다.

2.2 데이터 웨어하우스의 구조

데이터 웨어하우스는 데이터 원천(data source)으로서의 각종 내부 운영 데이터베이스와 외부 데이터베이스, 가공 전의 원천 데이터(raw data)중 필요한 데이터를 추출(Extraction)하고 전사적으로 통일된 데이터 구조로변환(Transformation)하고 데이터 웨어하우스에 적재(Loading)하는 일련의 처리 과정인 ETL(Extraction, Transformation, Loading) 프로세스, 전사적 통합 데이터 저장소로서의 전사적 데이터 웨어하우스(Enterprise Data Warehousing, EDW), 그리고 소수의 사용자들이 제한된 주제를 가지고 소규모의 데이터를 신속하게 추출하여 분석할 수 있도록 만든 부서 단위의 데이터 웨어하우스인 데이터 마트(Data Mart, DM)로 구성된다.

(4) 운영 데이터베이스(operational database)

운영 데이터베이스는 각 부서 업무를 지원하는 업무 데이터베이스이며, 조직에서 정보가 수집되는 최초의 물리적 공간이기도 하다. 데이터 웨어하우스는 바로 이 업무 데이터베이스를 원천 데이터로 활용한다.

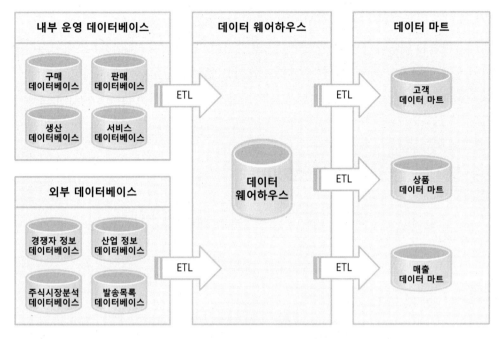

그림 3 데이터 웨어하우스 구조

(5) ETL(Extraction, Transformation, Loading) 프로세스

ETL 프로세스는 필요한 데이터를 추출(Extraction)하여 원하는 구조로 데이터를 변환 (Transformation)한 후 적재(Loading)하는 일련의 처리 과정이다. 내부 운영 데이터베이스에서 필요한 데이터를 처리하여 데이터 웨어하우스에 저장할 때나 데이터 웨어하우스의 데이터를 처리하여 데이터 마트에 저장할 때 이용한다.

(6) 데이터 웨어하우스(Data Warehousing, DW)

데이터 웨어하우스는 내부 운영 데이터베이스를 ETL 프로세스를 통해 목적에 맞게 가공하여 저장한 물리적 공간이다. 대용량 데이터를 전사적 차원에서 효율적으로 통합 관리하는 데이터 저장소라는 의미에서 전사적 데이터 웨어하우스(Enterprise Data Warehousing, EDW)라고 부르기도 한다.

(7) 데이터 마트(Data Mart, DM)

데이터 마트는 데이터 용량과 사용자 규모의 증가에 따른 데이터 웨어하우스의 성능 저하 현상을 극복하기 위해 개발된 소규모의 데이터 웨어하우스다. 따라서 데이터 웨어하우스와 데이터 마트는 데이터 용량과 사용자 규모에서만 차이가 있다고 이해하면 된다.

2.3 데이터 웨어하우스의 스키마

데이터 웨어하우스의 스키마는 다음과 같이 스타 스키마(star schema)와 눈송이 스키마(snowflake schema)로 구분할 수 있다.

표 1 데이터 웨어하우스 스키마 비교

	스타 스키마	눈송이 스키마
장점	• 모델이 단순하여 사용자 이해가 빠름 • 조인 횟수 감소로 검색 성능 향상	• 데이터 중복 최소화 • 더 작은 저장 공간 필요
단점	• 중복 데이터 포함 • 더 많은 저장 공간 필요	• 모델이 복잡 • 많은 조인으로 인한 검색 성능 저하

(1) 스타 스키마(star schema)

조인 스키마(join schema)라고 부르기도 하는 스타 스키마(star schema)는 데이터 웨어하우스 스키마 중 가장 단순한 종류의 스키마이다. 스타 스키마는 중앙 핵심에 보고자 하는 매우 규모가 큰 다차원 데이터를 저장하고 있는 한 개의 사실 테이블(fact table)과 주변 위성에 사용자가 분석하고자 하는 대상 항목인 차원 테이블(dimension table)로 구성된다. 차원 테이블은 보통 정규화가 되어 있지 않다. 스타 스키마라는 이름은 사실 테이블을 중심으로 차원 테이블들이 관계를 맺고 있는 형태가 별(star) 모양과 비슷하다고 해서 붙인 이름이다.

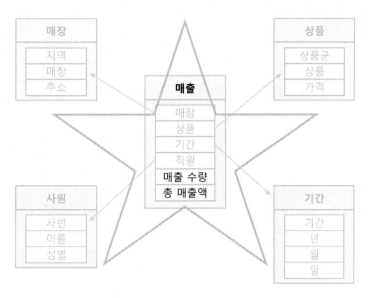

그림 4 스타 스키마

스타 스키마는 데이터의 중복을 제거하기 위해 사실 테이블의 기본 구조가 BCNF를 만족하도록 만들어진다. 스타 스키마 구조는 더 이상 정규화가 필요 없다.

스타 스키마를 이용하면, 전통적인 관계형 데이터베이스를 활용하여 다차원 데이터베이스(MDDB) 기능을 할 수 있다. 거의 모든 분야에서 관계형 데이터베이스가 가장 일반적인 데이터 관리 시스템이기 때문에, 관계형 데이터베이스를 사용하여 다차원 뷰를 구현한다는 점은 매우 매력적이다.

(2) 눈송이 스키마(snowflake schema)

눈송이 스키마는 스타스키마의 차원 테이블을 정규화시킨 스키마이다. 차원 테이블에서 중복된 데이터를 제거함으로써 저장 공간을 줄일 수 있다.

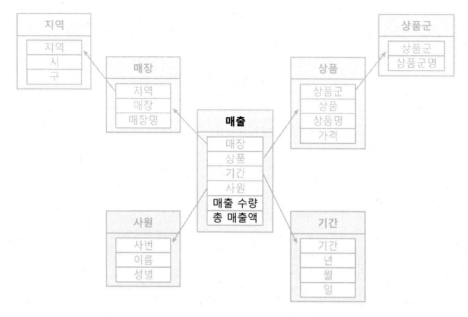

그림 5 스타 스키마

그러나 정규화는 다수의 차원 테이블을 만들기 때문에 조인 연산의 횟수가 많아져 성능이 저하되는 단점도 가지고 있다.

OLAP 이해

3.1 OLAP의 정의와 특징

OLAP(Online Analytical Processing)는 영국의 컴퓨터 과학자인 E.F. Codd(Edgar Frank Codd)가 1993년에 처음 제안한 개념이다. 그는 **최종 사용자가 다차원 정보에 직접 접근하여 대화식으로 정보를 분석하고 의사결정에 활용하는 과정과 이를 지원하는 시스템을 OLAP**라고 정의하였다. 즉, OLAP는 사용자가 동일한 데이터를 여러 기준을 이용하는 다양한 방식으로 바라보면서 대규모의 다차원 데이터를 분석할 수 있는 의사결정 지원 시스템을 의미이다. 현재 기업과 조직에서는 OLAP을 이용하여 정보를 분석하고 이를 의사결정에 활용해 나가고 있다.

이러한 OLAP의 특징은 다차원 정보 구조, 데이터에 대한 직접적인 접근, 대화식 질의를 통한 정보 분석, 의사결정의 효과적인 지원으로 요약할 수 있다. OLAP의 각 특징을 조금 더 자세하게 살펴보면 다음과 같다.

첫 번째 OLAP특징은 **다차원 정보 구조**가 분석에 활용된다는 점이다. 일반적으로 데이터베이스는 2차원 정보 구조인 반면에 OLAP은 다차원 정보 구조이다. 사용자는 OLAP을 통해 상품, 지역, 기간과 같이 현업에서 직관적으로 이해할 수 있는 판단기준에 따라 다차원정보를 직접적으로 대화 형태로 분석할 수 있다.

두 번째 OLAP 특징은 정보시스템 부서와 같은 중간 매개자나 보고서와 같은 매개체 없이 최종 사용자가 온라인상에서 **직접 데이터에 접근**한다는 점이다. OLTP(Online Transaction Processing)환경에서 사용자는 필요한 데이터를 전산 부서에 의뢰한 후 일정한 시간이 경과한 다음에 얻을 수 있다. 반면, OLAP환경의 사용자는 전산 부서 도움 없이 온라인상에서 직접 데이터에 접근하여 다차원 정보검색을 통해 필요한 데이터를 용이하게 획득할 수 있다.

세 번째 OLAP특징은 최종사용자가 **대화식(interactive) 질의를 통해 정보를 분석**한다는 점이다. OLAP환경에서 사용자는 대화식 질의를 통해 신속하게 정보를 얻을 수 있다. 특정한 질의를 통해 결과를 얻은 사용자는 이를 바탕으로 더욱 상세한 정보나 다른 관점의 분석을 위한 또 다른 질의를 반복적으로 수행함으로써 원하는 정보를 획득할 수 있다.

마지막으로, OLAP는 최종사용자가 전반적인 조직 상황을 이해할 수 있게 하고 **의사 결정을 효과적으로 지원**하는 전략적 방향 설정에 활용된다는 점이다. OLTP는 조직의 일상적인 업무에서 발생하는 거래 형태의 데이터를 처리하는 반면, OLAP는 조직의 전체적인 활동 현황을 파악할 수 있는 분석 데이터를 제공하여 사용자의 의사결정을 돕는다.

3.2 OLAP의 주요 기능

단순한 질의 처리로는 데이터 웨어하우스나 데이터 마트와 같은 대규모의 데이터 저장소에서 데이터를 추출하여 사용자가 원하는 다양한 형태의 정보를 제공하기 어렵다. OLAP은 사용자가 필요로 하는 정보를 용이하게 획득할 수 있도록 하기 위하여 다음 그

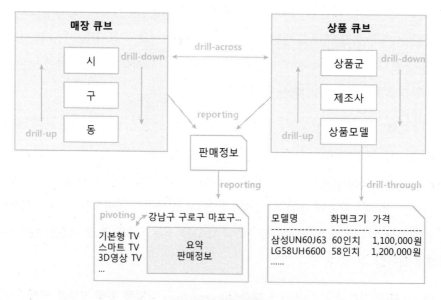

그림 6 OLAP 기능 개요도

림과 같이 **피보팅**(pivoting), **필터링**(filtering), **리포팅**(reporting), **분해**(slicing & dicing), 그리고 **드릴링**(drilling)과 같은 유용한 기능들을 제공한다.

OLAP의 주요 기능을 조금 더 자세하게 살펴보면 다음과 같다.

(1) 피보팅(pivoting)

피보팅은 데이터를 분석하는 차원(dimension)을 사용자의 니즈에 따라 다양한 기준으로 전환시켜 볼 수 있는 기능이다. **피보팅은 사용자가 원하면 최종적으로 보여지는 보고서의 축을 자유자재로 바꿀 수 있다는 것을** 의미한다. 사용자가 피보팅 기능을 이용하면, 고정된 보고서 형식에 구애 받지 않고 분석의 패턴을 자유롭게 변경할 수 있다. 예를 들어, 지역을 기준으로 분석된 보고서를 시간을 기준으로 한 보고서 형태로 금방 전환시켜 볼 수 있다.

(2) 필터링(filtering)

필터링은 분석하고자 하는 전체 데이터에서 원하는 기준만을 선정하여 그 기준에 해당되는 정보만을 걸러서 보여주는 기능이다. 사용자는 복잡한 데이터 항목 중에서 필요한 항목만을 선별함으로써 원하는 정보에 빠르게 접근할 수 있다.

(3) 리포팅(reporting)

리포팅은 마우스를 이용하여 다른 보고서 화면이나 분석 조건을 현재 보고서 위에 끌어다 놓으면(drag&drop), 그 새로운 화면이나 분석 조건에 의해 보고서가 다시 실행되는 기능이다. **사용자가 리포팅 기능을 이용하면, 현재 보고서에서 보여지고 있는 정보를 간단한 대화식 조작을 통하여 원하는 형태의 보고서로 나타낼 수 있다.**

(4) 분해(slicing & dicing)

슬라이싱(slicing)과 다이싱(dicing)이라고도 부르는 OLAP의 분해 기능은 다차원 모델에서 한 차원을 잘라 보고 동시에 다른 차원을 자르면서 데이터 범위를 좁혀가는 작업 기능이다. 그래서 분석가가 원하는 방향에 따라 분석차원 또는 분석 관점을 계속 바꾸어 가면서 분석할 수 있다.

일명 저미기라고도 하는 슬라이싱(slicing)은 큐브에서 하나 또는 그 이상의 차원(축)을 중심으로 셀들을 선택하는 연산이다. 즉, 슬라이싱은 다차원 배열에서 한 차원에서 하나 또는 그 이상의 멤버를 가지고 있는 하나의 값을 선택했을 때 그 부분 집합을 나타내는 기능을 의미한다.

반면, 깍둑썰기라고도 부르는 다이싱(dicing)은 큐브에서 속성 값의 범위를 명시하여 셀들의 부분집합을 선택하는 연산이다. 즉 ,다이싱은 슬라이싱으로 선택된 부분집합 항목에 대해 새로운 차원의 관점으로 데이터를 나타내는 기능을 의미한다.

(5) 드릴링(drilling)

드릴링은 데이터의 깊이와 분석 차원을 마음대로 바꿔가며 심도 있는 분석을 할 수 있는 기능이다. 구체적으로 드릴다운(drill-down), 드릴업(drill-up), 드릴 어크로스(drill-across), 드릴 쓰루(drill-through) 등과 같은 연산이 있다.

표 2 드릴링 관련 OLAP 연산

OLAP연산	의미
드릴다운 (drill-down)	동일한 차원 또는 큐브 내에서 좀 더 자세한 데이터를 탐색하는 방법. 요약된 형태의 데이터 수준에서 보다 더 상세한 데이터를 보고 싶을 때 사용하는 OLAP 연산. 예를 들어, 2016년 지역별 매출데이터를 보다가 보다 상세한 2016년 상반기 지역별 매출데이터로 드릴다운할 수 있음
드릴업 (drill-up)	드릴다운과는 반대로, 동일한 차원 또는 큐브 내에서 좀 더 요약된 데이터를 탐색하는 방법. 상세한 형태의 데이터 수준에서 보다 더 요약된 데이터를 보고 싶을 때 사용하는 OLAP 연산.
드릴 어크로스 (drill-across)	드릴다운이나 드릴업과는 달리, 다른 큐브의 관련 데이터로 직접 이동하는 방법. 예를 들어, 사용자가매출액 모델을 분석하는 과정에서 강남 매장에서 스마트TV 매출액이 급격히 증가하고 있음을 발견한 후, 매장간 재고량 조정을 위해 재고모델로 드릴어 크로스하여 각 매장별 스마트TV 재고량을 파악할 수 있음.
드릴 쓰루 (drill-Through)	OLAP시스템에서 데이터 웨어하우스나 OLTP시스템에 존재하는 상세 데이터에 접근할 수 있는 기능

3.3 OLAP의 종류

OLAP은 다음과 같이 MOLAP, ROLAP, HOLAP으로 구분할 수 있다.

표 3 OLAP의 종류

	MOLAP	ROLAP	HOLAP
기준 구조	MDB	RDB	MDB + RDB
대용량 데이터	제공 안 함	제공	제공
원시 데이터 접근	제공 안 함	제공	제공
분석 기능	제공	제공 안 함	제공
구축 시간	약 3개월	6개월 이상	약 3개월
핵심 기술	다차원 데이터베이스	다차원 모델링	다차원 데이터베이스 +다차원 모델링
적용	데이터 마트, EIS	전사적 데이터 웨어하우스	데이터 마트, EIS

(1) MOLAP(Multidimensional OLAP)

MOLAP은 다차원 데이터베이스(Multidimensional Database, MDB)에 기반한 OLAP 이다. MOLAP은 다차원 데이터를 동일한 엔진에서 저장하고 처리하기 때문에 사용자 작업에 대한 응답 속도가 빠르다는 강점을 가지고 있다.

(2) ROLAP(Relational OLAP)

ROLAP은 데이터를 관계형 데이터베이스(Relational Database, RDB)에 기반한 OLAP 이다. ROLAP은 데이터 웨어하우스의 스타 스키마(star schema) 구조를 기반으로 데이터 분석을 수행하기 때문에 대용량 데이터 저장 능력에 강점을 가지고 있다.

(3) HOLAP(Hybrid OLAP)

HOLAP는 MOLAP의 뛰어난 처리 능력과 ROLAP의 대용량 데이터 저장 능력의 장점을 결합하기 위하여 개발된 중간 형태의 OLAP이다. HOLAP에서는 다차원 데이터베이스 (MDB)에 요약 및 계산된 데이터를 저장하고, 관계형 데이터베이스(RDB)에 상세 데이터를 저장하는 OLAP이다.

4.1 데이터 마이닝의 정의

1990년대 이후 데이터를 수집하여 데이터베이스에 저장하는 능력과 축적된 데이터를 분석하여 유용한 정보나 지식을 발견하는 능력 간의 차이가 점점 더 크게 벌어졌다. 데이터 마이닝은 바로 이와 같은 데이터 과잉 문제를 대처하기 위해 부상하였다.

지식 발견(knowledge discovery) 과정이라고도 부르는 데이터 마이닝(data mining)이란 광산에서 금광석을 캐내 그 속에 포함된 소량의 금을 여러 단계를 거쳐 추출하듯이, 대규모로 저장된 데이터 안에서 데이터들간에 숨어있는 패턴이나 관련성을 발견하여, 미래에 실행 가능한 새롭고,가치 있고, 의사결정에 유용한 지식을 추출하는 일련의 과정이다. 데이터 마이닝은 이미 알려진 것을 확인하는 OLAP와 달리 아직 알려지지 않은 것을 발굴하는 기술이다.

4.2 데이터 마이닝 절차와 작업 유형

데이터 마이닝 절차는 다음과 같다.

그림 7 데이터 마이닝 절차

데이터 마이닝 작업은 다음과 같이 연관 규칙분석 작업, 분류 규칙분석 작업, 군집 규칙분석 작업과 같은 유형으로 분류할 수 있다.

(1) 연관 규칙(association rule)분석 작업

장바구니 분석(market basket analysis)이라고도 부르는 연관 규칙 분석은 인터넷 쇼핑몰이나 오프라인 매장 등의 구매데이터에서 고객이 한번에 구입하는 상품들을 분석하여 함께 판매되는 패턴이 강한 연관된 상품들을 찾는 작업이다. 연관 규칙 분석 결과는 오프라인매장에서의 상품 배치나 온라인 쇼핑몰에서의 연관 상품 추천 등에 활용할 수 있다. 예를 들어, 오프라인 매장에서 기저귀를 사는 남성 고객은 맥주도 함께 구입한다는 패턴이 분석되었다면, 매장 관리자는 이를 바탕으로 기저귀와 맥주 패키지 상품을 새롭게 진열할 수 있다.

한편, 데이터 마이닝은 유의미한 지식 수준의 통찰력을 제공해 주지만 신뢰도 높은 분석이 선행되어야 함에 주의해야 한다. 예를 들어,연관 규칙 분석 작업은 다음과 같은 기준으로 평가해야 한다.

표 4 연관 규칙에 대한 분석 기준

연관 규칙 분석 기준	의미
지지도 (support)	전체 자료에서 관련성이 있다고 판단되는 품목 A와 품목 B가 동시에 일어날 확률이며, 빈발하게 발생되는 집합인지를 판별하는데 사용
신뢰도 (confidence)	품목 A가 구매되었을 때 품목 B가 추가로 구매될 확률이며, 품목들 간에 연관성이 얼마나 큰지를 측정하는데 사용
향상도 (lift)	품목들 간에 상관관계 정도이며, 해당 규칙이 얼마나 효용가치가 있는지를 판별하는데 사용

(2) 분류규칙(classification rule)분석 작업

분류규칙분석은 수많은 데이터들을 명시화된 일정한 기준에 의해 부류나 등급으로 나누는 작업이다. 과거의 데이터를 입력으로 하여 목표 필드의 값을 찾는 분류 모델을 생성하고 새로운 데이터에 대하여 분류 값을 예측한다. 고객 세분화 모델, 고객 신용 등급 평가 모델, 고객 이탈 분류 모델 등은 일종의 분류 규칙이라고 할 수 있다.

(3) 군집규칙(clustering rule)분석 작업

군집화규칙 분석은 수많은 데이터들을 사전 분류 기준이 아닌 특성이 비슷한 유사한 성격의 소그룹 데이터로 묶어주는 작업이다. 분류 규칙 분석과는 달리 목표 변수는 설정하지 않고 여러 가지 변수들을 고려하여 데이터를 성질이 비슷한 몇 개의 집합으로 구분한다.

summary ▼

1. 미국 포드사는 외상매입금 처리 업무에서 데이터베이스를 활용하여 서류 간의 불일치 가능성 사전 배제, 구매 요청서, 인수증 및 대금 청구서 사본 미사용 등과 같은 업무 재설계를 통하여 해당 업무 담당자를 70%이상 줄이는 성과를 거두었다.

2. 데이터 웨어하우스(Data Warehouse, DW)는 사용자의 의사 결정 지원을 위하여 주제 중심적으로 통합되고 전사적인 대규모의 데이터 저장소이다.

3. 데이터 웨어하우스는 주제 지향적(subject-orientated), 통합적(integrated), 시계열적(time-variant), 비휘발적(non-volatile)인 네 가지 특징을 지닌다.

4. 데이터 웨어하우스는 데이터 원천으로서의 각종 내·외부 데이터베이스, 필요한 데이터를 추출하여 전사적으로 통일된 데이터 구조로 변환하고 적재하는 ETL(Extraction, Transformation, Loading) 프로세스, 전사적 통합 데이터 저장소로서의 전사적 데이터 웨어하우스, 그리고 데이터 웨어하우스에 있는 데이터의 일부를 포함하는 데이터 마트로 구성된다.

5. 데이터 웨어하우스의 스키마는 사실 테이블을 중심으로 차원 테이블들이 별(star) 모양과 비슷하게 관계를 맺고 있는 형태의 스타 스키마(star schema)와 스타 스키마의 차원 테이블을 정규화 시킨 눈송이 스키마(snowflake schema)로 구분할 수 있다.

6. OLAP(Online Analytical Processing)은 사용자가 동일한 데이터를 여러 기준을 이용하는 다양한 방식으로 바라보면서 다차원 데이터를 분석할 수 있는 의사결정 지원 시스템이다.

7. OLAP의 특징은 다차원 정보 구조, 데이터에 대한 직접적인 접근, 대화식 질의를 통한 정보 분석, 의사결정의 효과적인 지원과 같이 네 가지로 요약할 수 있다.

8. OLAP의 주요 기능은 피보팅(pivoting), 필터링(filtering), 리포팅(reporting), 분해(slice & dice), 그리고 드릴링(drilling)이다. 이러한 OLAP 기능들은 사용자가 원하는 정보를 용이하게 획득하는데 도움을 준다.

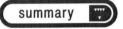

9. 피보팅은 데이터를 분석하는 차원을 사용자의 니즈에 따라 다양한 기준으로 전환시켜 볼 수 있는 기능이다. 필터링은 분석하고자 하는 전체 데이터에서 원하는 기준만을 선정하여 그 기준에 해당되는 정보만을 걸러서 보여주는 기능이다. 리포팅은 마우스를 이용하여 다른 보고서 화면이나 분석 조건을 현재 보고서 위에 끌어다 놓으면, 그 새로운 화면이나 분석 조건에 의해 보고서가 다시 실행되는 기능이다. OLAP의 분해 기능은 다차원 모델에서 한 차원을 잘라 보고 동시에 다른 차원을 자르면서 데이터 범위를 좁혀가는 작업 기능이다.

10. OLAP은 다차원 데이터베이스(MDB)에 기반한 MOLAP, 관계형 데이터베이스(RDB)에 기반한 ROLAP, 그리고 MOLAP과 ROLAP의 장점을 결합한 중간 형태의HOLAP으로 구분할 수 있다.

11. 데이터 마이닝(data mining)은 대용량의 데이터 안에서 데이터들간에 숨어있는 패턴이나 관련성을 발견하여 의사결정에 유용한 지식을 추출하는 일련의 과정이다.

12. 데이터 마이닝 작업에는 구매 데이터를 분석하여 함께 판매되는 패턴이 강한 연관된 상품들을 찾아내는 연관 규칙(association rule)작업, 명시화된 기준에 따라 데이터를 나누는 분류 규칙(classification rule)작업, 데이터를 유사한 성격의 소그룹으로 묶어주는 군집 규칙(clustering rule) 작업 등의 형태로 분류할 수 있다.

13. 드릴링은 데이터의 깊이와 분석 차원을 마음대로 바꿔가며 심도 있는 분석을 할 수 있는 기능이다. 구체적으로 드릴다운은 동일한 차원 또는 큐브 내에서 좀 더 자세한 데이터를 탐색하는 반면, 드릴업은 드릴다운과는 반대로 좀 더 요약된 데이터를 탐색하는 방법이다. 드릴 어크로스는 드릴다운이나 드릴업과는 달리, 다른 큐브의 관련 데이터로 직접 이동하는 방법이며, 드릴 쓰루는 OLAP시스템에서 데이터 웨어하우스나 OLTP시스템에 존재하는 상세 데이터에 접근할 수 있는 방법이다.

1. 다음 중 데이터 웨어하우스의 특징과 가장 거리가 먼 것은?

① 여러 데이터 원천으로부터 수집된 정보를 하나의 통일된 스키마에 저장한다.

② 저장된 데이터의 추가, 삭제, 갱신 작업이 자주 발생한다.

③ 의사결정에 필요한 주제와 관련된 데이터를 유지한다.

④ 과거와 현재의 데이터를 동시에 유지하여 데이터 간의 시간적 관계나 동향 분석이 가능하다.

2. 다음 중 데이터 웨어하우스의 특징을 모두 고르시오.

> ㄱ. 데이터의 주제 지향성 ㄴ. 데이터의 일관성
>
> ㄷ. 데이터의 통합성 ㄹ. 데이터의 시계열성
>
> ㅁ. 데이터의 휘발성 ㅂ. 데이터의 정확성

① ㄱ, ㄴ, ㄷ ② ㄷ, ㄹ, ㅂ

③ ㄱ, ㄷ ㄹ ④ ㄱ, ㄷ, ㄹ, ㅁ

3. 다음 중 데이터 웨어하우스에 대한 설명으로 옳은 것은?

① 스타 스키마는 차원 테이블과 사실 테이블을 이용하여 다차원 데이터를 저장하고, 차원 테이블은 일반적으로 질의 처리 성능 향상을 위해 정규화 하지 않는다.

② 데이터 웨어하우스는 온라인 트랜잭션 작업과 온라인 데이터 분석 작업을 모두 수행하기 위해 사용된다.

③ 데이터 웨어하우스를 구축할 때는 운영 시스템의 데이터를 추출, 변환, 적재하여 구축하지만, 구축된 이후에는 운영 시스템과 분리하여 독립적으로 갱신 및 관리한다.

④ 드릴다운은 데이터 웨어하우스에서 하나의 차원 계층 구조로부터 다른 차원의 계층 구조로 전환하는 작업이다.

4. 다음 중 OLAP의 주요 기능을 모두 고르시오.

> ㄱ. 피보팅(pivoting) ㄴ. 필터링(filtering)
>
> ㄷ. 리포팅(reporting) ㄹ. 분해(slice & dice)
>
> ㅁ. 통합(combining) ㅂ. 제거(removing)

① ㄱ, ㄴ, ㄷ, ㄹ   ② ㄱ, ㄴ, ㄷ, ㅁ

③ ㄴ, ㄷㄹ, ㅁ   ④ ㄷ, ㄷㄹ, ㅂ

5. 다음 괄호 안에 들어갈 OLAP 연산들을 바르게 나열한 것은?

> 하나 또는 그 이상의 축을 중심으로 셀들을 선택하는 OLAP 연산을 (   )이라고 하
> 며, 속성 값의 범위를 명시하여 셀들의 부분집합을 선택하는OLAP 연산을 (   )이라
> 고 한다.

① 슬라이싱, 다이싱   ② 다이싱, 슬라이싱

③ 피벗팅, 다이싱   ④ 다이싱, 피벗팅

6. 다음 괄호 안에 들어갈 OLAP 연산들을 바르게 나열한 것은?

> 작은 단위에서 큰 단위로 집계를 수행하는 OLAP 연산을 (   )이라고 하며, 큰 단위
> 에서 작은 단위로 집계를 수행하는 OLAP 연산을 (   )이라고 한다.

① 드릴어크로스, 드릴스루   ② 드릴스루, 드릴어크로스

③ 드릴업, 드릴다운   ④ 드릴다운,드릴업

7. 총 100개의 트랜잭션을 가진 장바구니 데이터에 대한 분석 작업 결과 '프린터 → 토너' 연관 규
칙을 발견하였다. 총 트랜잭션 중 프린터는 20개의 트랜잭션에서, 토너는 50개의 트랜잭션에
서 구매되었고, 프린터와 토너가 동시에 구매된 트랜잭션 수는 10개였다. 이 상황에 대한 연관
규칙의 지지도와 신뢰도를 바르게 나열한 것은?

① 지지도 10%, 신뢰도 20%   ② 지지도 50%, 신뢰도 50%

③ 지지도 50%, 신뢰도 20%   ④ 지지도 10%, 신뢰도 50%

8. 데이터 마이닝의 연관 규칙을 이용한 다음과 같은 장바구니 분석에서 기저귀와 맥주 사이의 연관 규칙에 대한 신뢰도와 지지도를 바르게 계산한 것은?

트랜잭션	구매 품목
1	기저귀, 물티슈, 맥주
2	소고기, 물티슈, 맥주, 기저귀
3	맥주, 기저귀, 사이다
4	사이다, 기저귀, 맥주
5	소고기, 물티슈, 사이다, 기저귀
6	사이다, 소고기, 물티슈

① 지지도는 4/5이고, '기저귀 → 맥주'에 대한 신뢰도는 4/4이다.

② 지지도는 4/6이고, '기저귀 → 맥주'에 대한 신뢰도는 4/5이다.

③ 지지도는 4/6이고, '기저귀 → 맥주'에 대한 신뢰도는 4/6이다.

④ 지지도는 5/6이고, '기저귀 → 맥주'에 대한 신뢰도는 4/4이다.

9. 다음과 같은 장바구니 모델의 트랜잭션에서 최소 지지도 70%를 만족하는 빈발 항목 집합으로 옳은 것은?

트랜잭션	구매 품목
1	기저귀, 맥주, 물티슈
2	기저귀, 물티슈
3	기저귀, 사이다, 맥주
4	기저귀, 사이다, 맥주, 양파

① {기저귀}, {맥주}

② {기저귀}, {맥주}, {기저귀, 맥주}

③ {기저귀}, {맥주}, {기저귀, 사이다}

④ {기저귀}, {맥주}, {기저귀, 맥주}, {기저귀, 맥주, 물티슈}

APPENDIX

액세스 데이터베이스

A P P E N D I X

액세스 데이터베이스

(학습목표)

- 액세스를 이용하여 데이터베이스와 테이블을 생성할 수 있다.
- 액세스를 이용하여 쿼리를 사용할 수 있다.
- 액세스를 이용하여 SQL 쿼리를 사용할 수 있다.
- 액세스를 이용하여 데이터베이스 프로그램을 작성할 수 있다.

1.1 액세스 2013 개요

액세스(Access)는 마이크로소프트사가 개발한 관계형 데이터베이스 관리 시스템(DBMS) 이다. 액세스는 특정 주제나 목적과 관련된 데이터를 테이블 형식으로 모아놓은 데이터베 이스(DB)를 구축하여 원하는 형태로 데이터를 분류하거나 검색할 수 있다. 액세스는 오 라클, SQL Server, MySQL보다 배우기 쉽고 데이터베이스를 구축하여 관리 운영하기도 쉽다. 그래서 개인이나 소규모 조직에서 사용하기에 적합하다.

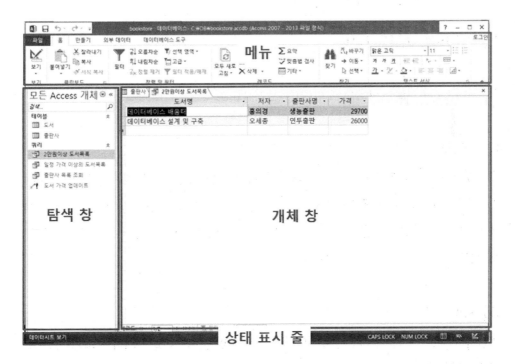

그림 1 액세스 2013 화면 구성

액세스 2013이 컴퓨터에 설치되어 있으면, 윈도우의 [시작]–[모든 프로그램]–[Microsoft Office 2013]–[Access 2013]을 클릭하여 액세스를 실행한다. 시작 화면이 나타나면 [다른 파일 열기] 메뉴를 이용하여 bookstore 데이터베이스를 열고, 도서 테이블을 더블클릭한다. 그러면 다음과 같은 화면이 나타난다. 여기서 액세스 화면 구성을 살펴보면, 작업 화면은 다음과 같이 크게 메뉴, 탐색 창, 개체 창 그리고 상태 표시 줄로 나눌 수 있다.

메뉴	사용 가능한 메뉴를 관련된 기능끼리 탭-그룹-명령 순으로 분류하여 표시한다.
탐색 창	테이블, 쿼리, 폼, 보고서 등 사용 가능한 개체를 그룹화하여 표시한다.
개체 창	탐색 창에서 선택한 개체를 실행하여 보여주거나, 새로운 개체를 생성하거나, 창을 여러 개 열어서 동시에 작업할 수 있다.
상태 표시 줄	현재 개체의 보기 정보, 필터 정보 등을 표시한다.

1.2 액세스 2013 개체

액세스 2013의 개체는 다음과 같이 테이블, 쿼리, 폼, 보고서, 매크로, 모듈로 구성된다.

(1) 테이블

테이블(table)은 실제 데이터가 저장되는 개체이다. 테이블은 가장 기본이 되는 개체이며, 엑셀에서 보는 것과 같이 행과 열로 구성된다. 하나의 데이터베이스에는 여러 개의 테이블들이 존재할 수 있다. 사용자는 일반적으로 이들 테이블 간의 관계를 설정하여 관리한다.

(2) 쿼리

쿼리(query)는 테이블에 저장된 데이터에서 조건에 맞는 데이터를 검색하여 그 결과를 보여주는 개체다. 쿼리를 이용하면 데이터를 테이블에 추가하거나, 테이블에 저장된 데이터 전부 또는 일부를 수정 혹은 삭제할 수도 있다.

(3) 폼

폼(form) 개체는 데이터를 사용자가 원하는 형태로 편리하게 입출력해주는 인터페이스다. 폼은 컴퓨터에 저장된 데이터를 검색하여 화면에 보여주거나, 화면에서 입력한 새로운 데이터를 테이블에 저장하거나, 화면에 표시된 데이터 전부 또는 일부를 삭제할때 사용된다.

(4) 보고서

보고서(report)는 데이터베이스에 저장된 데이터를 프린터로 편리하게 인쇄할 수 있는 기능을 제공하는 개체다. 보고서 개체는 많은 양의 데이터를 분류하고 그룹별로 요약하여 제공함으로써 손쉽게 비교 분석하는데 주로 활용된다.

(5) 매크로

매크로(macro)는 쿼리나 폼을 원하는 방식으로 동작할 수 있게 프로그래밍하는 기능을 제공하는 개체다. 매크로 개체는 마우스 클릭, 키보드를 이용한 데이터 입력 등과 같은 이벤트가 발생할 때 순서나 조건 등을 설정하여 작업을 자동화하여 처리하는데 사용된다.

(6) 모듈

모듈(module)은 VBA(Visual Basic for Application) 프로그래밍을 통하여 복잡하고 세밀한 동작을 처리할 수 있는 개체다. 여기서 VBA는 비주얼 베이직(Visual Basic)의 일부 기능을 사용한다.

데이터베이스와 테이블

2.1 데이터베이스 생성

(1) 데이터베이스 생성

데이터베이스 생성은 테이블뿐만 아니라 쿼리, 폼, 보고서 등과 같은 여러 종류의 데이터베이스 개체를 저장할 공간을 미리 확보하는 것이다. 액세스 2013에서는 간단하게 서식 파일을 이용하여 데이터베이스를 생성할 수도 있다. 그러나 여기서는 데이터베이스 실무에서 많이 사용되는 사용자가 직접 데이터베이스를 생성하는 방법을 소개한다.

❶ 액세스 2013 시작 화면에서 [새 데스크톱 데이터베이스]를 선택한다.

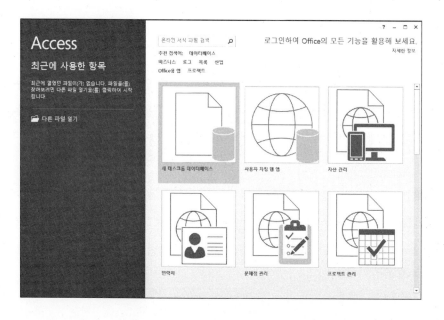

❷ 파일 이름 입력란 우측에 있는 를 클릭한다.

❸ 새 데이터베이스 파일 창에서 데이터베이스 파일을 저장할 폴더의 위치를 지정하고, 파일이름에 'bookstore'를 입력한 후, [확인] 버튼을 클릭한다.

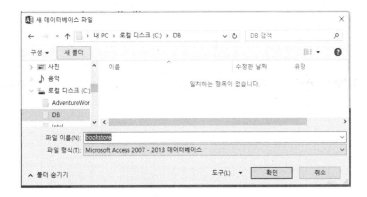

❹ 새 데스크톱 데이터베이스 화면에서 데이터베이스 파일 이름과 저장 위치를 확인한 후 [만들기] 버튼을 클릭한다. 파일 이름에 포함된 .accdb는 자동 설정된 액세스 2013 데이터베이스 파일의 확장자이다.

❺ bookstore 데이터베이스가 생성된 화면에는 테이블1 개체가 나타난다. 여기서 필요한 테이블을 디자인하거나 테이블에 데이터를 입력할 수 있다.

(2) 데이터베이스 열기

❶ 액세스 2013 시작 화면에서 [다른 파일 열기]를 선택한다.

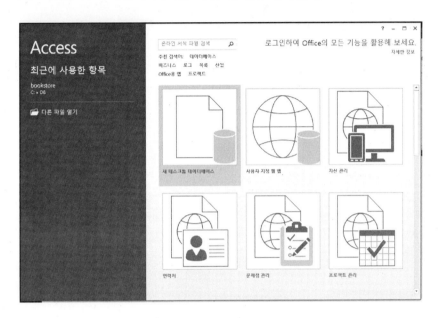

❷ [최근에 사용한 항목] 메뉴를 이용하여 열고자 하는 데이터베이스를 바로 선택할
수도 있다.

❸ 또는 [컴퓨터]를 더블 클릭하여 [열기] 대화상자에서 원하는 데이터베이스가 저장된 폴더로 이동하여 원하는 데이터베이스 파일을 선택하고 [열기] 버튼을 클릭한다.

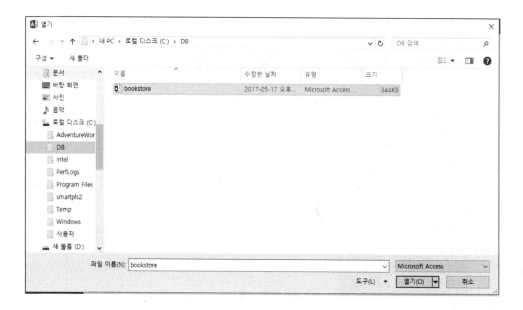

2.2 디자인 보기를 이용한 테이블 생성

액세스 2013에서는 서식 파일을 이용하여 테이블을 생성할 수도 있고, 데이터시트를 이용하여 테이블을 생성할 수도 있으며, 외부에서 이미 만들어진 것을 가져와서 테이블을 생성할 수도 있다. 하지만 여기서는 데이터베이스 실무에서 많이 사용되는 디자인 보기를 이용하여 테이블을 생성하는 방법을 소개한다.

❶ 먼저 [파일]–[열기]를 선택하면 나타나는 다음과 같은 열기 화면에서 [최근에 사용한 항목]이나 [컴퓨터]를 이용하여 bookstore 데이터베이스를 연다.

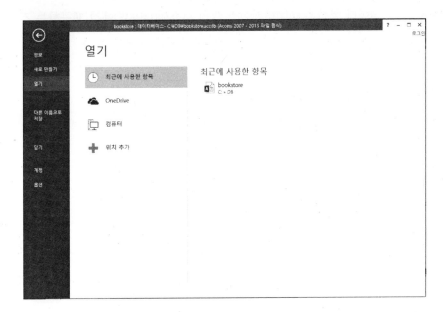

❷ bookstore 데이터베이스에서 [만들기] 탭의 [테이블] 그룹에서 [테이블 디자인]을 더블 클릭한다.

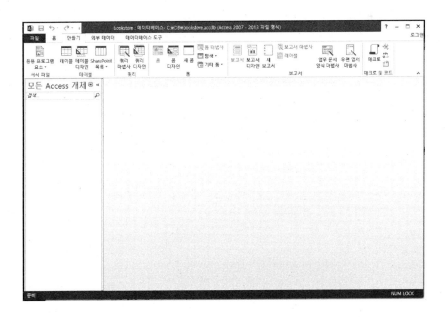

(3) 테이블의 필드 입력

엑셀과는 달리 데이터베이스에서는 테이블의 각 필드마다 적절한 데이터 형식을 반드시 지정해야 한다. 데이터 형식은 데이터베이스 관리 시스템(DBMS)에서 제공하는 것을 사용해야 하는데, 액세스 2013에서 제공하는 데이터 형식은 다음과 같다.

표 1 액세스 2013 제공 데이터 형식

데이터 형식	설명	크기
짧은 텍스트	텍스트 또는 계산에 사용하지 않는 숫자 등의 텍스트 데이터	최대 255자
긴 텍스트	255자를 초과하는 문장이나 단락 형식의 텍스트 데이터	최대 1GB (긴 텍스트 표시 컨트롤 최대 64,000자)
숫자	통화 수치를 제외한 계산에 사용하는 숫자 데이터	1, 2, 4, 8, 16바이트
날짜/시간	날짜 및 시간 데이터	8바이트
통화	전체 자릿수 중 소수점 아래 넷째 자리까지 저장된 통화 데이터	8바이트
일련번호	레코드가 추가될 때마다 액세스에서 자동으로 고유한 값을 입력해주며 업데이트나 수정은 불가능	4바이트
예/아니오	False인 경우 0, True인 경우 −1을 저장하는 부울 데이터	1바이트
OLE 개체	윈도우 기반 응용 프로그램에서 가져온 그림, 그래프, ActiveX 개체	최대 약 2GB
하이퍼링크	문서 또는 파일의 링크 주소	최대 8,192개 (하이퍼링크 데이터 형식의 각 부분마다 2048자 포함 가능)
첨부파일	사진, 문서, 스프레드시트, 차트 등 파일 첨부	최대 약 2GB
계산	하나 이상의 필드에서 데이터를 사용 하는 식 구성도 가능하며, 여러 결과 식의 데이터 형식 지정도 가능	결과 유형 속성의 데이터 형식에 따라 다름
조회 마법사…	단순 조회 필드는 다른 표의 내용이나 값 목록을 사용하여 행마다 값 하나의 내용에 대해 유효성 검사 가능하며, 복잡 조회 필드는 각 행에 데이터 형식이 같은 여러 값 저장 가능	조회 필드의 데이터 형식에 따라 다름

❶ 테이블의 각 필드에 대한 필드 이름, 데이터 형식을 설정한다.

❷ 필드 이름에 출판사번호를 입력하고 데이터 형식은 숫자로 설정한다.

출판사번호 필드의 일반 탭에 있는 필드 크기 값이 정수인지를 확인한다.

테이블 이름	필드 이름	데이터 형식	필드 크기	필수	기본 키	외래 키	PK 테이블	FK열	제약조건
출판사	출판사번호	숫자	정수	예	PK				
	출판사명	짧은 텍스트	30	예					
	담당자	짧은 텍스트	30						
	전화번호	짧은 텍스트	15						

이제 다음과 같은 출판사 테이블 명세에 따라 출판사명, 담당자, 전화번호 필드를 차례대로 추가해 보자.

❸ 필드 이름에 '출판사명'을 입력하고 데이터 형식은 '짧은 텍스트'로 설정한다. 일반 탭에서 필드 크기는 30으로, 필수는 '예'로, 빈 문자열 허용은 '아니오'로 설정한다.

❹ 필드 이름에 '담당자'를 입력하고 데이터 형식은 '짧은 텍스트'로 설정한다. 일반 탭에서 필드 크기는 30으로 설정한다.

필드 이름	데이터 형식	설명(옵션)
출판사번호	숫자	
출판사명	짧은 텍스트	
담당자	짧은 텍스트	

필드 속성

일반 조회	
필드 크기	30
형식	
입력 마스크	
캡션	
기본값	
유효성 검사 규칙	
유효성 검사 텍스트	
필수	아니요
빈 문자열 허용	예
인덱스	아니요
유니코드 압축	예
IME 모드	한글
문장 입력 시스템 모드	없음
텍스트 맞춤	일반

필드에 입력할 수 있는 최대 문자 수. 255자까지 지정할 수 있습니다. 필드 크기에 대한 자세한 내용을 보려면 <F1> 키를 누르십시오.

❺ 필드 이름에 '전화번호'를 입력하고 데이터 형식은 '짧은 텍스트'로 설정한다. 일반 탭에서 필드 크기는 15로 설정한다.

필드 이름	데이터 형식	설명(옵션)
출판사번호	숫자	
출판사명	짧은 텍스트	
담당자	짧은 텍스트	
전화번호	짧은 텍스트	

필드 속성

일반 조회	
필드 크기	15
형식	
입력 마스크	
캡션	
기본값	
유효성 검사 규칙	
유효성 검사 텍스트	
필수	아니요
빈 문자열 허용	예
인덱스	아니요
유니코드 압축	예
IME 모드	한글
문장 입력 시스템 모드	없음
텍스트 맞춤	일반

필드에 입력할 수 있는 최대 문자 수. 255자까지 지정할 수 있습니다. 필드 크기에 대한 자세한 내용을 보려면 <F1> 키를 누르십시오.

(4) 기본 키 설정

기본 키(Primary Key : PK)는 테이블에 저장된 행 데이터를 구분하기 위하여 사용되는 하나 이상의 필드(들)이다. 기본 키로 설정된 필드는 반드시 입력(Not Null)되어야 하며 중복 값은 입력할 수 없다.

❶ bookstore 데이터베이스의 출판사 테이블을 예로 들어 기본 키를 설정하는 방법을 설명하면, 우선 기본 키에 해당하는 필드를 선택하고, [디자인]탭−[도구]그룹−[기본 키]를 선택하면 된다. 다음 화면은 '출판사번호' 필드에 대해 기본 키를 설정한 모습이다.

기본 키 설정 후 해당 필드의 일반 탭을 보면, 인덱스 항목이 자동으로 '예(중복 불가능)'이라고 변경된 것을 확인할 수 있다.

❷ 테이블에 대한 필드 입력과 기본 키 설정이 끝난 다음에는 테이블을 저장한다. 테 이블 저장 방법은 [파일]−[저장] 버튼을 누르면 나타나는 다음과 같은 [다음 이름 으로 저장] 창에서 테이블 이름에 '출판사'라고 입력하고 [확인] 버튼을 클릭한다.

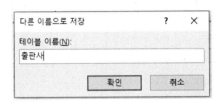

❸ 다음 화면에서 보는 바와 같이 왼쪽에 출판사 테이블이 만들진 것을 확인할 수 있다.

이제 다음과 같은 명세의 도서 테이블을 만들어 보자.

테이블 이름	열 이름	데이터 형식	필드 크기	필수	기본 키	외래 키	FK 테이블	FK열	제약조건
도서	도서번호	숫자	정수	예	PK				
	도서명	짧은 텍스트	50	예					
	저자	짧은 텍스트	30						
	가격	숫자	정수						
	평점	숫자	실수						
	출판사번호	숫자	정수						

❹ 다음은 도서 테이블의 열 이름, 데이터 형식과 필드 크기 및 기본 키를 설정한 후 모습이다.

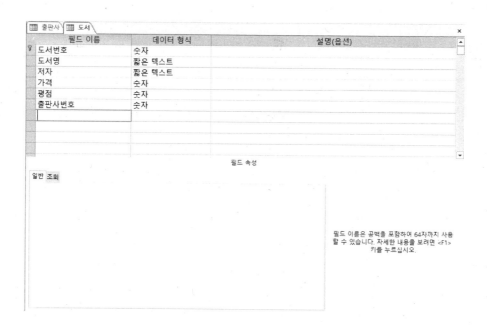

(5) 관계 설정

관계형 데이터베이스에서는 중복된 데이터를 제거하고 데이터 무결성을 강화하기 위하여 데이터베이스 설계 단계에서 정규화 작업을 실시한다. 그런데 정규화 작업을 수행하게 되면 테이블이 분리되는 것이 일반적이다. 그래서 정규화 이전의 정보를 유지하기 위해서 관련된 테이블 간에 관계를 설정해 주는 것이 필요하다. **테이블 간에 설정된 관**

계는 여러 개의 테이블에 분산되어 있는 데이터를 관리하는데 효과적이다.

❶ [데이터베이스 도구] 탭에서 [관계] 그룹의 [관계]를 선택한다.

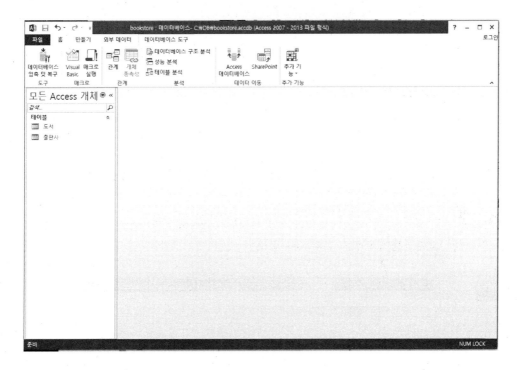

❷ 테이블 표시 창에서 관계 창에 표시할 테이블들을 선택한다.

❸ Ctrl 키를 누르고 마우스로 클릭해서 함께 선택한 후 [추가] 버튼을 누른다.

❹ 도서 테이블의 출판사번호 필드를 출판사 테이블의 출판사번호 필드로 끌어다 놓는다. 두 테이블의 위치가 바뀌어도 된다.

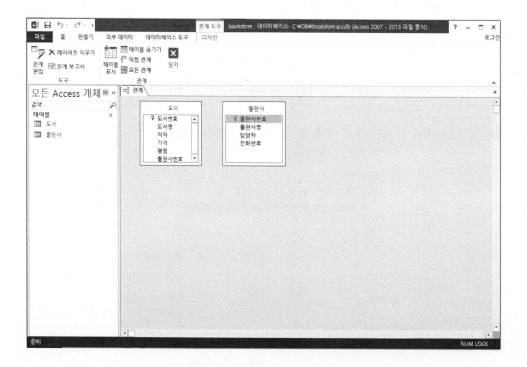

❺ 다음과 같이 관계 편집 창이 나타나면, 두 테이블 간의 기본 키 필드와 외래 키 필 드가 올바른지를 확인한다.

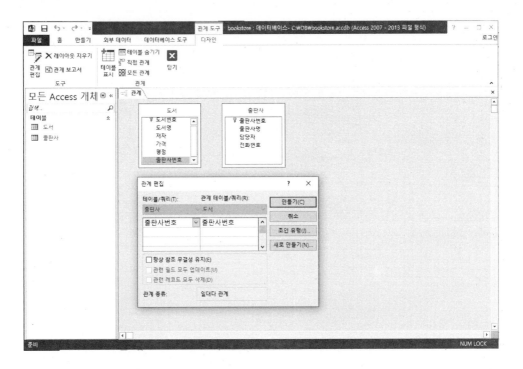

❻ '항상 참조 무결성 유지' 앞에 체크(V 표시)를 하고 [만들기] 버튼을 클릭한다. 필 요에 따라 조인 유형을 변경할 수도 있다.

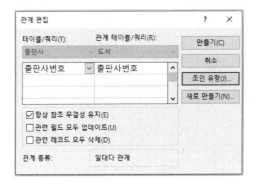

❼ 다음과 같은 화면에서 설정된 관계가 올바른지를 확인한 후, [파일]−[저장]을 클릭한다.

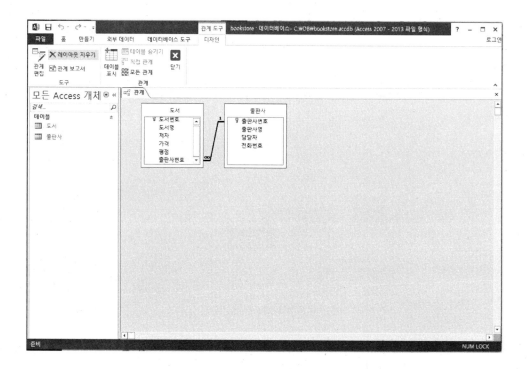

데이터와 쿼리

3.1 테이블에 엑셀 데이터 입력

❶ [외부 데이터] 탭에서 [가져오기 및 연결] 그룹의 [Excel]을 선택한다.

❷ 외부 데이터 가져오기 창에서 〈찾아보기〉 버튼을 이용하여 '출판사.xlsx' 파일을 찾아 선택하고 [열기] 버튼을 누른다. '다음 테이블에 레코드 복사본 추가'를 선택하고 출판사 테이블을 선택한다. [확인] 버튼을 누른다.

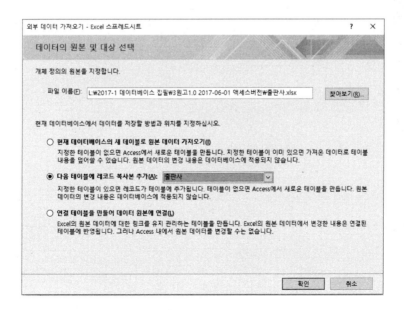

❸   스프레드시트 가져오기 마법사 창에서 [다음]을 클릭한다.

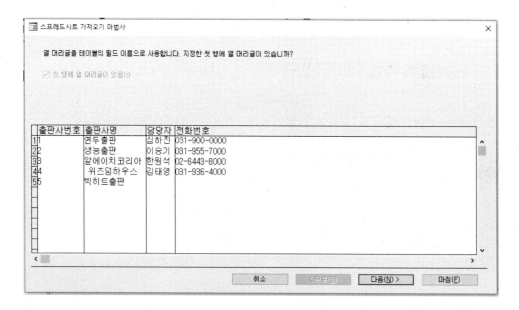

❹   테이블 이름을 확인 혹은 입력하고 [마침] 버튼을 클릭한다.

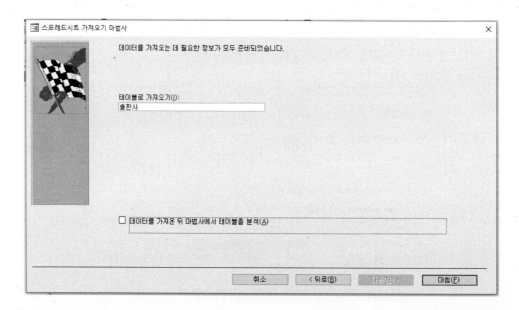

❺ 선택하지 않고 닫기 버튼을 클릭한다.

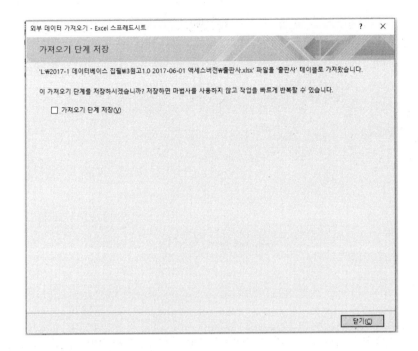

❻ 출판사 테이블을 선택하고 마우스 오른쪽 버튼을 클릭하면 나타나는 메뉴에서 [열기]를 선택한다.

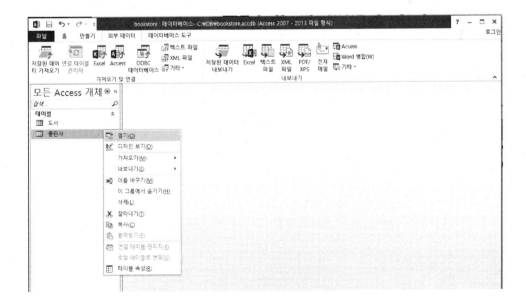

❼ 출판사 테이블에 추가된 데이터가 엑셀 데이터와 일치하는지를 확인한다.

❽ 이상과 같은 방법으로 '도서.xlsx' 파일도 도서 테이블에 입력한다.

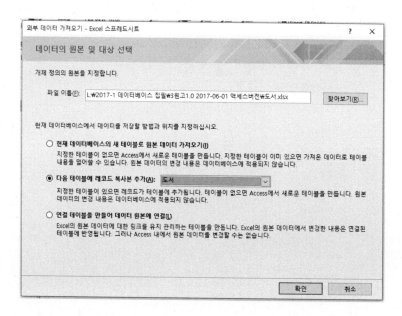

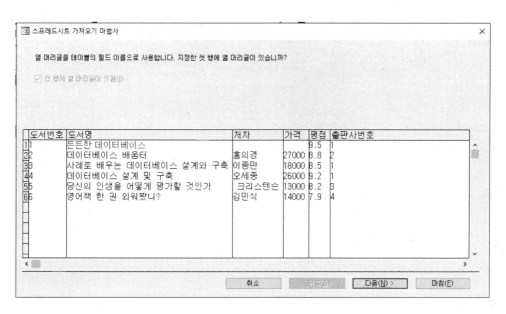

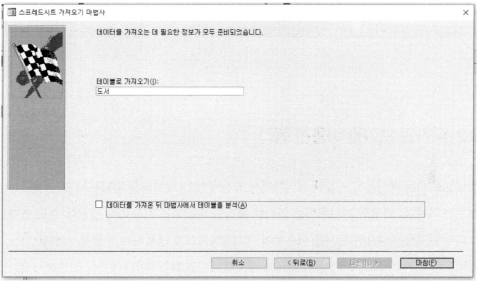

3.2 디자인 보기를 이용한 쿼리

쿼리(query)는 테이블에 저장된 데이터에서 조건에 맞는 데이터를 검색하여 그 결과를 보여주는 개체다. 액세스 2013에서는 이러한 쿼리를 마법사를 이용하여 생성할 수도 있다. 그러나 여기서는 디자인 보기를 이용하여 데이터베이스를 생성하는 방법을 소개한다. 이 방법은 사용자의 요구에 따라 유연하게 대처할 수 있어서 데이터베이스 실무에서 많이 사용된다.

(1) 디자인 보기를 이용한 선택 쿼리

❶ bookstore 데이터베이스에서 [만들기] 탭에서 [쿼리] 그룹의 [쿼리 디자인]을 선택
한다.

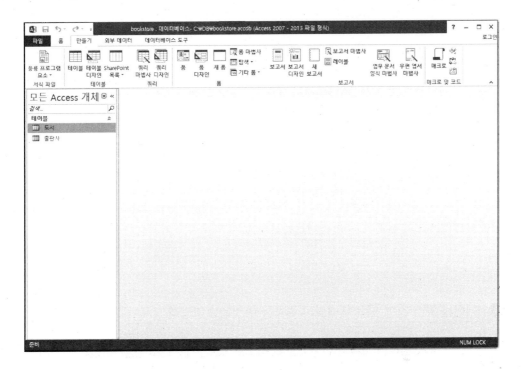

❷ [테이블 표시] 창의 [테이블] 탭에서 쿼리에 사용할 테이블인 출판사와 도서를 선
택하고 [추가] 버튼을 클릭한다.

❸ [테이블 표시] 창에서 [닫기] 버튼을 클릭한다.

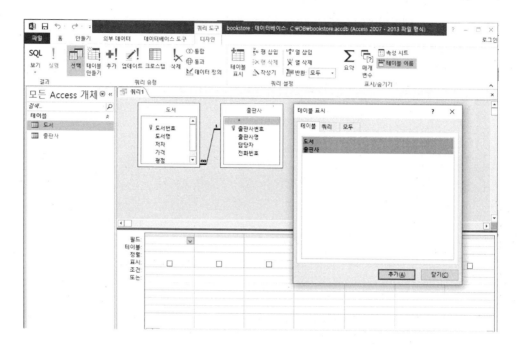

❹ 테이블 표시 창에 있는 테이블의 위치를 변경해도 괜찮다.

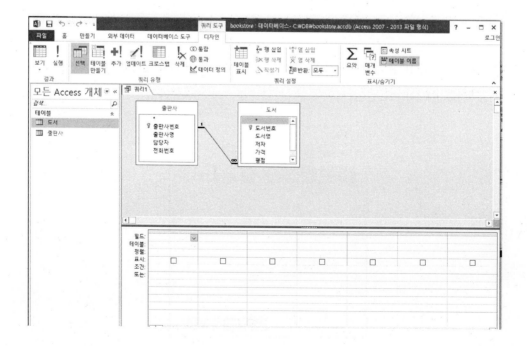

❺ 문제를 보고 쿼리 결과에 표시할 필드를 테이블 표시 창에서 차례대로 더블클릭한다. 다음 화면은 도서명, 저자, 출판사명, 가격을 검색하는 문제를 기준으로 쿼리 결과에 표시할 필드들을 선택한 것이다.

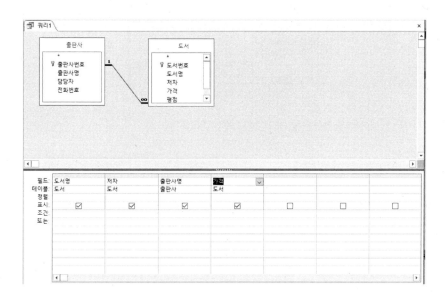

❻ 만약 가격이 20,000원 이상인 도서만 검색하라는 조건이 포함되어 있다면 다음과 같이 가격 필드의 [조건]에 '>=20000'을 입력한다.

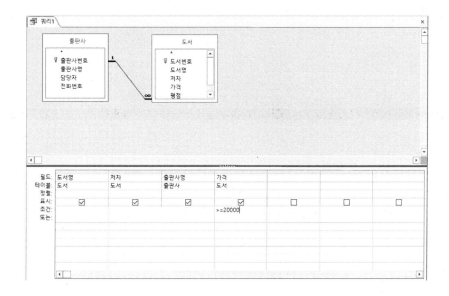

❼ [파일]-[저장]을 선택하면 나타나는 다음과 같은 [다른 이름으로 저장] 창에서 쿼리 이름에 '2만원이상 도서목록'을 입력하고 [확인] 버튼을 클릭한다.

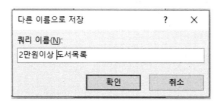

❽ [디자인] 탭에서 [결과] 그룹의 [실행] 메뉴를 클릭한다.

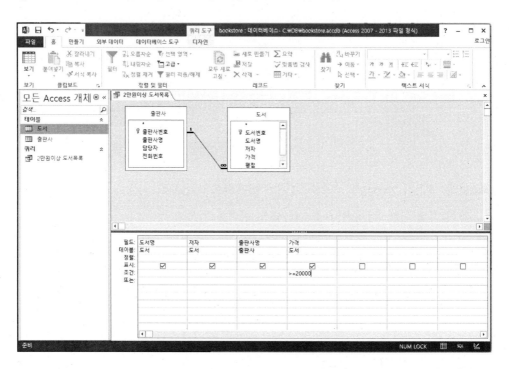

❾ '2만원이상 도서목록' 쿼리의 다음과 같은 실행 결과를 확인한다.

(2) 디자인 보기를 이용한 매개변수 쿼리

❶ bookstore 데이터베이스에서 [만들기] 탭에서 [쿼리] 그룹의 [쿼리 디자인]을 선택한다.

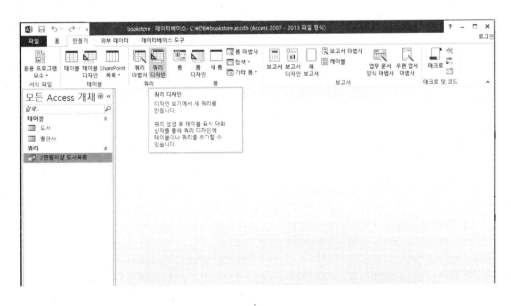

❷ [테이블 표시] 창의 [테이블] 탭에서 쿼리에 사용할 테이블인 도서를 선택하고 [추가] 버튼을 클릭한다. [닫기]를 누른다.

❸ 테이블 표시 창에 있는 테이블의 위치를 변경해도 괜찮다.

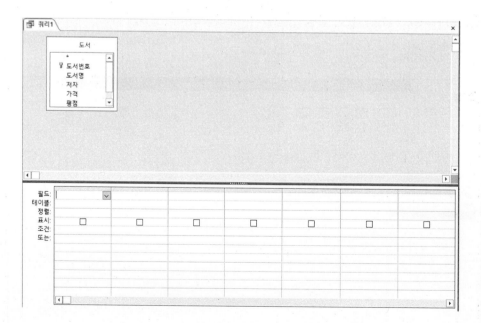

❹ 문제를 보고 쿼리 결과에 표시할 필드를 테이블 표시 창에서 차례대로 더블클릭한다. 다음 화면은 도서번호, 도서명, 저자, 가격을 검색하는 문제를 기준으로 쿼리 결과에 표시할 필드들을 선택한 것이다.

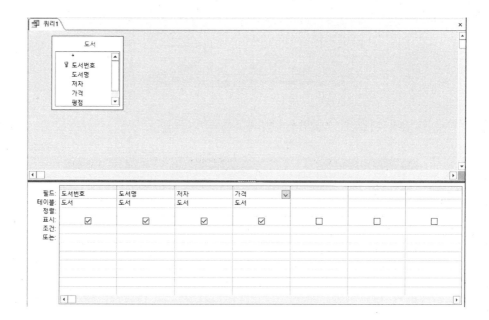

❺ 가격 필드의 [조건]에 '>=[검색할 도서의 최저 가격을 입력하세요]'를 입력한다.

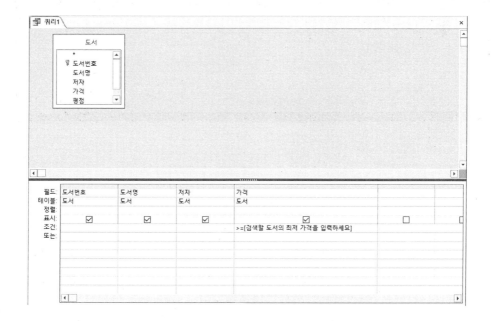

❻ [파일]–[저장]을 선택하면 나타나는 다음과 같은 [다른 이름으로 저장] 창에서 쿼
리 이름에 '일정 가격 이상의 도서목록'을 입력하고 [확인] 버튼을 클릭한다.

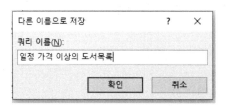

❼ [디자인] 탭에서 [결과] 그룹의 [실행] 메뉴를 클릭한다.

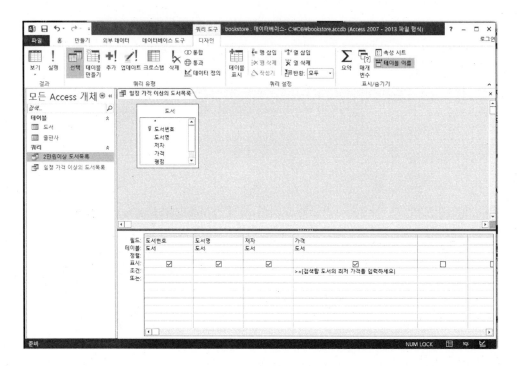

❽ 매개 변수 값 입력 창에서 15000을 입력하고 [확인] 버튼을 클릭한다.

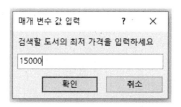

❾ 다음과 같은 쿼리 실행 결과를 보면 15,000원 이상의 도서 목록만 나타난 것을 확인한다.

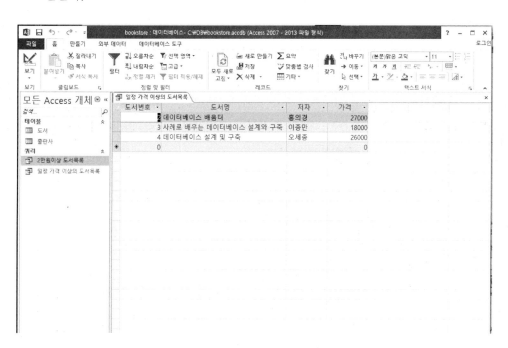

(3) 디자인 보기를 이용한 실행 쿼리

❶ bookstore 데이터베이스의 [만들기] 탭에서 [쿼리] 그룹의 [쿼리 디자인]을 선택한다. [테이블 표시] 창의 [테이블] 탭에서 쿼리에 사용할 테이블인 도서를 선택하고 [추가] 버튼을 클릭한다. [닫기] 버튼을 클릭한다. 다음과 같이 도서명, 가격, 출판사번호 필드를 더블클릭하여 추가한다.

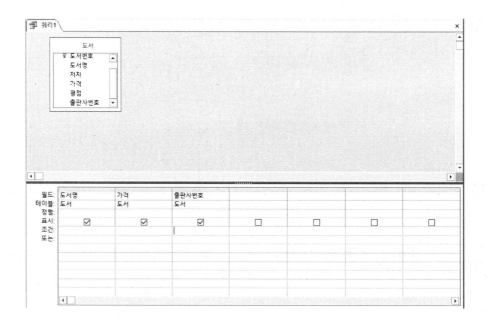

❷ [디자인] 탭의 [쿼리 유형]에서 [업데이트]를 클릭한다. [정렬] 항목이 [업데이트] 항
목으로 변경된 것을 확인할 수 있다.

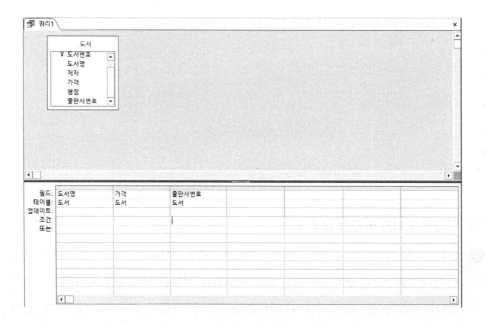

❸ 가격 필드의 [업데이트] 항목에 "[가격]*1.1"을 입력하고, 출판사번호 필드의 조건 항목에 2를 입력한다.

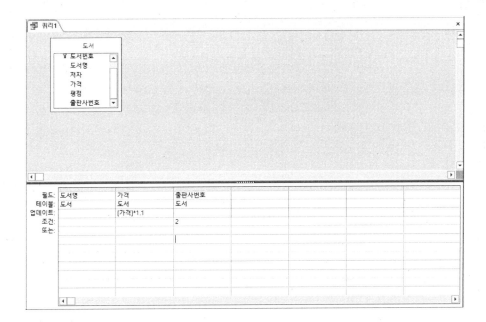

❹ [파일]-[저장]을 선택하면 나타나는 다음과 같은 [다른 이름으로 저장] 창에서 쿼리 이름에 '도서 가격 업데이트'를 입력하고 [확인] 버튼을 클릭한다.

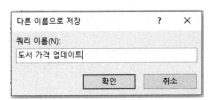

❺ [디자인] 탭에서 [결과] 그룹의 [실행] 메뉴를 클릭한다. 그러면 다음과 같이 데이터 변경에 대한 메시지 창이 나타난다. 여기서 [예]를 클릭한다.

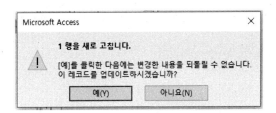

❻ 도서 테이블을 더블클릭하면 나타나는 다음과 같은 화면에서 이름에 '도서 가격 업

데이트' 쿼리를 실행시켜 출판사번호 2의 도서 가격이 변경된 것을 확인할 수 있다.

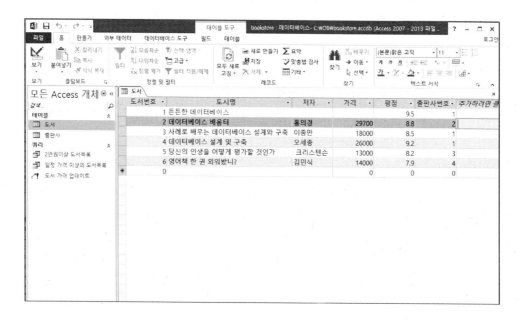

3.3 SQL 쿼리

SQL(Structured Query Language)은 관계형 데이터베이스 관리 시스템의 표준 언어이다. SQL은 다른 프로그래밍 언어보다 배우기 쉽지만, 다음과 같은 작성 규칙은 숙지하여야 한다.

① 대소문자를 구별하지 않는다.

② 세미콜론(;)은 하나의 SQL 문장이 끝났음을 의미한다. 액세스에서는 생략 가능하지만, SQL 문장마다 세미콜론을 적는 것을 권장한다.

③ 하나의 SQL 문장은 한 줄로 작성해도 되지만, 가독성 향상을 위해서 여러 줄로 작성할 것을 권장한다.

❶ 액세스에서 SQL을 사용하는 방법은 다음과 같다. 먼저, bookstore 데이터베이스의 [만들기] 탭에서 [쿼리] 그룹의 [쿼리 디자인]을 선택한다. [테이블 표시] 창에서 테이블 추가 없이 [닫기] 버튼을 클릭한다.

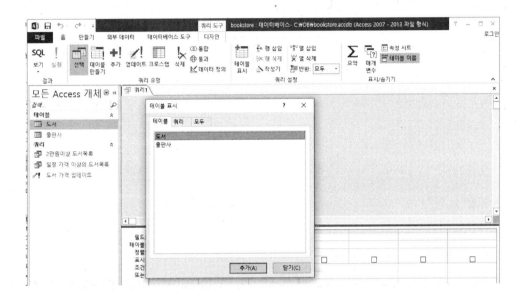

❷ [디자인] 탭의 [결과] 그룹에서 [SQL 보기] 메뉴를 클릭한다.

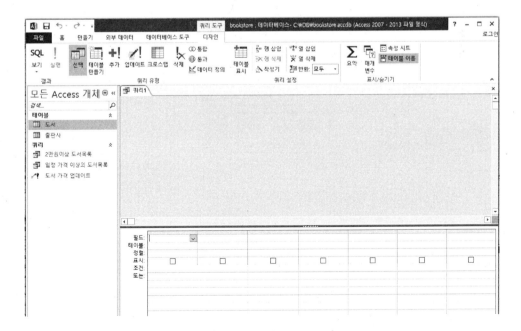

❸ 쿼리 창에 'SELECT * FROM 출판사;' SQL 문을 입력한다.

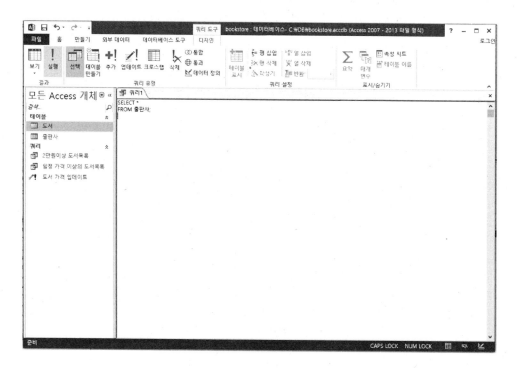

❹ [파일]-[저장] 버튼을 클릭한다. 쿼리 이름에 '출판사 목록 조회'를 입력한다.

❺ 출판사 목록 조회 쿼리를 더블클릭한다.

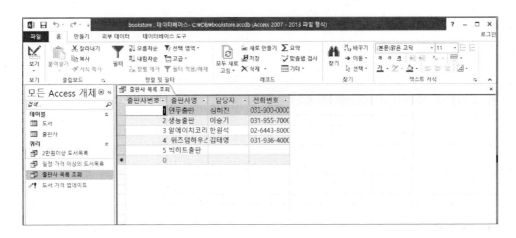

액세스 학습절차 가이드

CHAPTER 6 테이블 관리, CHAPTER 7 데이터 관리, CHAPTER 8 데이터 검색을 학습한다.

이제 다음과 같은 SQL 문장을 사용하여 bookstore 데이터베이스에 테이블을 만들어 보자.

```
CREATE TABLE 회원
(회원번호        INT         NOT NULL
,회원명          VARCHAR(30) NOT NULL
,주민등록번호    CHAR(14)
,주소            VARCHAR(100)
,취미            VARCHAR(50)
,키              INT
,몸무게          INT
,등급            CHAR(10)
,적립금          INT
,PRIMARY KEY(회원번호)
);
```

회원

필드 이름	데이터 형식
회원번호	숫자
회원명	짧은 텍스트
주민등록번호	짧은 텍스트
주소	짧은 텍스트
취미	짧은 텍스트
키	숫자
몸무게	숫자
등급	짧은 텍스트
적립금	숫자

그림 2 SQL문 실행 후 회원 테이블 디자인 보기 화면

```
CREATE TABLE 주문
(주문번호 CHAR(11)      NOT NULL
,주문일자 DATE          NOT NULL
,배송지   VARCHAR(100)
,결재방법 VARCHAR(10)
,회원번호 INT           NOT NULL
,PRIMARY KEY(주문번호)
,FOREIGN KEY(회원번호) REFERENCES 회원(회원번호)
);
```

주문

필드 이름	데이터 형식
주문번호	짧은 텍스트
주문일자	날짜/시간
배송지	짧은 텍스트
결재방법	짧은 텍스트
회원번호	숫자

그림 3 SQL문 실행 후 주문 테이블 디자인 보기 화면

```
CREATE TABLE 주문도서
(주문번호 CHAR(11) NOT NULL
,일련번호 INT      NOT NULL
,주문수량 INT      NOT NULL
,도서번호 INT      NOT NULL
```

APPENDIX   액세스 데이터베이스   509

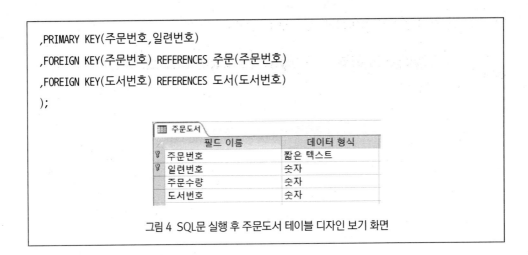

```
,PRIMARY KEY(주문번호,일련번호)
,FOREIGN KEY(주문번호) REFERENCES 주문(주문번호)
,FOREIGN KEY(도서번호) REFERENCES 도서(도서번호)
);
```

필드 이름	데이터 형식
주문번호	짧은 텍스트
일련번호	숫자
주문수량	숫자
도서번호	숫자

그림 4 SQL문 실행 후 주문도서 테이블 디자인 보기 화면

❻ [데이터베이스 도구] 탭에서 [관계] 그룹의 [관계] 메뉴를 클릭하고, [테이블 표시] 메뉴를 클릭하면 나타나는 다음과 같은 [테이블 표시] 창에서 모든 테이블을 선택한 후 [추가] 버튼을 클릭한다.

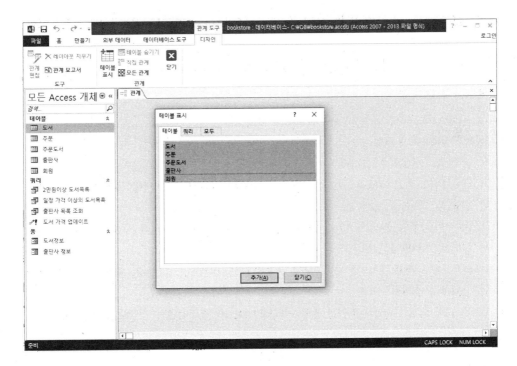

❼ 테이블 간의 관계가 올바르게 설정되어 있는지를 확인한다.

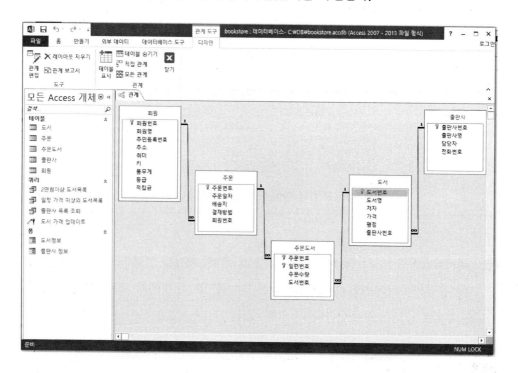

지금부터는 다음과 같은 SQL 문장을 이용하여 bookstore 데이터베이스 내 테이블에 데이터를 저장해 보자.

```
INSERT INTO 회원 VALUES (1, '송중기', '850919-1380623', '서울 강남', '연기, 독서', 178, 65, '평생회원', 12300);
INSERT INTO 회원 VALUES (2, '서현', '910628-2113717', '서울 용산', '춤, 영어', 167, 45, '정회원', 6100);
INSERT INTO 회원 VALUES (3, '송혜교', '811122-2313728', '서울 구로', '연기, 독서', 158, 45, '비회원', 100);
INSERT INTO 회원 VALUES (4, '보아', '861105-2821912', '경기 용인', '춤, 영어', 162, 45, '정회원', 7500);
INSERT INTO 회원(회원번호, 회원명, 주민등록번호) VALUES (5, '김연경', '880226-2357948');
```

회원번호	회원명	주민등록번	주소	취미	키	몸무게	등급	적립금
1	송중기	850919-1380(	서울 강남	연기, 독서	178	65	평생회원	12300
2	서현	910628-2113	서울 용산	춤, 영어	167	45	정회원	6100
3	송혜교	811122-2313	서울 구로	연기, 독서	158	45	비회원	100
4	보아	861105-2821!	경기 용인	춤, 영어	162	45	정회원	7500
5	김연경	880226-2357!						

그림 5 SQL문 실행 후 회원 테이블 열기 화면

```
INSERT INTO 주문 VALUES ('20170101002','2017-01-01','서울 강남','카드',4);
INSERT INTO 주문 VALUES ('20170116001','2017-01-16','서울 구로','현금',1);
INSERT INTO 주문 VALUES ('20170201001','2017-02-01','서울 강남','카드',2);
INSERT INTO 주문 VALUES ('20170220001','2017-02-20','대구 북구','카드',4);
INSERT INTO 주문 VALUES ('20170302001','2017-03-02','서울 구로','현금',1);
INSERT INTO 주문 VALUES ('20170406001','2017-04-06','서울 구로','현금',1);
INSERT INTO 주문 VALUES ('20170521001','2017-05-21','서울 강남','카드',2);
INSERT INTO 주문 VALUES ('20170521003','2017-05-21','충북 청주','현금',1);
```

주문번호	주문일자	배송지	결재방법	회원번호
20170101002	2017-01-01	서울 강남	카드	4
20170116001	2017-01-16	서울 구로	현금	1
20170201001	2017-02-01	서울 강남	카드	2
20170220001	2017-02-20	대구 북구	카드	4
20170302001	2017-03-02	서울 구로	현금	1
20170406001	2017-04-06	서울 구로	현금	1
20170521001	2017-05-21	서울 강남	카드	2
20170521003	2017-05-21	충북 청주	현금	1

그림 6 SQL문 실행 후 주문 테이블 열기 화면

```
INSERT INTO 주문도서 VALUES ('20170101002',1,2,6);
INSERT INTO 주문도서 VALUES ('20170116001',1,1,5);
INSERT INTO 주문도서 VALUES ('20170201001',1,2,2);
INSERT INTO 주문도서 VALUES ('20170220001',1,1,5);
INSERT INTO 주문도서 VALUES ('20170302001',1,2,6);
INSERT INTO 주문도서 VALUES ('20170406001',1,2,4);
INSERT INTO 주문도서 VALUES ('20170521001',1,1,3);
INSERT INTO 주문도서 VALUES ('20170521003',1,6,3);
INSERT INTO 주문도서 VALUES ('20170521003',2,4,5);
INSERT INTO 주문도서 VALUES ('20170521003',3,1,2);
```

주문도서			
주문번호 ·	일련번호 ·	주문수량 ·	도서번호 ·
20170101002	1	2	6
20170116001	1	1	5
20170201001	1	2	2
20170220001	1	1	5
20170302001	1	2	6
20170406001	1	2	4
20170521001	1	1	3
20170521003	1	6	3
20170521003	2	4	5
20170521003	3	1	2

그림 7 SQL문 실행 후 주문도서 테이블 열기 화면

액세스 학습절차 가이드

CHAPTER 9 데이터베이스 구축 실습을 이용하여 SQL지식 수준을 확인해본다.

액세스 데이터베이스 프로그래밍

4.1 디자인 보기를 이용한 폼

폼(form) 개체는 데이터를 사용자가 원하는 형태로 편리하게 입출력해주는 인터페이스다. 액세스 2013에서는 폼 도구, 여러 항목 도구, 폼 분할 도구 등과 같은 다양한 도구를 이용하여 폼을 생성할 수도 있고, 마법사를 이용하여 폼을 생성할 수도 있다. 하지만 여기서는 데이터베이스 실무에서 많이 사용되는 디자인을 이용하여 폼을 생성하는 방법을 소개한다.

❶ bookstore 데이터베이스에서 [만들기] 탭 [폼] 그룹의 [폼 디자인] 메뉴를 클릭한다.

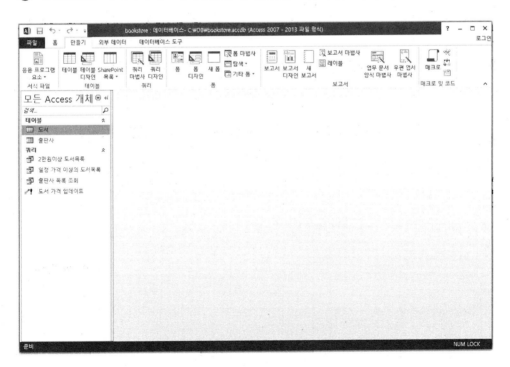

❷ [디자인] 탭 [도구] 그룹의 [속성 시트] 메뉴를 클릭한다.

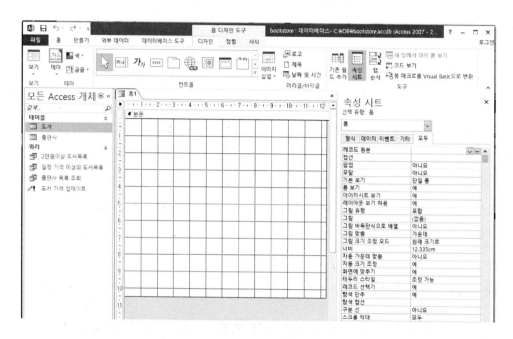

❸ [속성 시트]의 [데이터] 탭을 클릭하고, [레코드 원본] 속성 값에서 '출판사'를 선택
한다.

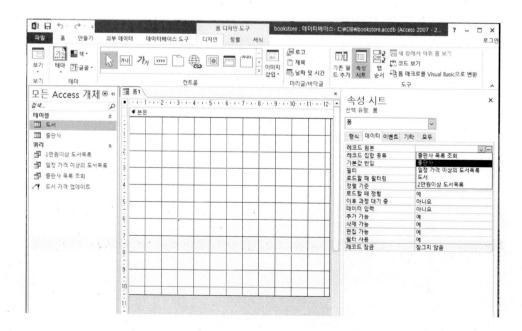

❹ [디자인] 탭 [도구] 그룹의 [기존 필드 추가] 메뉴를 클릭한다.

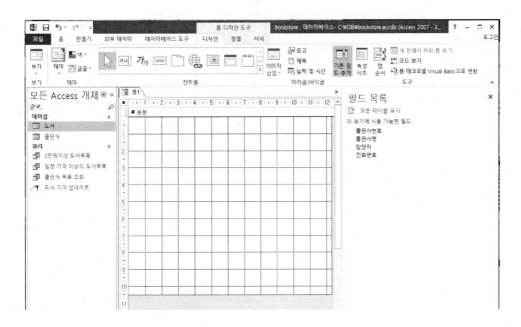

❺ [필드 목록] 창에서 '출판사' 테이블의 필드들을 선택한 후 마우스를 이용하여 본문 영역에 끌어다 놓는다.

❻ 필드 목록 창은 닫는다.

❼ [디자인] 탭 [머리글/바닥글] 그룹의 [제목] 메뉴를 클릭한다.

❽ 폼 머리글 영역의 제목 컨트롤에 '출판사 정보'라고 입력한다.

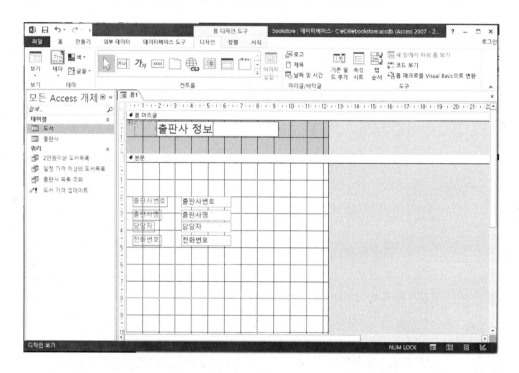

❾ [파일]-[저장]을 클릭하면 나타나는 다음과 같은 [다른 이름으로 저장] 창에서 폼 이름에 '출판사 정보'라고 입력한다.

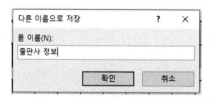

❿ [홈] 탭 [보기] 그룹의 [폼 보기] 메뉴를 클릭한다.

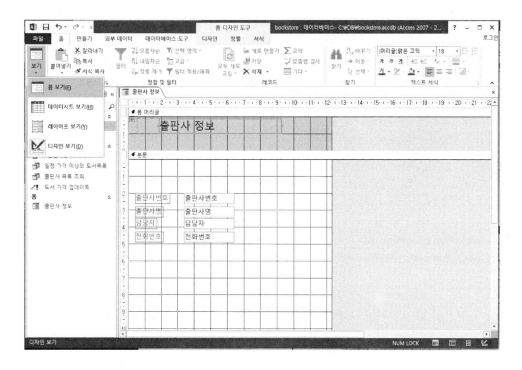

⓫ 다음과 같은 출판사 정보 폼이 나타나면 폼의 모양 및 데이터 목록을 확인한다.

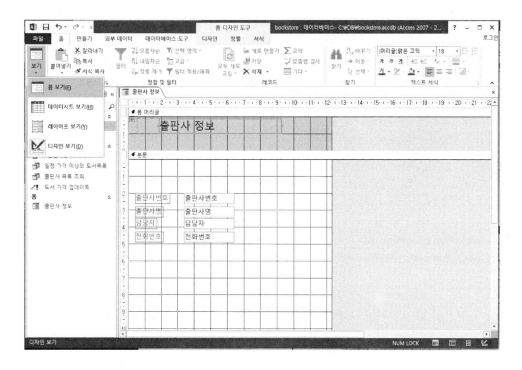

4.2 ADO를 이용한 이벤트 처리

❶ bookstore 데이터베이스에서 [만들기] 탭 [폼] 그룹의 [폼 디자인] 메뉴를 클릭한다.

❷ [디자인] 탭 [컨트롤] 그룹의 [텍스트 상자]를 선택하고 화면에서 마우스를 클릭하면 다음과 같은 텍스트 상자 마법사 창이 나타난다. 여기서 [다음] 버튼을 연속하여 두 번 클릭한다.

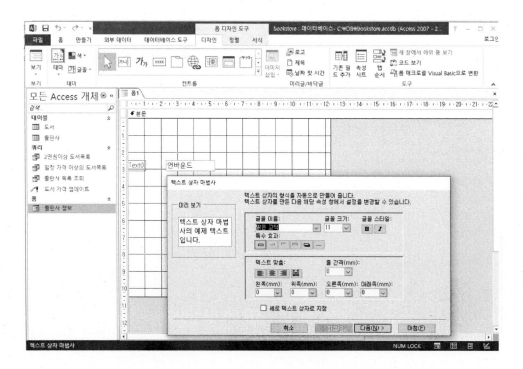

❸ 다음과 같은 텍스트 상자 마법사 창에서 텍스트 상자의 이름을 'txtBookNo'라고
입력하고 [마침] 버튼을 클릭한다.

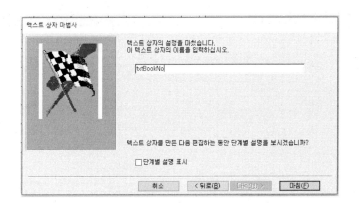

❹ 속성 시트 메뉴를 클릭하면 나타나는 다음과 같은 화면에서 텍스트 상자의 이름이
txtBookNo로 설정된 것을 확인할 수 있다.

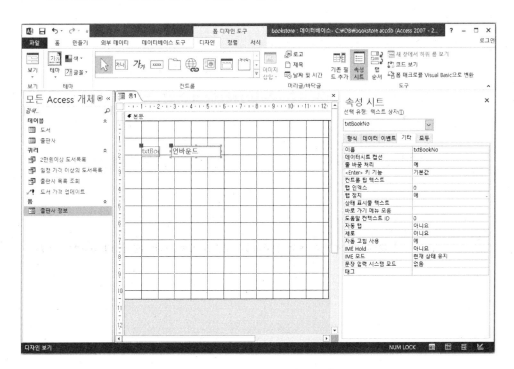

❺ 텍스트 상자 왼쪽에 있는 레이블을 선택하고 해당 속성 시트 창에서 형식 탭을 선
택한다. 캡션 값에 '도서번호'라고 입력한다.

❻ 이와 같은 방식으로 두 번째 텍스트 상자에는 이름을 'txtBookName'으로, 레이블
캡션은 '도서명'으로 입력한다. 세 번째 텍스트 상자에는 이름을 'txtBookPrice'로,
레이블 캡션은 '가격'으로 입력한다. 다음 화면은 지금까지 작업한 내용을 모두 반
영한 모습이다.

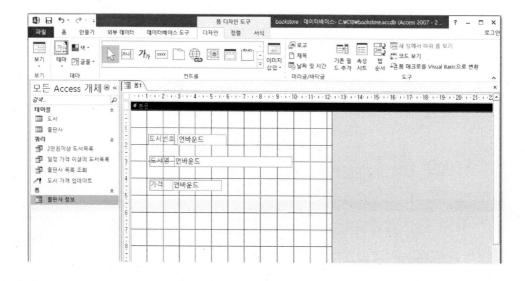

❼ [파일]-[저장]을 클릭하면 나타나는 다음과 같은 화면에서 폼 이름에 '도서정보'라
고 입력하고 [확인] 버튼을 클릭한다.

❽ [디자인] 탭 [도구] 그룹의 [코드 보기] 메뉴를 클릭하면 다음과 같이 코드를 입력
할 수 있는 창이 나타난다.

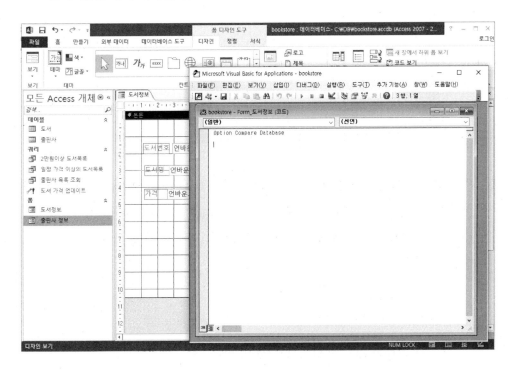

❾ 코드 창에서 [도구]-[참조] 메뉴를 클릭한다.

❿ 데이터베이스를 연동하기 위해서는 ADO(ActiveX Data Object) 기능을 사용으로 설
정하여야 한다. ADO 기능 사용 설정 방법은 참조 창에서 [Microsoft ActiveX Data
Objects 6.1 Library] 앞에 체크(V 표시)하고 [확인] 버튼을 클릭한다.

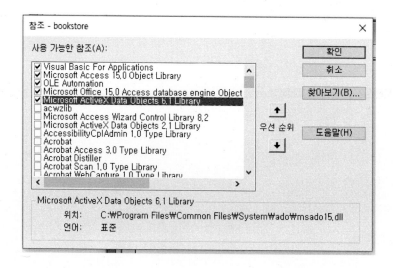

⓫ 코드 창에서 Form과 Load를 선택하고 다음과 같은 코드를 입력한다.

```
Private Sub Form_Load()

    Dim conn As ADODB.Connection
    Dim rsBook As ADODB.Recordset

    Dim url As String
    Dim sql As String

    url = " Provider=Microsoft.ACE.OLEDB.12.0;Data Source=C:\DB\bookstore.accdb; "
    sql = " SELECT 도서번호, 도서명, 가격 FROM 도서; "

    Set conn = New ADODB.Connection
    conn.Open url

    Set rsBook = New ADODB.Recordset

    With rsBook
        .CursorLocation = adUseClient
        .CursorType = adOpenKeyset
        .LockType = adLockOptimistic
        .Open sql, conn
    End With



    If rsBook.BOF And rsBook.EOF Then
        MsgBox " 레코드 없음 "
    Else
        Set Me.Recordset = rsBook
    End If
```

```
    Me.txtBookNo.ControlSource = "도서번호"

    Me.txtBookName.ControlSource = "도서명"

    Me.txtBookPrice.ControlSource = "가격"


    rsBook.Close
    conn.Close


End Sub
```

⑫ 다음은 코드를 모두 입력한 후의 모습이다. 여기서 [파일]–[닫고 Miscosoft Access 로 돌아가기] 메뉴를 클릭한다.

⓭ 도서정보 폼을 선택하고 [보기]−[폼 보기]를 클릭한다.

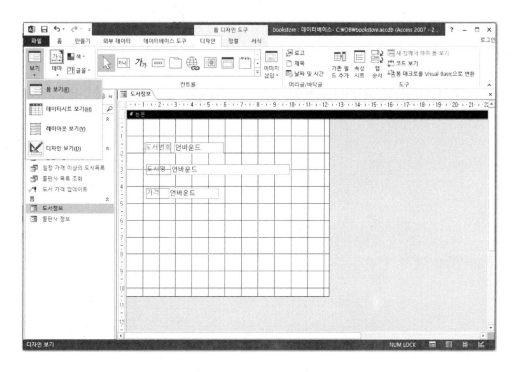

⓮ 다음 화면은 도서정보 폼이 실행된 초기 화면이다. 폼에 출력되는 데이터와 테이블에 저장된 데이터를 비교해 본다.

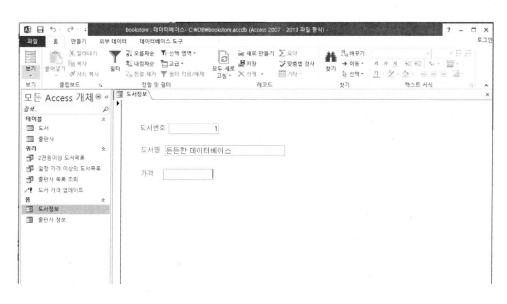

INDEX